CB121490

A Transformação Moral
do Homem
pela

Renovação Interior

Elifas Alves

A Transformação Moral do Homem pela

Renovação Interior

Aliança

Copyright © 2017 *Todos os direitos reservados à Editora Aliança.*
1a edição, Dezembro/2017, do 1° ao 3° milheiro

Título
A Transformação Moral do Homem pela Renovação Interior

Autor
Elifas Alves

Revisão
Edmilson Cardoso Araújo

Diagramação, Capa e Ilustrações
Elifas Alves

Impressão
Assahi Gráfica e Editora Ltda.

Ficha Catalográfica

Dados Internacionais de Catalogação na Publicação (CIP)
— Câmara Brasileira do Livro | SP | Brasil —

Alves, Elifas
A Transformação Moral pela Renovação Interior /
Elifas Alves; São Paulo : Editora Aliança, 2017.

ISBN: 978-85-8364-063-9

1. Comportamento - Mudança 2. Humanidade (Moral) - Transformação 3. Valores I. Título.

17-10831 CDD-133.93

Índice para catálogo sistemático:
1. Transformação : Humanidade : Espiritismo : Doutrina espírita 133.9

Editora Aliança
Rua Major Diogo, 511 - Bela Vista - São Paulo - SP
CEP 01324-001 | Tel.:(11) 2105-2600
www.editoraalianca.com.br | editora@editoraalianca.com.br

Sumário

Introdução 13

1ª Parte
A Evolução da Moral

Sobre as leis naturais e o conceito de Deus 19
  Dimensões do Universo 21
Sobre as leis morais 23
A evolução natural do homem 27
Ciclos de vida 33
Evolução natural e lei dos ritmos 34
  Ritmo dos ciclos de vida humana 34
  Variações nos ritmos naturais 36
  Fluxos, refluxos e pontos de retrocesso na lei dos ritmos 38
  Ritmo da evolução humana 39
  Ritmo do progresso 40
  Buscando a comprovação do ritmo da evolução humana na história 41
A evolução das ideias do homem e o desenvolvimento da moral.
Uma viagem no tempo 44
  Formação das crenças e das primeiras cidades-estados 44
  Os primeiros códigos de ética 47
  Escolas sacerdotais no Egito e na Grécia antiga 50
  As sementes da moral e do conhecimento e suas influências 51
    Na Grécia e em Roma 52
      Pitágoras, Sócrates, Platão e Aristóteles 54
    Na Pérsia 56
    Na China 58

Na Índia 58
O advento de Jesus Cristo 63
Início do movimento cristão, perseguições e
a ascensão da igreja na Europa..66
O conhecimento antigo e a sujeição à lógica aristotélica................70
As invasões árabes e o surgimento do Islão 74
Evidentes contradições entre o ensino e a prática religiosa 76
Gengis Khan e o poderoso Império Mongol 77
Francisco de Assis, um exemplo
em meio às contradições da Igreja 78
O renascimento cultural na Europa,
ainda sob influência religiosa 80
As grandes navegações e o surgimento da burguesia......................81
Inquisição, um ponto de retrocesso na história 82
O racionalismo x a falsa religiosidade.
Primeira Revolução Industrial...84
Música e arte barroca, um contraponto
às crueldades da Inquisição 87
Movimento paralelo no Extremo Oriente...88
Revolução Francesa, ascensão da burguesia,
revolução industrial e novas manifestações artísticas 88
A revolução do conhecimento e o moderno espiritualismo 92
Declaração da infalibilidade papal e a
negação da evolução das espécies pela Igreja 95
Karl Marx, Friedrich Engels e o comunismo 96
O espiritismo de Allan Kardec 98
Outras descobertas revolucionárias e o novo conceito de energia .102
A Primeira Guerra Mundial e a Revolução Bolchevique 107
Imprensa, era do rádio e da TV. Princípio da vulgarização da yoga no
mundo ocidental. O universo de ondas e a expansão do Universo.107
Continuação das ideias espíritas com Chico Xavier 111

Segunda Guerra Mundial e a criação da ONU 114
O Plano Marshall 117
O pós-guerra e o início da "guerra fria" entre União Soviética e EUA 118
O comunismo na China e a Independência da Índia, com o fim do sistema de castas 120
Mais avanços tecnológicos e as multinacionais. Conflitos da "guerra fria". A contracultura e a psicologia humanística 121
A corrida espacial, o raio laser, o primeiro transplante de coração, a construção do muro de Berlim, o Concílio Vaticano 2, conflitos armados, regimes ditatoriais e a Arpanet 124
A TV e seus efeitos na vida das pessoas. A criação do computador pessoal, inseminação "*in vitro*" e questões éticas 129
Desenvolvimento do computador pessoal, o PC, o fim da "guerra fria", o despertar do conhecimento do "Eu" e o avanço de novos movimentos cristãos 131
A era da internet, das redes sociais e dos smartphones 134
Desbravamento do espaço sideral, próximo e distante, e contatos com extraterrestres 135
O mundo das subpartículas atômicas 136
Transformação, desenvolvimento social e empresarial e novas tecnologias com vistas ao futuro 137
Terrorismo, o inconformismo dos radicais e governos ditatoriais 138
Escândalos na igreja católica e o papa Francisco 140
As religiões e o futuro da humanidade 141
O momento em que vivemos e o futuro 141
As questões ambientais e o humanismo 142
Ciências de apoio à saúde mental e o equilíbrio das emoções 143
Psicologia 143
O estruturalismo 143
O comportamentalismo 143

A gestalt 144
A psicologia humanística 144
A psicologia transpessoal 144
A psicologia espírita 144
Psicanálise 145
Psicologia analítica 146
Psiquiatria 147
Outros conhecimentos, associados às ciências psicológicas, de interesse nos estudos desta obra 147
Processos de aprendizagem 147
Atenção, concentração e memória 148
Comunicação verbal e não-verbal 149
Programação neurolinguística (PNL) 149
Inteligência emocional (QE x QI) 149

2ª Parte

A Transformação Moral do Homem Pela Renovação Interior

Pensamentos, sentimentos e ideias: campo de influências 153
Universo de ondas e quanta de energia do pensamento, sentimento e ideias 153
Força de atração entre dois corpos e seu campo de influências 155
Campo de influências na orla das irradiações mentais e da aura humana 155
Transmissão mental e reflexos nos corpos sutis ou espirituais 157
Ação física dos pensamentos, sentimentos e ideias 159
Sintonias e interferências mentais 161
Interação de forças no magnetismo de materiais 162
Interação de forças no campo áurico das pessoas e suas consequências 164

Carma, livre-arbítrio e progresso ... 165
O conhecimento do outro ... 171
A raiz dos problemas humanos ... 173
A ignorância ... 173
O orgulho, o egoísmo e a vaidade ... 173
O ódio, a ira e o nervosismo ... 174
A agressividade e a provocação ... 175
A impaciência, a intolerância e a impulsividade ... 175
A crítica, a reclamação e a irritação sistemáticas ... 177
A inveja e a cobiça (ambição, concupiscência) ... 177
O melindre, a possessividade e o ciúme ... 178
A mentira, a calúnia, a difamação e a injúria ... 179
Pensamentos, sentimentos, ideias e ações grosseiras e violentas ... 180
O medo, a insegurança e a timidez ... 180
Consequências das atitudes e das ações promovidas pela raiz dos problemas humanos ... 181
Na intimidade do ser ... 182
Formação do caráter e da personalidade ... 182
Transtornos psicoemocionais ... 182
Transtornos mentais e espirituais ... 183
Desvios de caráter e de conduta ... 183
Influências espirituais: causas, efeitos e meios de controlá-las ... 184
Vícios e viciações, físicos e morais ... 186
Vícios físicos ... 186
Dependência química ... 186
Dependência sexual ... 187
Dependência digital ou eletrônica ... 187
Vícios morais ... 188
O negativismo ... 188
A teimosia ... 188
A indisciplina ... 188

O ócio ... 189
O destempero da voz ... 189
O mau-humor ou azedume ... 189
Rispidez e rigidez moral ... 189
Palavrões ... 190
A corrupção ... 190
Delitos e práticas criminosas ... 190
Atitudes assertivas ... 191
O otimismo ... 191
A alegria e o sorriso ... 191
A gratidão ... 192
A prática do amor e do perdão ... 192
O benefício da prece ... 193
A confiança na proteção divina ... 193
A admiração e o elogio das qualidades alheias ... 194
A prática do bem ... 194
Regras de conduta ... 195
Técnicas de bem viver ... 196
O domínio de si ... 197
Conduta ética e domínio mental ... 197
Práticas respiratórias ... 197

Glossário

Alma ... 201
Aura ... 202
Animismo ... 202
Caráter ... 202
Campo mentoemocional ... 202
Cérebro ... 202

Chacra (centro de força ou centro vital) 203
Comportamento 205
Cordão fluídico 205
Corpos sutis (corpos espirituais) 206
Desdobramento 206
Desencarnação 208
Distorções cognitivas 209
Duplo etérico (ou etéreo) 209
Ectoplasma 209
Emoção 209
Encarnação 209
Energia (no conceito da teoria da relatividade
e da mecânica quântica) 209
Energia astral 210
Energia telúrica 210
Esferas espirituais (planos ou mundos espirituais) 210
espírito (com "e" minúsculo) 210
Espírito (com "E" maiúsculo) 210
Estado mental 211
Ética 211
Faixa de frequências-padrão (da onda mental) 211
Força vital 211
Glândulas 211
Glândula pineal 211
Ideia 211
Ideoplastia 211
Influência física de corpos celestes 212
Instinto 214
Magnetismo animal 214
Magnetismo espiritual 217
Mediunidade 217

Mente 217
Mentomagnetismo..217
Miasma astral 217
Moral...217
Passe magnético (material e espiritual)...............................217
Pensamento 218
Pensamento estruturado 219
Perispírito 219
Personalidade 219
Princípio pré-inteligente...219
Princípio inteligente 219
Projeção mental..220
Raios cósmicos...220
Reencarnação 220
Sonho real 221
Sonho fictício 221
Sentimento 221
Temperamento..222
Umbral (regiões umbralinas) 222
Vontade 222

INTRODUÇÃO

Sócrates foi o primeiro a mencionar o "conhece-te a ti mesmo" como meio de se atingir o autoaperfeiçoamento. Quatro séculos depois, Jesus complementaria essa proposição dizendo "conhece a verdade e a verdade te libertará".

Ainda hoje essas frases são emblemáticas e fundamentais na conquista da transformação moral do homem pela renovação interior. No entanto, como chegar a essa transformação é assunto extenso, que buscaremos tratar neste livro, embora sem a pretensão de ditar regras gerais, até porque não acreditamos que é assim que as coisas funcionam, mediante a imposição e a adoção de regras gerais. Além disso, temos perfeita consciência de nossas imperfeições, o que tornaria improcedente qualquer medida nesse sentido.

Renovação interior é questão pessoal, que reclama a busca das causas que afligem o ser humano e de ferramentas adequadas que o conduzam à transformação moral. Uma vez assimilados os caracteres de transformação moral, quaisquer que sejam eles, automaticamente os valores da pessoa serão outros, para sempre.

Mas esse também não é um empreendimento que possa ser tratado como definitivo. Não. Como qualquer outra mudança que se realize, a renovação interior necessita e necessitará sempre de manutenção regular. Assim atestam o dinamismo e as intempéries da vida.

Com respeito às regras generalizadas, precisamos lembrar que cada pessoa é um universo próprio, com interesses e obrigações que precisam ser respeitados. Cada um tem uma natureza, um modo de ser, de sentir, de pensar, de fazer e de resolver as coisas, o que nos caracteriza como indivíduos. Considere-se ainda que cada qual tem seu histórico e cultura de vida próprios, acrescidos das necessidades e possibilidades individuais de agir e reagir no meio em que vive.

Ou seja, nem tudo do que somos é exportável. Entretanto, apesar das diferenças entre nós e os outros, os altos e baixos da vida e as provações naturais, as regras de conduta são necessárias sim, para equalizar e melhorar os relacionamentos.

Mas a escolha é sempre livre; e não existe mudança de hábitos para melhor, conquistas e progressos sem lutas, sem movimentação e sem que tratemos de curar as nossas feridas e limitações internas com ações relevantes, mais empenho e determinação. Junte-se a isso também a necessidade de combater veementemente o medo, o desânimo e a indiferença, sentimentos estranhos e incompatíveis com o propósito de viver bem. Qualquer resquício desses sentimentos é sinal de atraso explícito na renovação interior.

Renovação interior é, portanto, sinônimo de mudança comportamental e de hábitos. Para alguns, isto pode até assustar, mas mudanças para melhor precisam mesmo de iniciativa. É necessário agir, mas agir com assertividade, sem dúvidas nem incertezas. Se vencedores agem assim nos desafios comuns da vida material, por que não fazer o mesmo diante da renovação interior?

É preciso insistir, persistir e não desistir nunca, ainda que isso leve tempo ou pareça impossível de realizar. Se insistir e não desistir, um dia as mudanças virão, esteja certo. Mas se nada fizer e ficar esperando que as coisas aconteçam, é evidente que nada acontecerá mesmo.

Para praticar a renovação interior não basta apenas ter um desejo na ideia; é preciso ter muita força de vontade e realizar. Diria até que, em grande parte dos casos, para conseguir o intento, é necessário ter planejamento. Todo bom empreendedor sabe que planejamento é a razão do sucesso. No caso da renovação interior não é diferente.

Quanto ao receio de errar, não devemos dar atenção a isso. Todos erram na vida, inúmeras vezes, em questões diversas, até que venhamos a ter bom juízo das coisas. Exemplo disso é a criança que mexe em coisas perigosas. Depois que cresce, todavia, cria a noção do perigo e seu juízo passa a ser outro. Ninguém acerta sem antes cometer erros. Também não parece certo dizer que errar é humano. Simplesmente erramos porque ainda não aprendemos a acertar.

Falando em erros, além dos erros naturais e ocasionais, que acontecem na vida de qualquer um, existem também os erros sistemáticos, bem piores do que os primeiros. Normalmente, os erros sistemáticos acontecem porque não se tem a menor preocupação de combatê-los. Foco neles! Tudo na vida tem consequências. Na medida em que erramos, mesmo sem querer, podemos também causar prejuízos ao outro e sofrermos as consequências disso. Ainda que ninguém nos cobre tais prejuízos, as leis naturais se encarregarão fazê-lo.

No tempo em que vivemos, é preciso ainda estarmos sempre bem informados e amparados pelo conhecimento das ciências, para não repetirmos os erros do dogmatismo, que provocaram tantas injustiças e atrasos no curso da história. Mesmo diante de tanta tecnologia, internet e redes sociais, esse risco não está descartado, por ser uma questão de natureza moral.

Por fim, tendo em vista um entendimento melhor das propostas deste livro, resolvemos dividi-lo em duas partes: a primeira, trata do conhecimento das leis naturais, das leis morais, da evolução das ideias do homem e outros conhecimentos afins, para que não sobrem dúvidas sobre a importância da renovação interior em qualquer tempo. A segunda, diz respeito à transformação moral pela renovação interior, propriamente dita. Inserimos também um glossário para melhor definir alguns termos pouco usuais, que poderiam deixar o leitor com dúvida. Caso se interesse, o leitor poderá consultá-los.

Boa leitura e feliz renovação interior!

Elifas Alves

PRIMEIRA PARTE

A Evolução da Moral

SOBRE AS LEIS NATURAIS E O CONCEITO DE DEUS

Natural é tudo aquilo que pertence ou diz respeito à natureza. Já a lei natural é fenômeno que se repete, de forma sistemática e independente da intervenção humana, para sempre.

O homem pode intervir nas condições adversas do tempo, do clima e do solo, melhorando a adubação, a proteção às pragas etc., mas não tem como intervir no fenômeno da chuva, no nascer e pôr do sol, no crescimento das plantas etc., porque isso é resultado de leis naturais.

O Universo é mantido e controlado por essas leis: leis físicas, químicas e matemáticas, das quais derivam uma infinidade de outras leis, como as leis cósmicas, ambientais, biológicas e orgânicas e também as leis morais. Chamamos as primeiras de leis naturais *primárias* e as segundas, derivadas dessas, de leis naturais *secundárias*. As leis naturais *secundárias* são essenciais à manutenção da vida, sejam elas caracterizadas por fenômenos físico-químico-orgânicos ou psíquicos, como o citado fenômeno da chuva, a rotação e translação da Terra, a transmissão do pensamento...

Exemplos de leis naturais *primárias* são, entre outras: a *lei de gravidade*, à qual todos os orbes estão sujeitos; a *lei de movimento ou trabalho*, que responde pela ação e tudo que está vivo e em atividade; a *lei do ritmo*, que justifica as variações do movimento ou trabalho; a *lei dos contrários*, que distingue o gênero, a cor e a forma de todas as coisas e seres; a *lei de evolução*, que proporciona desenvolvimento e conhecimento igual para tudo e todos; a *lei de equilíbrio ou harmonia*, condição natural que leva tudo e todos a buscarem essa condição, como a segunda lei da termodinâmica; a *lei de atração e repulsão*, que permite o reconhecimento das diferenças e polaridades entre tudo e todos; a *lei de reprodução*, que permite a continuidade da vida; a *lei de causa e efeito*, que justifica a razão de ser de todo ato ou ação; a *lei dos ciclos*, que responde pelo nascimento, crescimento, morte e transformação ou renascimento de todas as coisas e seres etc.

No campo religioso, as leis naturais são conhecidas como leis divinas, considerando que o Universo, do qual todos fazemos parte, teve um Criador e Mantenedor da vida, chamado Deus (Brahma, Shangdi, Jeová, Alá, Oxalá, Guaraci etc., em outras línguas).

Muitas religiões, no passado, pela falta de conhecimento do Cosmo, transformaram Deus em um personagem exclusivamente terráqueo e mitológico, com o qual é possível comunicar-se diretamente por meio de fenômenos psíquicos e imagens materiais. Fatores culturais diversos também, nas várias civilizações do planeta, conduziram essas crenças a muitas formas de adoração, o que fez nascerem os idólatras e o dogmatismo religioso, sem razão de ser.

Como é possível, por exemplo, entender e aceitar que o Criador e Mantenedor da vida possa deixar o controle do Universo para vir aqui atender, com exclusividade, um crente personalista e interesseiro? Uns dirão, em defesa própria: Deus é onisciente e onipresente, portanto, ele pode, sim, cuidar do Universo e falar comigo ao mesmo tempo. Certo, mas ainda assim isso não justifica o exclusivismo.

Na realidade, tanto faz adorar a Deus em uma estátua de gesso como, em sentido universal, admirar a grandiosidade de sua obra. Do ponto de vista emocional ou da fé, a resposta é a mesma. O importante é a pureza e sinceridade dos sentimentos.

No passado, quando era possível ao homem se deslocar apenas algumas dezenas de quilômetros além dos limites geográficos onde se encontrava, era admissível crer que Deus tivesse feito o Céu e a Terra como duas criações distintas e aceitar as concepções antropomórficas daquele tempo, de natureza religiosa ou filosófica.

No século 19, Kardec perguntou a Espíritos sábios: "— *Que é Deus*?". Obteve deles a seguinte resposta: *"— Deus é a causa primeira de todas as coisas e a inteligência suprema*". Ou seja, os Espíritos sábios também não compartilhavam da visão antropomórfica de Deus, cuja definição precisa está fora da compreensão humana. Este o grande mistério da vida, que faz de Deus único.

Concluímos assim que uma comunicação direta com Deus somente é possível da seguinte maneira: respeitando as leis naturais. Isto é, se todas as coisas que existem no Universo é criação sua, se o Universo é mantido e controlado através de leis naturais, logicamente, estar com Ele ou estar do lado Dele depende unicamente de entender e de respeitar essas leis. Nada mais.

Toda vez que uma criatura, do verme ao homem, vai contra essas leis, não importa a razão, se conscientemente ou inconscientemente, o resultado é sofrer as consequências de sua ignorância ou rebeldia.

Portanto, se você respeita as leis da natureza, sejam elas quais forem, leis físicas, químicas e matemáticas, leis cósmicas, ambientais, biológicas, orgânicas e morais, automaticamente você está do lado de Deus ou em harmonia com ele. Diferentemente da pessoa que diz adorar ou amar a Deus sobre todas as coisas, mas desrespeita essas leis, sobretudo as de ordem moral.

Dimensões do Universo

Impossível a qualquer um, pois, seja uma pessoa comum ou um homem de ciência, dar um parecer final sobre as dimensões do Universo. Essa questão, aliás, é o grande mistério da vida, assim como as origens da criação e do Criador.

O conceito emitido pela ciência é de que o Universo é finito, porém ilimitado. Finito, para que possa se adequar às equações físicas e matemáticas, e ilimitado, porque não há como mensurar seus limites.

Na antiguidade, admitia-se que as estrelas estavam todas em uma mesma distância e fixas no céu. A Terra era o centro do Universo e a Lua, os planetas e demais astros errantes perfaziam órbitas circulares perfeitas, anexadas a uma redoma translúcida.

Quando Johannes Kepler provou que a órbita dos planetas eram elípticas e que o heliocentrismo de Copérnico estava correto, no século 16, as demais teorias caíram por terra. Desde então, a astronomia, como as demais ciências, continuaram evoluindo, houve o aperfeiçoamento do telescópio, a invenção do radiotelescópio, dos satélites artificiais, carregando consigo instrumentos óticos sofisticados etc. Tudo isso visando à investigação do Universo, além dos limites terrestres. E, ano a ano, conhecemos novas facetas do Universo, com a descoberta de objetos celestes distantes e a reformulação de medidas astronômicas.

No século 18, por exemplo, descobriu-se que as estrelas não eram fixas como se pensava e que tinham movimento próprio. Um século depois, descobriu-se a paralaxe das estrelas, provando que as mesmas se encontram a distâncias imensas, medidas em anos-luz (um ano percorrendo na velocidade de 300.000 km por segundo). Na década de 1920, a via láctea não era mais a única galáxia do Universo e seu diâmetro, atualmente, é de aproximadamente 100.000 anos-luz, com cerca de 400 bilhões de estrelas.

Na sequência, as observações astronômicas multiplicariam o número das galáxias aos bilhões, descobrindo-se a existência de conglomerados galaxiais e inúmeros outros objetos astronômicos como os quasares, os pulsares, os buracos negros, a matéria e energia escura etc. As lentes gravitacionais, previstas por Einstein em sua teoria da relatividade geral, são hoje também uma realidade. Elas criam efeitos óticos nos objetos astronômicos como a duplicação de imagens.

Dessa forma, há tempo o Universo não é mais aquele percebido na antiguidade clássica, das estrelas fixas e do geocentrismo, que, por quase dois milênios, promoveu o conceito do Deus antropomórfico e suas crenças.

SOBRE AS LEIS MORAIS

As leis morais resultam da evolução psíquica, intelectual e espiritual do Espírito ao longo das encarnações. Historica e tecnicamente falando, a evolução se processa do antiético ou imoral para o ético e moral. Ou seja, saímos da ignorância e grosseria pura para, somente mais tarde, após incontáveis experiências na vida material e espiritual, experimentarmos reflexões concretas em torno daquilo que é certo ou errado, até finalmente adquirirmos o bom senso.

É impossível, por exemplo, numa única existência o homem adquirir virtudes como o respeito, a dignidade e a honestidade. Assim também é impossível, em uma única existência, resolver-se uma multidão de conflitos e questões existenciais humanos, tipo o sujeito que pratica uma série de iniquidades na vida e se dá bem, e o outro que, mesmo sendo trabalhador, esforçado e honesto, se dá mal.

Falando ainda a respeito do bem e do mal, é preciso entender que o mal nada mais é do que a ausência do bem. Isto é, qualquer agressão ou maldade praticadas contra outrem, ou contra si mesmo, são causa de sofrimentos. E mais: qualquer tipo de agressão, física ou moral, provoca desequilíbrios, tanto no organismo quanto no psiquismo do agredido quanto do agressor. Isto tem a ver com *a lei de causa e efeito*, que é uma lei física, química, matemática e também moral. Do ponto de vista da moral, a *lei de causa e efeito* e a *lei de justiça* são equivalentes.

Somente quando agressor e agredido ficam quites perante essas leis, pode-se dizer que o mal deixou de existir. E se ele deixou de existir é porque houve um equilíbrio ou entendimento entre as partes. Devemos lembrar que, desde o princípio, se o agredido não revidou qualquer agressão recebida, não tem nada a recear, pois não há efeito sem causa.

Já o agressor, enquanto não quitar os seus débitos com essa lei, não saberá o que é ter paz e equilíbrio. A quitação, entretanto, não quer dizer que o mesmo venha a ser penalizado exatamente da mesma forma como atingiu o agredido. Se assim fosse, o Universo seria uma eterna sucessão de ações repetitivas e insanas praticadas um contra o outro.

Muitos acreditam, por exemplo, que um indivíduo que praticou crimes bárbaros, como Hitler, do ponto de vista reencarnacionista, deve resgatá-los da mesma forma e em número e grau. Seguindo esse raciocínio, Hitler então deveria reencarnar milhares de vezes, sofrendo as barbaridades que praticou na Segunda Guerra Mundial com a sua psicopatia.

Como todos sabem, a natureza é sábia e cada momento é evento único que jamais se repetirá novamente. Pode ser que aconteçam outros parecidos, mas não iguais. Isto porque tudo no Universo está em mutação constante, e evoluindo. Além disso, das leis naturais ou divinas, a de causa e efeito é a única que possui atenuantes. Prova disso é a liberdade que o homem tem, já citada, de intervir nas condições adversas do tempo, do clima e do solo, que afetam as plantações, no intuito de melhorar o resultado das colheitas. E se ele pode fazer isso com as plantações da terra por que não poderia fazê-lo também com as plantações do espírito?

Do ponto de vista das leis morais, as atenuantes para a *lei de causa e efeito* ou *lei de justiça* são: *a lei de trabalho* e *a lei do mérito*, cujos esforços farão reduzir o resgate dos erros praticados; a *lei de misericórdia ou perdão* (análoga à lei de equilíbrio), que harmoniza a relação entre as partes; a *lei de amor* (análoga à lei de gravitação), que alivia e tranquiliza as condições sofríveis da mente culpada, e outras leis mais cujas finalidades se asseme-lham. Essas quatro leis juntas (de justiça, de trabalho, de misericórdia e de amor) são leis morais maiores e fundamentais ao bem-estar das relações humanas.

Mas essas atenuantes dependem de vários fatores, começando pela gravidade da falta cometida e o arrependimento e a vontade da mente culpada em reparar seus males. Somando esses fatores à nova realidade de vida é que teremos as condições para o reparo da culpa, não importando o tempo em que isso venha ocorrer.

Dadas essas explicações, compreende-se que a reencarnação é um cenário proporcionado pelo Criador a fim de que todos tenham, livremente, a oportunidade de se regenerar e de buscar a renovação interior, acrescidas da educação moral. Dessa forma, há três tipos de reencarnações a saber:

– A reencarnação compulsória, que é quando o reencarnante é levado coercitivamente a esse processo, por não ter ainda condições de fazê-lo por conta própria e devido a gravidade dos atos praticados.

– A reencarnação proposta, que é quando o reencarnante tem consciência de seus atos, mas não sabe como preparar ou conduzir a vida futura, do ponto de vista de sua evolução moral. Nesse caso, recebe o auxílio de técnicos reencarnacionistas, que planejam e orientam a sua reencarnação.

– A reencarnação livre, que é quando o reencarnante tem plena consciência de seus atos e auxilia no planejamento da própria encarnação, objetivando melhorar-se.

O retorno à vida corporal proporciona ao reencarnante o fenômeno do esquecimento temporário das existências passadas. Esse esquecimento se dá devido às limitações físicas do corpo material e do cérebro, sendo, portanto, um benefício ao Espírito, a fim de que ele não prossiga nos mesmos erros passados. Com isso, poderá começar vida nova sem o ônus da culpa.

Principalmente na infância, esse esquecimento é acentuado, em razão da imaturidade neurológica da criança e para que receba novos elementos educativos através dos pais ou tutores. Logo mais, na adolescência, esses novos elementos educativos irão se mesclar com a verdadeira natureza do ser, por meio do amadurecimento da glândula pineal e a liberação do instinto.

O que se espera nesse momento é que os elementos educativos recebidos na infância sirvam de freio às perturbações instintivas do passado reencarnatório. Claro, nem sempre é possível receber uma boa educação por parte de pais e tutores. Mas se tal acontece é porque existem razões cármicas para isso.

Todavia, educadores e elementos educativos jamais faltam ou faltarão em nossas vidas, em tempo algum. Quanto a isso, é preciso que olhemos atentamente ao nosso redor e vejamos como, quando e onde eles estão a se manifestar, ofertando-nos a bênção de aprender.

Finda a experiência encarnatória, o Espírito volta ao mundo espiritual e, se o mesmo não tiver cometido outras faltas ou faltas ainda mais graves, é possível que chegue aí com as forças renovadas, inteirando-se das razões de sua existência confrontada com o passado reencarnatório. Dessa forma, poderá enxergar a reencarnação como um processo educativo e não punitivo.

Dadas essas explicações, torna-se evidente o elo regulatório entre reencarnação e as cinco leis morais maiores – *lei de justiça, lei de trabalho, lei do mérito, lei de misericórdia* e *lei de amor* –, sendo que a própria reencarnação é também uma lei.

A falta de novas oportunidades e novas ambientações que a reencarnação oferece tornaria as coisas muito mais complicadas e difíceis para o desenvolvimento moral do Espírito. E, no caso de Espíritos faltosos, talvez até impossível para eles se reerguerem ou se regenerarem, porque uma única vida é insuficiente para isso.

Espíritos que cometeram faltas graves ou muitos crimes, de caráter público, prejudicando multidão de pessoas, a reparação de seus erros é possível dando-lhes novas oportunidades de responsabilidade coletiva, mas sob controle rigoroso de suas condutas. Antes, porém, com certeza, o reeducando deverá passar por quantas encarnações compulsórias forem necessárias, até que resgate o mínimo necessário dos erros cometidos e adquira uma nova e irrepreensível consciência moral.

Nas encarnações compulsórias, o Espírito infrator viverá invariavelmente uma vida de duras penas, muito sofrimento e dificuldades. Exemplo disso é aquele que cometeu homicídio numa vida anterior e, reencarnado, perde um filho ou um ente querido, de forma trágica e impiedosa. Em tese, isso o sensibilizaria diante daqueles que também perderam entes queridos, inclusive pelas vias do crime. Todavia, enquanto a lei de causa e efeito age com justiça, a lei de trabalho, de misericórdia e de amor oferecem oportunidades ao reeducando de erguer-se e melhorar.

Além das leis morais já citadas, outras há que merecem também a nossa atenção como: a *lei de auxílio ou beneficência*, que atende e harmoniza as necessidades e desigualdades humanas e sociais; a *lei de hierarquia*, que caracteriza o respeito à formação e conhecimentos adquiridos por cada um, no setor pessoal de atuação; a *lei de finalidade*, que dá o sentido de ser e de agir em tudo, *a lei de analogia* ou *associação*, que permite melhorar e ampliar os conhecimentos por meio da comparação de informações etc.

A EVOLUÇÃO NATURAL DO HOMEM

Conforme o método de datação radiotiva de rochas e minerais, os cientistas calculam a idade da Terra em 4,6 bilhões de anos. No primeiro bilhão de ano, ocorreu o seu esfriamento e a sua condensação da Terra com a consequente formação da crosta terrestre e dos mares primitivos. Em seguida, surgiram as primeiras células embrionárias ou seres unicelulares, como as arqueobactérias e eubactérias.

A evolução biológica e moral do homem, portanto, é o resultado da própria evolução natural da vida planetária: da energia aos elementos químicos; dos elementos químicos à vida mineral; da vida mineral à vida orgânica; da vida orgânica aos organismos unicelulares; dos organismos unicelulares aos organismos mais complexos e da respiração heterotrófica à respiração autotrófica; dos organismos mais complexos aos fungos, aos vegetais e aos animais; dos animais aos hominídeos; dos hominídeos ao homo sapiens; do homo sapiens ao homem atual.

O interessante é que essa evolução não aponta para direção alguma, no sentido da prevalência desta ou daquela espécie. Isso acontece de forma natural, seguindo o caminho do livre-arbítrio, ou para onde os ventos sopram mais fortes. Assim, conforme a seleção natural, os seres mais bem adaptados aos ambientes hostis são os que sobrevivem e transmitem os seus gens aos descendentes.

(vide figura na página seguinte)

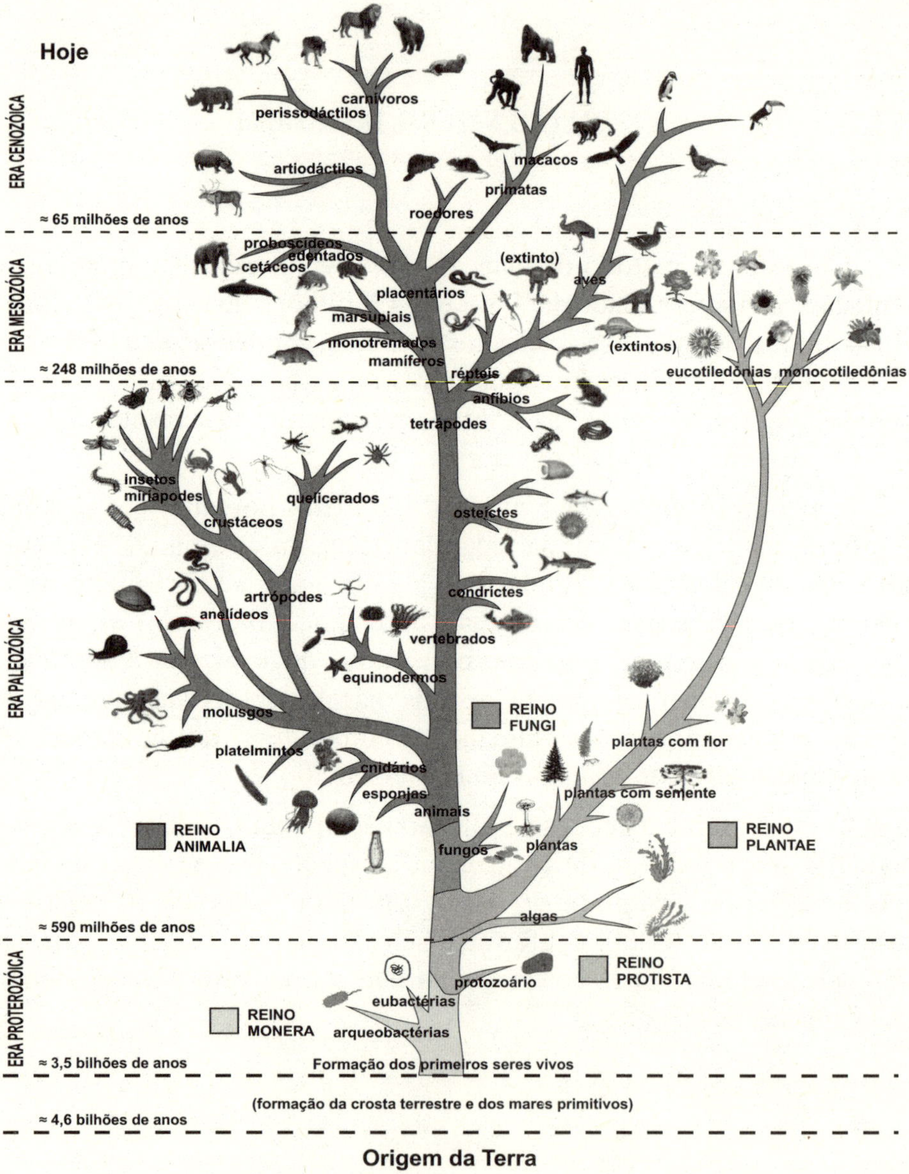

Fig. 1 - Árvore genealógica dos seres vivos *

* Adaptado de "tree of life", by The Open University

De todas as espécies do gênero homo (homo habilis, homo erectus, homo ergaster, homo heidelbergensis, homo floresiensis, homo neanderthalensis), a única que sobreviveu foi a espécie humana, uma evolução do homo sapiens, conforme evidência a figura seguinte.

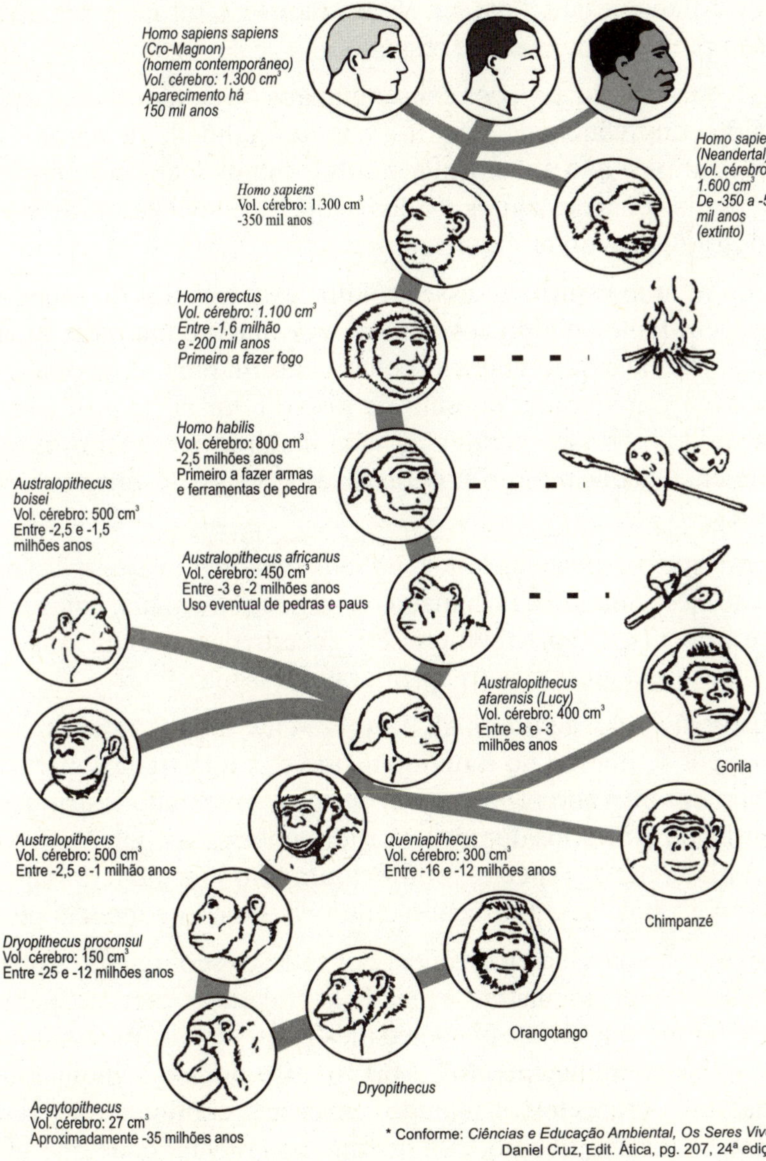

* Conforme: *Ciências e Educação Ambiental, Os Seres Vivos*, Daniel Cruz, Edit. Ática, pg. 207, 24ª edição

Fig. 2 - Árvore genealógica do homem

No tocante à evolução moral, vimos que a compreensão dos inúmeros conflitos existenciais, bem como a aquisição das virtudes, não é possível acontecer no caso se vivêssemos uma única existência. Na verdade, a evolução do Espírito se dá nos dois planos da vida, o espiritual e o material, sendo a reencarnação uma condição natural para isso. A inscrição no túmulo de Allan Kardec, "nascer, viver, morrer e tornar a renascer, para evoluir sempre", diz bem a este respeito.

Na reencarnação, os laços consanguíneos ou de família são a primeira instância de convivência do Espírito, com a finalidade de aproximar personalidades afins e não afins. Em seguida, vêm os laços comunitários, de amizade, profissional etc., cujos rótulos e sujeições sociais também obrigam o indivíduo a desenvolver valores morais.

Já no mundo espiritual, esses rótulos e aparências do mundo material não fazem tanto sentido assim, uma vez que a comunicação entre os Espíritos se dá pelas vibrações e pelos pensamentos. A evolução nessa esfera de vida é mais uma questão de possibilitar ao Espírito uma conscientização dos erros cometidos na vida material e prepará-lo, mental e espiritualmente, para o retorno às duras, irresistíveis e ilusórias experiências da matéria.

Conforme o espírito aprimora as suas relações ao longo das reencarnações, vão se formando as chamadas famílias espirituais, cujas relações, de amor e amizade, são para sempre. A reencarnação, portanto, não quebra os laços consanguíneos, mas os aprimora incessantemente.

Quanto à evolução hominal, propriamente dita na esfera material, é sabido que ela se iniciou no individualismo das lutas pela sobrevivência, tendo o homem buscado proteção em abrigos, inventado instrumentos de caça e fabricado utilitários domésticos rudimentares. Depois, com o crescimento populacional da espécie, solidificaram-se o vínculo familiar e a convivência em grupos, desenvolvendo o homem uma inteligência primitiva.

A expansão da vida em grupos, por todos os continentes, obrigou-o ainda a desenvolver linguagens específicas, faladas e escritas, para se comunicar, e também a viver em sociedades organizadas, melhorando cada vez mais os seus conhecimentos. Mas, num processo semelhante ao da seleção natural, os mais fortes, reunidos em castas, continuaram subjugando os mais fracos e detendo o poder. Foi com essa mentalidade que surgiram também as primeiras cidades-estados.

O primeiro código de ética que se tem notícia para regular as relações de um povo foi estabelecido pelo rei Hamurabi (1810 a.C.-1750), na Babilônia. A mais conhecida das leis desse código é a lei de talião ou lei do "olho por olho e dente por dente", que reputa ao agredido os mesmos direitos aplicados pelo agressor.

Depois, em razão de inúmeras carências e da submissão sistemática a governantes despóticos e autoritários, muitos povos se insurgiram contra tais situações, levando ao nascimento de outros códigos de ética. Alguns deles aconteceram por "inspiração divina" (Dez Mandamentos, *Mahabarata* etc), outros foram instituídos por legisladores (*Das Leis*, de Cícero) e outros mais redigidos e propagados por homens sábios de suas épocas (filósofos gregos, romanos, chineses, hindus), todos em defesa dos "bons costumes" e assegurando proteção aos mais fracos. Dentre esses códigos, a doutrina de Jesus é considerada um marco, devido ao conteúdo igualitário e humanitário de seus ensinamentos. Tanto assim, que a história da civilização ocidental se divide em a.C e d.C.

Com o passar do tempo, muitos desses antigos códigos de ética, de origem religiosa ou não, foram assimilados pelos povos do mundo todo e até incorporados aos códigos civis na forma de leis. Leis essas que continuam sendo aperfeiçoadas, em conformidade com os costumes e necessidades de cada povo.

Embora alguns grupos radicais ainda façam uso da violência, para forçar decisões, o conceito de igualdade e humanidade está hoje bastante amadurecido e se diferencia dos métodos primitivos e bárbaros da época do "olho por olho e dente por dente" e da pena capital. E mais e mais leis surgem para aperfeiçoar e melhorar a ordem social, mediante reclamações unilaterais ou de grupos.

Uma sociedade mais justa e equilibrada, portanto, é o que esperamos encontrar no futuro. E isso tem a ver com mais moralidade. A conquista da moral é o estágio mais adiantado da evolução hominal. A própria história das civilizações, da pré-história aos dias atuais, evidencia isso e a figura abaixo é uma ilustração de como se dá esse processo.

Fig. 3

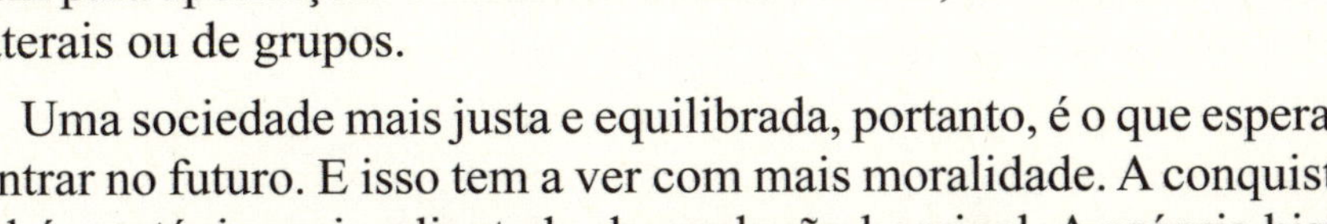

Isolamento e Individualismo > Interesses Materiais e Possessividade > Conhecimento > Intelectualidade > Humanismo > Moralidade

As primeiras experiências do indivíduo em sua caminhada evolutiva passam pelo isolamento e pelo individualismo. Depois, ele sente a necessidade de maior segurança material e desenvolve o sentimento de posse. Na sequência, vêm as lutas materiais que o colocarão diante de experiências que lhe facultarão a bagagem do conhecimento. Com o conhecimento, o Espírito desenvolverá a intelectualidade e adquirirá uma visão mais ampla da vida. Visão essa que despertará nele, em algum momento, o sentimento de humanidade e acentuará também, na sequência, e cada vez mais, a necessidade de firmar valores morais, até sentir-se sentir completo.

Como dissemos, a moral é o ponto mais adiantado da escalada do Espírito, mas não é o fim. Isto porque o Espírito continuará se enriquecendo pela eternidade afora, de forma livre e permanente, através da troca de experiências com o outro. Aliás, o conhecimento universal não é nem nunca será propriedade de ninguém.

Outra coisa importante é que o Espírito nunca regride. Ao longo das encarnações, o conhecimento e as experiências apreendidos permanecem e permanecerão sempre consigo, mesmo que, por questões pessoais e regenerativas, numa determinada encarnação o Espírito necessite experimentar algum tipo de bloqueio ou deficiência intelectual. Incontáveis também são os casos de Espíritos que, por ignorância, revolta ou ociosidade, permanecem estacionários, por tempo indeterminado, até que uma necessidade pessoal ou um vendaval de mudanças os impilam a reagir e seguir em frente.

CICLOS DE VIDA

É fácil verificar que todos os reinos da natureza, inorgânicos e orgânicos, e todas as espécies existentes, vegetais e animais, têm seus ciclos de vida, com nascimento, período de formação, desenvolvimento ou crescimento e morte.

Os elementos e compostos inorgânicos são formados pela agregação e desagregação da matéria, como os elementos químicos, o ar, a água, os minerais, as estrelas etc. Cada qual tem também o seu ciclo de vida, de menor ou maior duração, que pode ser de segundos, como uma gota d´água aquecida, até milhões e bilhões de anos, no caso dos minerais e das galáxias.

No reino dos seres vivos (monera, protista, fungi, plantae e animalia) cada espécie tem seu ciclo de vida conhecido. As espécies mais simples e primitivas têm ciclos de vida mais curtos, enquanto espécies mais evoluídas, vegetais ou animais, têm ciclos de vida variados, uns curtos e outros longos. Alguns animais primitivos, entretanto, terrestres e marinhos, têm ciclos de vida longevos como a tridacna (400 anos), a tartaruga (200), a baleia (110) e outros.

Bactéria	Verme	Mosca	Sapo	Gato, Cão	Cavalo	Elefante	Homem
horas, dias ou meses	dias, semanas	até um mês	7-10 anos	13-15 anos	25-30 anos	60-70 anos	70-100 anos

Fig. 4 - Expectativa de vida de alguns animais:

EVOLUÇÃO NATURAL E LEI DOS RITMOS

Um aspecto interessante a ser considerado na evolução natural do homem, seja ela biológica ou moral, diz respeito à *lei dos ritmos*, que está circunscrita à *lei dos ciclos*.

Ritmo dos ciclos de vida humana

Com respeito aos ciclos de vida, sabemos que cada espécie tem uma expectativa de vida própria. Mas o importante é observar que, independentemente dessa expectativa e das diferentes interpretações para o tema, o ritmo de desenvolvimento delas todas segue uma escala de *progressão geométrica*: 1, 2, 4, 8, 16, 32 etc.

No caso dos seres humanos, por exemplo, psicólogos e pedagogos são unânimes em classificar a infância em três períodos: do 0 aos 3 (1ª infância), dos 3 aos 6 (2ª infância) e dos 6 aos 12 (3ª infância).

Fig. 5

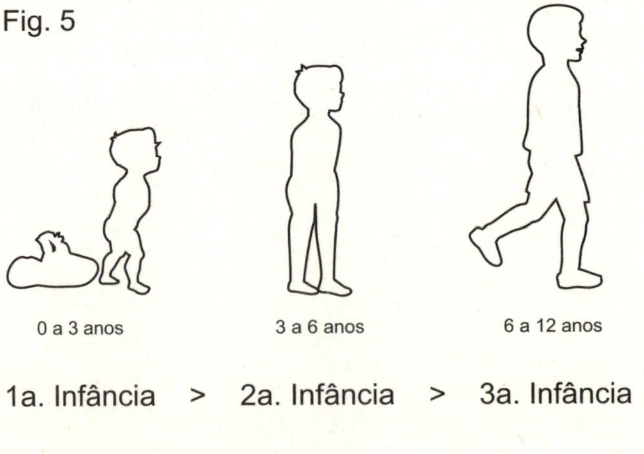

Segundo Rudolf Steiner, o fundador da antroposofia, três são também as fases do ciclo de vida humana: do 0 aos 21 (do amadurecimento do corpo); dos 21 aos 42 (do amadurecimento da alma) e dos 42 em diante (da maturidade). Cada um desses ciclos, Steiner os subdividiu ainda em fases setenárias: 7, 14, 21 etc.

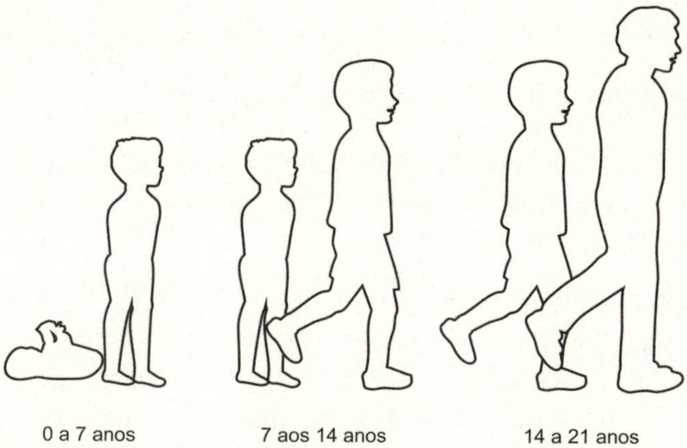

Fig. 6 - Fases setenárias de Rudolf Steiner

Com respeito às fases de vida humana (infância, juventude, maturidade e velhice), é possível também dividi-las assim: do 0 aos 14 (infância – considerando-se a primeira, a segunda e a terceira infância e mais a puberdade); dos 14 aos 28 (adolescência – considerando-se também a juventude); dos 28 aos 56 (maturidade – considerando-se também a meia-idade); dos 56 aos 112 (velhice, considerando-se o idoso novo e o idoso velho, ou terceira e quarta idade).

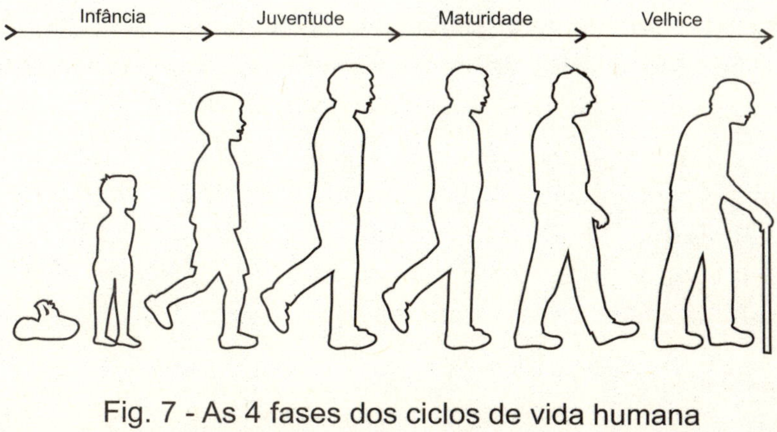

Fig. 7 - As 4 fases dos ciclos de vida humana

Todos os ritmos aqui apresentados, para os diferentes ciclos de vida humana, independentemente da metodologia aplicada, o resultado será sempre o da *progressão geométrica*. É preciso considerar, entretanto, que os ritmos da natureza não são perfeitos ou precisos. Esclareceremos isso a seguir.

Variações nos ritmos naturais

Um exemplo de que os ritmos na natureza estão longe de serem precisos é a chamada lei de Bode – na verdade, descoberta por Titius e divulgada por Bode, em 1766.

Esta lei mede as distâncias planetárias e tem por base a *progressão geométrica*, mas não exatamente. No início, Bode até pensou que as distâncias planetárias fossem realmente uma progressão geométrica, mas ao comparar as distâncias reais dos planetas, viu que havia diferenças, e tentou uma solução para o caso. A solução, na verdade, foi uma peripécia matemática: multiplicou os valores da progressão geométrica (1, 2, 4, 8, 16 etc) por 3, adicionou mais 4 unidades e dividiu tudo por 10. Com isso, Bode chegou a algo muito próximo da realidade, com uma margem de erro, em média, de 3%, para todos os planetas, excetuando-se Terra e Júpiter, cujas distâncias foram precisas.

O interessante dessa lei é que ela previu a existência de um planeta entre Marte e Júpiter. Até então, não havia a menor suspeita da existência desse suposto planeta. Entretanto, no local previsto, foi achado um cinturão de asteróides e Ceres, que é hoje considerado um planeta-anão.

A lei de Bode, contudo, só funciona até Saturno. Com a descoberta de Netuno, em 1846, e de Plutão, em 1930, verificou-se que a margem de erro para esses planetas era muito maior, respectivamente 29.08 % e 95.75 %.

As distâncias planetárias reais e pela lei de Bode (entre aspas) são as seguintes, em unidades astronômicas: Mercúrio: 0.4 (0.39); Vênus: 0.7 (0.72); Terra: 1.0 (1.0); Ceres: 1.6 (1.52); Marte: 2.8 (2.77); Júpiter: 5.2 (5.2); Saturno: 10.0 (9.54); Urano: 19.6 (19.2); Netuno 38.8 (30.06); Plutão 77.2 (39.44).

(vide figura na página ao lado)

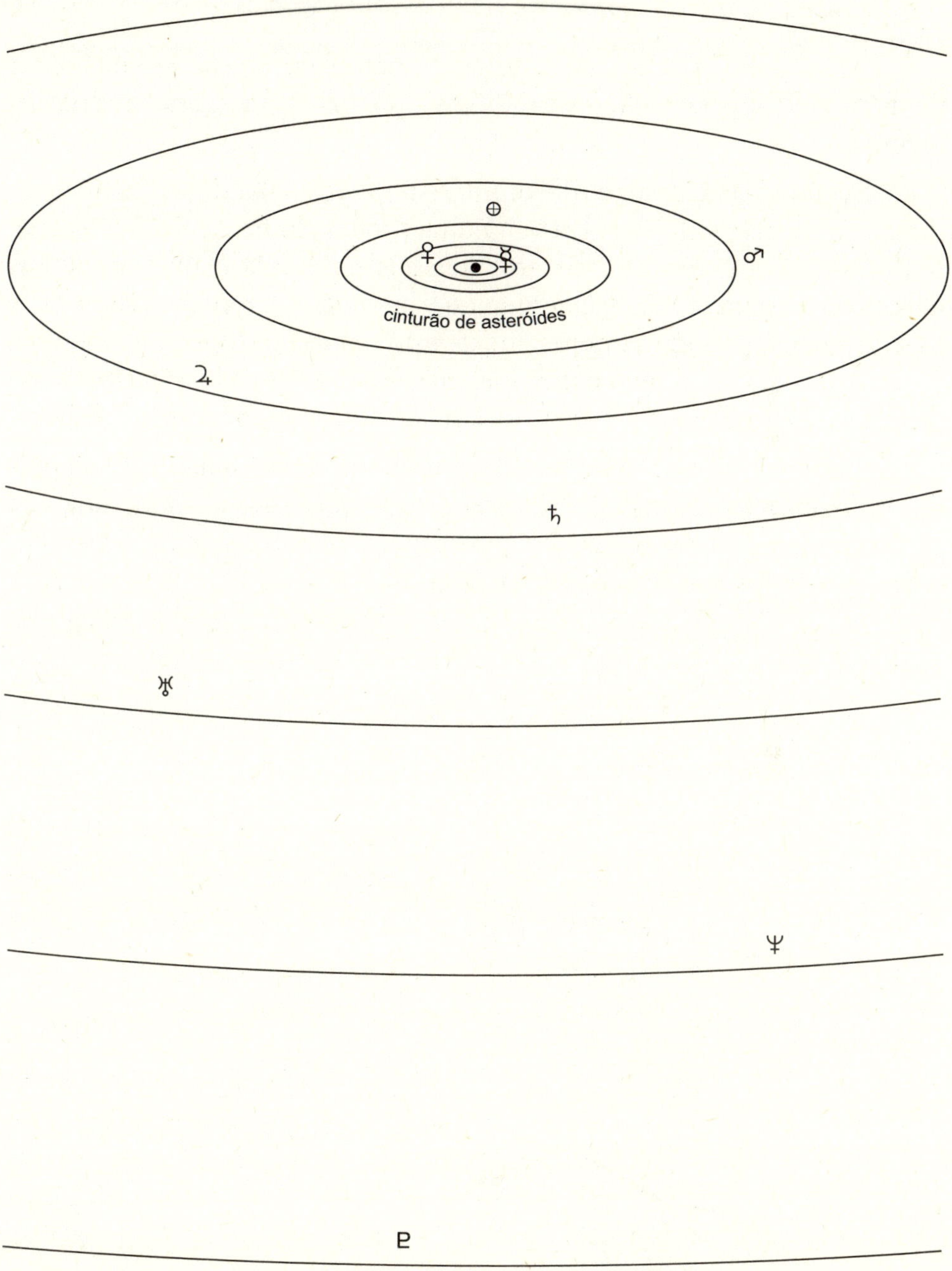

Fig. 8 - Distâncias planetárias, conforme a lei de Bode

Fluxos, refluxos e pontos de retrocesso na lei dos ritmos

Além das variações nos ritmos da natureza, é preciso considerar também a existência de fluxos e refluxos e pontos de retrocesso nos ritmos naturais.

Segundo o médium e filósofo italiano Pietro Ubaldi, os fluxos e refluxos na escala evolutiva ocorrem numa proporção de 2 para 3. Ou seja, todas as coisas e seres sobem três degraus na escala evolutiva, depois descem dois, para se "reafirmar tudo que aprendeu", e tornam a subir mais três degraus, repetindo-se perenemente esta operação. Algo parecido com o que ocorre ao fenômeno das marés, mas uma maré em ascensão. Dessa forma, a evolução natural é vagarosa e sustentada por retrocessos regulares.

Se isso de fato ocorre é algo muito sutil ou quase imperceptível, pois o que se observa na prática e na vida de qualquer pessoa não é uma reta contínua em ascensão, mas uma reta com quedas e oscilações variadas, considerando-se fatos e situações relevantes, quantitativa e qualitativamente.

Os gráficos abaixo confrontam essas duas formas de ver a evolução através dos fluxos e refluxos.

Fig. 9

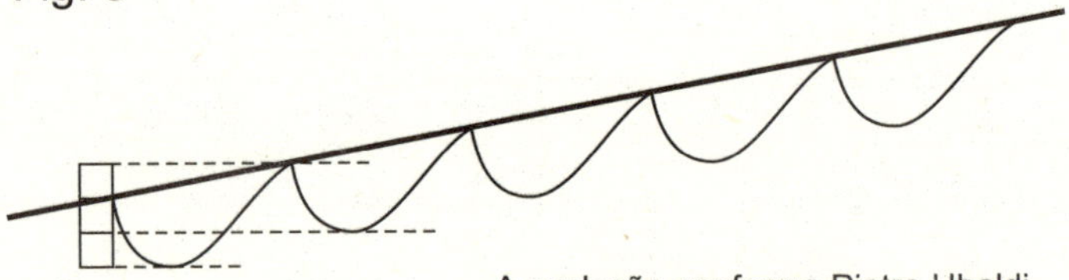

A evolução conforme Pietro Ubaldi

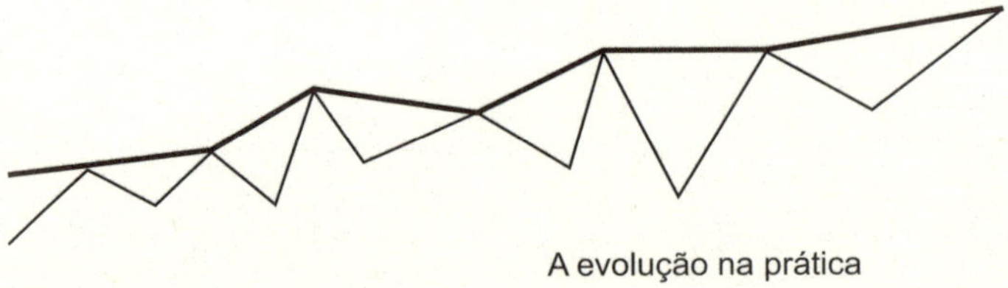

A evolução na prática

Em termos gerais, a figura mais representativa da evolução no tempo é a espiral. Nela é possível notar também pontos de retrocesso, que ocorrem naturalmente na vida das pessoas e das coletividades, como uma volta ao passado, mas não em sentido contínuo, e sim obedecendo a ocorrências livres e aleatórias, conforme determina o livre-arbítrio.

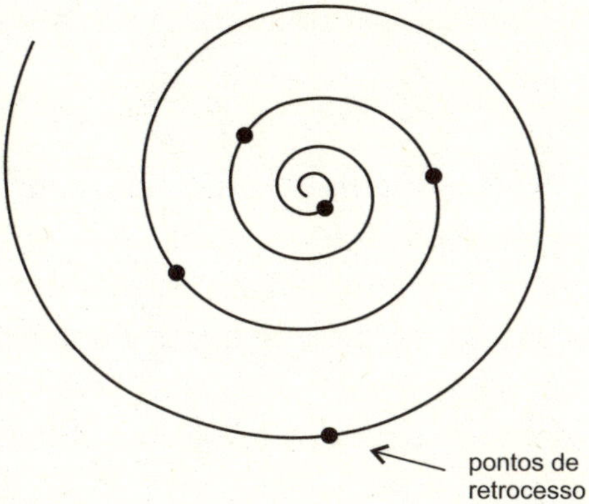

Fig. 10 - A evolução no tempo e pontos de retrocesso aleatórios

Teoricamente, os pontos de retrocesso findam quando o indivíduo atinge a sua maturidade ética, adquirindo uma visão universal da vida.

Ritmo da evolução humana

Tomando por base as variações apresentadas no ritmo das distâncias planetárias em comparação com a Lei de Bode, acreditamos que o ritmo da evolução dos seres vivos sofra também variações, por motivos diversos (físicas, biológicas e ambientais), especialmente os seres humanos, dotados de uma consciência maior, que afeta ainda mais o seu livre-arbítrio.

Entretanto, a despeito dos ciclos de vida humana mostrar um desenvolvimento em *progressão geométrica*, o ritmo da evolução humana – e da evolução natural – certamente perfaz uma escala inversa, ou seja, a de uma *regressão geométrica* (64, 32, 16, 8, 4, 2, 1), conforme ilustra a figura seguinte.

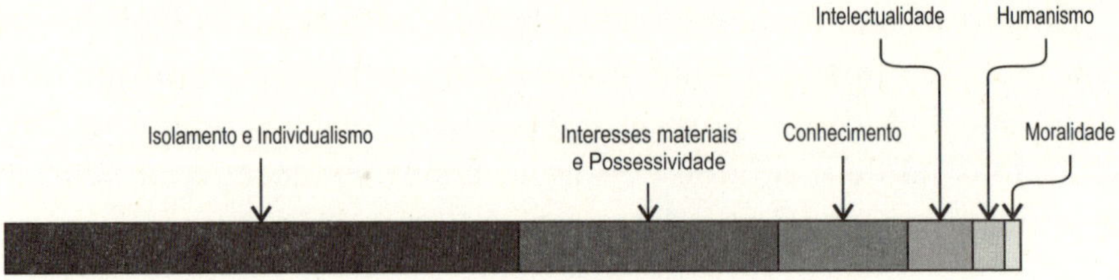

Fig. 11 - Ritmo da evolução natural e humana

Por que isso? Porque em cada ciclo de vida, considerando a sequência de encarnações, vivenciamos novas experiências com acréscimo constante de conhecimentos, os quais facultarão, na etapa posterior, em mais velocidade e compreensão das ações, até que numa etapa derradeira sobrevenha a solidificação dos valores éticos e morais. A figura a seguir ilustra também essa questão e os capítulos seguintes trarão ainda mais esclarecimentos a esse respeito.

Fig. 11 (Gráfico do ritmo da evolução natural e humana: Isolamento e Individualismo (64), Interesses Materiais (32) e Possessividade (16), Conhecimento (8), Intelectualidade (4), Humanismo (2) e Moralidade (1))

Ritmo do progresso

Ninguém ignora que "quanto maior o conhecimento maior o progresso". Essa é uma realidade inquestionável, principalmente quando olhamos para a evolução das ideias e dos costumes humanos (tema do capítulo seguinte).

Em fins do século 19 e início do 20, por exemplo, o mundo viveu uma revolução de conhecimentos, de tal que maneira que a sociedade desenvolveu-se muito rapidamente após ela, como nunca acontecera antes na história. Depois disso, o progresso material, tecnológico e cultural tem sido cada vez maior e mais acelerado.

Nos dias atuais, o avanço é tão intenso que é preciso estar sempre bem informado para não ficar para trás. Novas tecnologias surgem a cada momento, proporcionando troca de aparelhos e equipamentos com pouco tempo de uso. Até fins do século 20, isso não acontecia, pelo menos na velocidade de agora, no início do século 21.

E quanto mais olhamos para trás, mais vemos que tudo era lento, difícil e de menor compreensão: a vida, o transporte, as relações, o conhecimento enfim. As limitações geográficas eram imensas, não se sabendo o que havia além do horizonte. Tanto que os sábios da antiguidade não tinham sequer a certeza se a Terra era quadrada ou redonda.

Isso tudo são evidências de que o ritmo do progresso e da evolução natural acelera na medida em que o tempo passa e que o indivíduo ganha conhecimentos. Resta saber se de fato esse ritmo é uma *regressão geométrica* ou não.

Buscando a comprovação do ritmo da evolução humana na história

Aproveitamos então para testar essa hipótese, do ritmo da evolução natural e do progresso em *regressão geométrica*, avaliando diretamente a evolução humana em um período conhecido e prolongado de sua história.

Para mais evidências, escolhemos um período bem conhecido da história recente, que ainda vivenciamos, a chamada *era de Peixes*, que muitos entendem confundir-se com a *era cristã*, por serem ambas marcadas por importantes transformações sociais de natureza humanitária (se comparado com períodos anteriores da história). Essa escolha deveu-se à duração bem definida das eras zodiacais, de 2160 anos cada uma.

Conforme a astrologia, e astronomicamente falando, uma era zodiacal corresponde a 30º do ciclo da precessão dos equinócios. Esse ciclo completo tem a duração de 25920 anos. Além disso, acreditamos que esse ciclo maior da vida planetária seja tão importante e significativo quanto o ciclo das estações do ano e o ciclo do dia, que são equivalentes em termos de características físicas. Isto é, a parte da manhã é equivalente à primavera (úmida e quente), a tarde ao verão (seco e quente), a noite ao outono (seco e frio) e a madrugada ao inverno (úmido e frio). O problema, no entanto, é haver consenso de quando se inicia e quando termina a era de Peixes, uma vez que as constelações zodiacais não preenchem os "30º" regulares dos signos zodiacais.

A constelação de Escorpião, por exemplo, ocupa apenas cerca de 7º do círculo zodiacal, seguida da constelação do serpentário, com 18º.

Juntas elas somam 25º, 5º a menos dos 30º designados para cada era. Já a constelação de Peixes ocupa cerca de 38º do mesmo círculo zodiacal, 8º a mais dos 30º designados para cada era. Com essas diferenças, é impossível afirmar quando se inicia e quando termina uma era zodiacal.

Devido a isso, decidimos então testar a hipótese do ritmo da evolução humana começando pelo ano zero da era cristã, por causa de sua propalada similaridade com a era de Peixes. O teste nos pareceu bastante válido e dele o leitor poderá tirar suas próprias conclusões, inteirando-se de tudo que se passou e ainda passa nessa era, de forma mais clara e aprofundada, no capítulo seguinte. A figura abaixo traça o resultado resumido da aplicação desse teste.

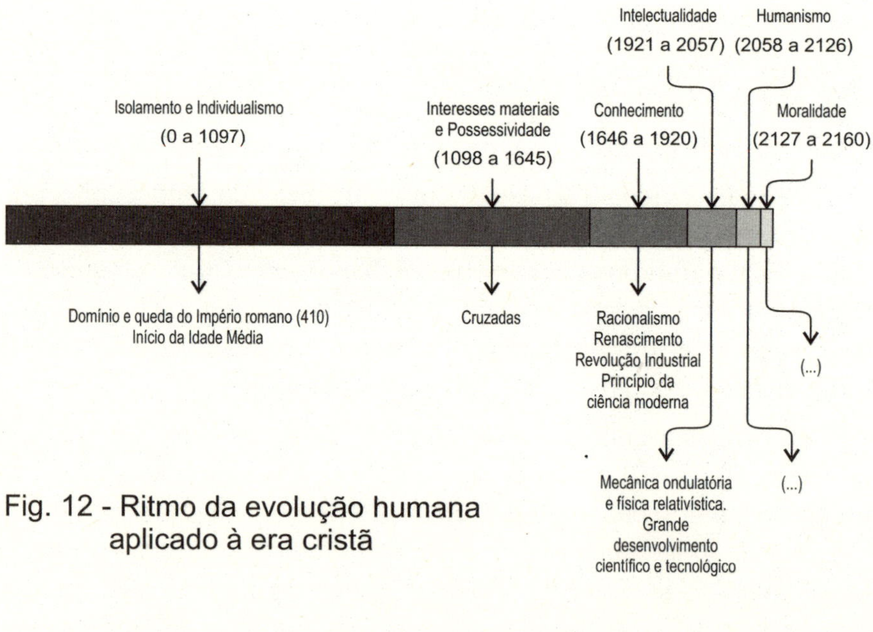

Fig. 12 - Ritmo da evolução humana aplicado à era cristã

Essa mesma figura evidencia ainda que a humanidade atual vive a sua fase de intelectualidade, que pode ir até o ano 2057. Em seguida, entrará no humanismo, que pode ir até o ano 2126, quando então atingirá a moralidade.

Entretanto, isso não significa que a humanidade atingirá o topo da moralidade nessa era. Não. Até porque a vida segue assim como outras incontáveis eras da vida planetária. Significa apenas que parcela significativa dos valores concernentes à era cristã deverá ser assimilada pela população em geral.

Caso o leitor deseje, poderá também testar a mesma hipótese, da evolução em *regressão geométrica*, aplicada a outros períodos da história, como, por exemplo, às eras geológicas, a períodos anteriores à era cristã etc. Mas, lembre-se, antes é preciso escolher a duração do período com bastante critério e coerência.

A EVOLUÇÃO DAS IDEIAS DO HOMEM E O DESENVOLVIMENTO DA MORAL. UMA VIAGEM NO TEMPO

Formação das crenças e das primeiras cidades-estados

Todas as civilizações antigas, hindu, chinesa, mesopotâmica (sumérios, acádios, amoritas, babilônios, assírios e caldeus), egípcia, grega, romana etc., no período que vai dos primeiros registros escritos até aproximadamente o fim da antiguidade clássica, foram fortemente marcadas pela crença nos "deuses".

Esses deuses eram, nas diversas mitologias, Espíritos ou forças representativas da natureza. Havia também os semideuses, que eram homens e "filhos de deuses" ao mesmo tempo, cheios de histórias de heroísmo. Cada cultura mantinha seus próprios cultos aos deuses, realizados por sacerdotes. Conforme as necessidades do interessado, o deus relacionado era consultado, por meio das sacerdotisas-médiuns, pedindo proteção antes do plantio, antes de partir para a guerra etc. Na cultura chinesa, havia também o culto aos antepassados. Vide alguns exemplos dessas forças representativas da natureza na antiguidade na página ao lado.

A crença na reencarnação foi dominante entre os povos antigos, em especial as civilizações egípcia e hindu, com algumas peculiaridades relacionadas a cada cultura e aos conhecimentos da época. No Egito, o morto era embalsamado, pois se acreditava que entre o corpo material (kha) e o Espírito (akh) havia uma ligação eterna. Na Índia, o conhecimento do *samsara* – ou transmigração da alma, inclusive em corpos animais – era largamente difundido e aceito. Possivelmente, o *samsara* tenha influenciado a metempsicose dos gregos, crença que admitia o Espírito reencarnar em animais, como punição a maus comportamentos em vida.

Quando essas antigas civilizações se estabeleceram, de maneira organizada e sob a direção de um comandante-chefe (rei, faraó etc.), surgiram as primeiras cidades-estado, por volta de 3500 a.C.

Na Mitologia Hindu

Brama = Deus criador
Vishnu = deus conservador da vida
Shiva = deus destruidor ou transformador das coisas
Varuna = deus do céu e da noite
Prithivi = deusa Terra
Suria = deus do Sol

Na Mitologia Egípcia

Amen = Deus criador
Nut = deusa do céu
Keb = deus da Terra
Rá = deus Sol

Na Mitologia Grega

Zeus = Deus dos deuses
Urano = deus criador do céu
Gaia = deusa criadora da Terra (mãe-Terra)
Helio = deus Sol

Na Mitologia Romana

Júpiter = Deus criador
Coelus = deus do céu
Ceres = deusa da Terra (mãe-Terra)
Apolo = deus Sol

Cidade de Ur

Templo mesopotâmico, o Zigurate

Fig. 13 - Ur, a terceira cidade-estado, na antiga Mesopotâmia

Daí em diante, em épocas variadas, as diversas civilizações descobriram e manipularam os metais, inicialmente o bronze e o ferro, que eram utilizados na confecção de armas, utensílios e ornamentos em geral.

Armas e utensílios da idade do bronze

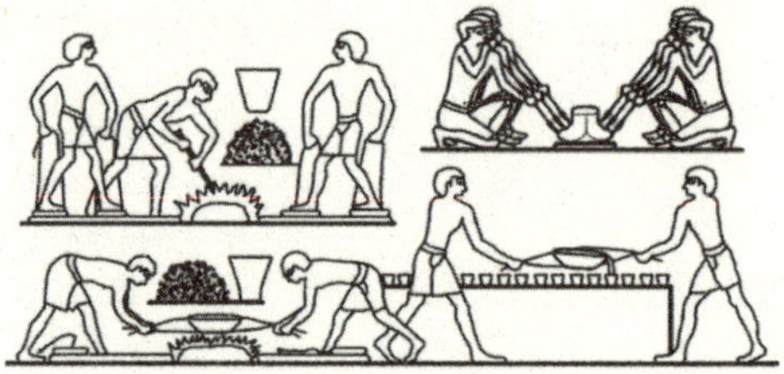

Fundição de cobre em murais funerários egípcios

Fig. 14 - Armas e utensílios metálicos nos tempos antigos

As formas de governo normalmente eram as dinastias, com o poder transmitido de pai para filho, de geração em geração, e os reinados ou monarquias, com o rei chegando ao supremo cargo por meio da força e da tirania. A expansão territorial das dinastias e dos reinados se dava exclusivamente por meio de guerras, chegando-se esses últimos, na expansão territorial, ao status de império, e o rei ao de imperador.

Nos tempos da história antiga, não havia qualquer respeito à vida humana: homens, mulheres e crianças eram tratados literalmente como animais. Isso acontecia porque o conhecimento e a compreensão da vida eram bastante primitivos. Apesar da precisão astronômica encontrada nas pirâmides de Quéops, Quéfren e Miquerinos, construídas entre os séculos 27 e 24 a.C., as artes, a arquitetura e as ciências eram ainda limitadas. Na

América do Norte e América Central, as cidades-estados surgeriam bem mais tarde, por volta do ano 1.000 a.C., com a civilização maia.

Por volta de 1600 a.C., a civilização que se firmou no vale do rio Indo, teria vulgarizado, por tradição oral, os *Vedas*, compostos cerca de 400 anos antes. A influência dos ensinamentos védicos teria inspirado o nascimento do sistema de castas na Índia, uma forma de governo dividida por classes sociais: *brâmanes* (sacerdotes e letrados); *xátrias* (guerreiros); *vaixás* (comerciantes) e os *sudras* (servos: camponeses, artesãos e operários). Essas classes representavam, simbolicamente, na Terra, a cabeça, os braços, as pernas e os pés de Brama (o Criador). Além delas, havia também os *párias*, os sem castas, considerados a poeira dos pés de Brama.

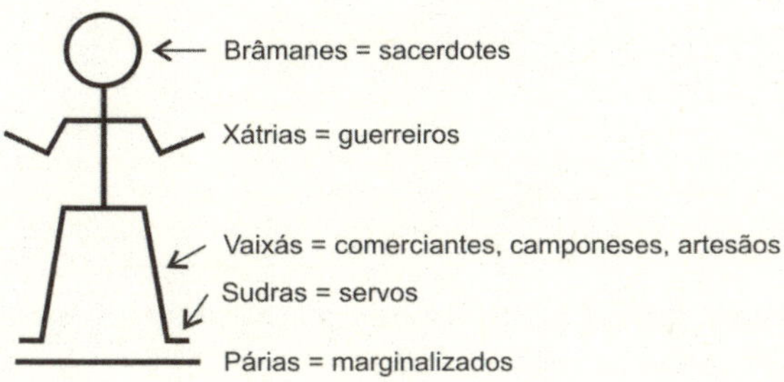

Fig. 15 - Representação ilustrativa do sistemas de castas na índia

Os primeiros códigos de ética

Os *Vedas* (*Rig Veda*, *Iajur Veda*, *Sama Veda* e *Atarva Veda*) são livros sagrados dos hindus, os mais antigos da história escrita (vide trechos destes livros na página seguinte). Entre 1500 e 600 a.C. foram escritos os *Upanishads*, que são comentários sobre os *Vedas*. Ambos tornaram-se conhecidos da literatura religiosa devido à compilação de Viasa Krishna Dvaipaiana, no século 4 a.C.

Fig. 16 - Comentário do Rig Veda, em sânscrito, séc. 17

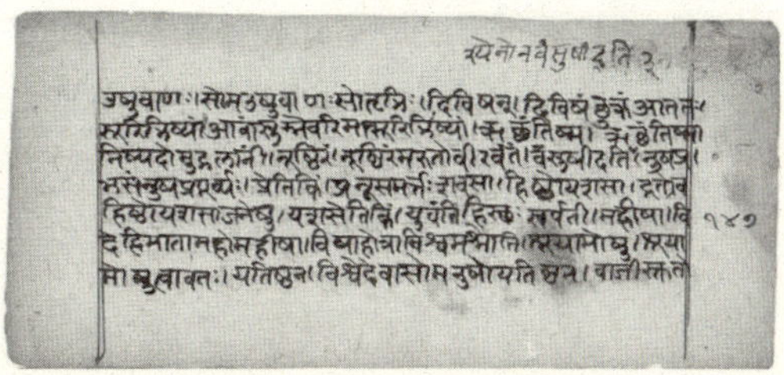

"O Universo inteiro é uma família."

Rig Veda

"Não devemos usar o corpo que Deus nos deu para matar as criaturas de Deus, sejam elas humanas, animais ou o que for."

Iajur Veda

"Não fale palavras duras."

Sama Veda

"O Uno abraça esta terra. O Uno abrange a atmosfera que sustenta o céu. No Uno, todas as direções são uma só."

Atarva Veda

Obs.: O *Rig Veda* são hinos do conhecimento. O *Iajur Veda* são conhecimentos sobre rituais, o *Sama Veda* são cânticos do conhecimento e o *Atarva Veda* são conhecimentos do sacerdócio.

"Aquele que conhece a felicidade de Brama (o Criador), de onde retrocedem todas as palavras, como também a mente, sem alcançá-la, não tem medo de nada.
Ele não se aflige com os pensamentos: "Por que não fiz o certo? Por que pequei?".
Quem sabe disso considera esses pensamentos apenas como um estado do atma (alma ou sopro vital).
E Ele certamente os entende como tal."

Upanixade Taittiriya

Por volta de 1800 a.C., em Ur, na Caldeia (atual Iraque), um pastor chamado Abraão, crente em um único Deus para o céu, a terra e todas as coisas, manifestou a sua insatisfação com o excesso de deuses e adorações e idolatrias dos caldeus. Pediu então em oração o quê fazer. A resposta recebida foi que deveria deixar Ur e ir para Harã (atual Turquia), com todos os familiares.

Tempos depois, obteve um segundo aviso do seu deus, para seguir na direção de Canaã (atual Israel, Jordânia e Líbano: lá "*te farei uma grande nação, te abençoarei, engrandecerei o teu nome e tu serás uma bênção*" (Gn12:1-2). E foi isso que de fato aconteceu. Abraão tornou-se o patriarca do povo que habitava essa região, depois chamado de hebreu. Mas, passado um tempo, uma grande seca assolou Canaã, obrigando Abraão a ir para o Egito.

Retornando a Canaã mais tarde, sua esposa Sara, que era estéril, pretendendo dar-lhe descendência, cedeu sua serva egípcia, Agar, para esse fim. Dessa união nasceu Ismael. No entanto, surpreendentemente, Sara também engravidou dando à luz a Isaque.

Mas Ismael e Isaque, ainda crianças, tinham diferenças entre si. Sara, observou isso e, preocupada com a herança de família, pediu a Abraão que despedisse Agar, que passou a viver no deserto de Parã (depois, deserto do Sinai) com o filho. Abraão se preocupou com o afastamento de Ismael, mas seu deus o tranquilizou, avisando que faria dele nascer também uma nação.

Assim, as gerações futuras de Isaque e Ismael originariam o povo israelita e ao povo árabe, respectivamente. De Isaque se originariam as raízes do judaísmo e do cristianismo, e, de Ismael, a raiz do islamismo. Do filho de Isaque, Jacó, conhecido por Israel, se formaria a linhagem dos israelitas.

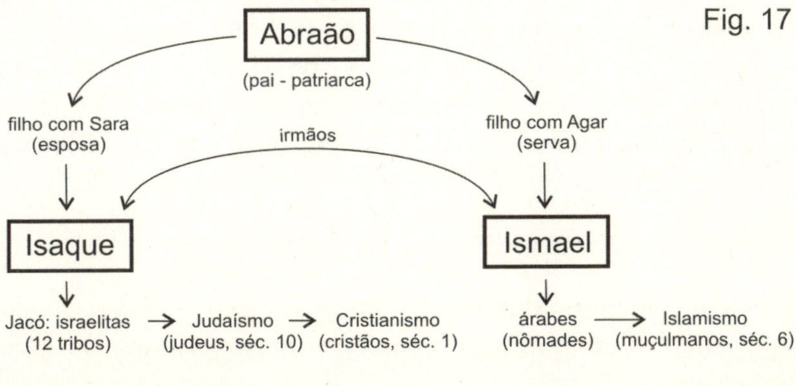

Fig. 17

Em fins do século 16 a. C., embora sendo um hebreu israelita, Moisés foi adotado como filho pela esposa do faraó. Mas tendo crescido e vendo seus irmãos de raça serem escravizados pelos egípcios, tornou-se contrário aos deuses desses, afirmando a sua crença em um Deus único. Mais tarde, ocorreram sucessivas pragas naturais no Egito e o faraó Tutmés I decidiu então libertar os hebreus, tendo Moisés como o seu líder. Porém, logo este faraó arrependeu-se de sua decisão e foi atrás de Moisés, que conseguiu atravessar o Mar Vermelho e seguiu com o seu povo na direção do deserto do Sinai. Permaneceu peregrinando nessa região por 40 anos, liderando os hebreus e dando-lhes orientações éticas:

"*Não adorarás outros deuses; Não pronunciarás o nome do Senhor em vão; Lembrar-se-ás do sábado para santificá-lo; Honrarás pai e mãe; Não matarás; Não cometerás adultério; Não roubarás; Não levantarás falso testemunho contra o seu próximo; Não desejarás a mulher do teu próximo; Não cobiçarás as coisas alheias*".

Escreveu cinco livros que contam a origem alegórica da vida, trazem a árvore genealógica dos hebreus desde Abraão, contam as lutas e epopeias deste povo e determinam as regras morais para que ele se mantenha fiel a Deus: *Gênesis*, *Êxodo*, *Levítico*, *Números* e *Deuteronômio,* chamados de *Torá*, ou simplesmente Lei.

Parte de seus irmãos de raça, no entanto, retornarou à idolatria aos deuses, fazendo com que Moisés endurecesse as regras. Somente após a sua morte, os hebreus conseguiram voltar à "terra prometida" do patriarca Abraão, Canaã (depois, Palestina).

No final do século 10 a.C., após a morte do rei Salomão, os hebreus, até então divididos em doze tribos, deram origem aos reinos de Israel (ao norte, onde mais tarde seriam a Galileia e Samaria), e de Judá (ao sul, onde mais tarde seria a Judeia). Esses reinos, nos séculos vindouros, se envolveriam em guerras contra invasores e na defesa de sua fé. No período da invasão babilônica (séc. 6), israelitas e judeus sofreram influências das crenças babilônicas, como a lei do "olho por olho e dente por dente".

Escolas sacerdotais no Egito e na Grécia antiga

Desde o princípio, a civilização egípcia era politeísta e seus deuses eram representados, em pinturas e estátuas, com partes humanas, de animais e objetos, simbolizando a natureza espiritual deles. As dinastias faraônicas sempre estiveram muito próximas da classe sacerdotal em todas as questões da vida pública. Mas não é possível afirmar se as escolas sacerdotais egípcias eram iniciáticas desde o início.

Reza a lenda que Hermes "Trimegisto" ("o três vezes grande", em grego) foi o fundador das escolas iniciáticas no Egito. Mas é incerta a época em que ele nasceu e viveu. Os gregos o chamavam de Hermes ("O mensageiro dos deuses", o equivalente a Tot, no Egito, e Mercúrio, para os romanos), devido a extensão filosófica e intelectual das obras que lhe foram atribuídas.

Segundo Tito Flávio Clemente, ou Clemente de Alexandria (séc. 3), Hermes Trismegisto escreveu 42 livros, tratando dos mais variados temas: geologia, geografia, botânica, astronomia, astrologia, matemática, arquitetura, medicina, educação dos sacerdotes – rituais no templo, hinos e louvores aos deuses –, além de um guia de ação política para os reis. Esses livros teriam influenciado muitos filósofos e pensadores gregos, mas teriam se perdido após a invasão assíria, no ano de 671 a.C.

Os antigos gregos eram politeístas como os egípcios. De sua mitologia nasceram os templos e rituais dedicados a inúmeros deuses. O mais famoso dos rituais gregos são os "mistérios de Elêusis", celebrado na cidade com este nome, próxima a Atenas, entre os séculos 6 e 4, em homenagem a Deméter (deusa da agricultura) e Perséfone (deusa da primavera). O sentido original dos "mistérios de Elêusis" era o culto à reencarnação, simbolizando o nascimento e renascimento da vida. Acredita-se que esse culto tenha se originado do culto à reencarnação dos egípcios.

As sementes da moral e do conhecimento e suas influências

Do século 7 a.C. até o advento de Jesus Cristo, nas principais civilizações do planeta, foram lançadas as sementes da base moral ao homem civilizado, quase que em uma linguagem unificada.

Entretanto, isso não quer dizer que os povos dessa época alcançassem voos mais elevados nas questões de ordem moral. De forma alguma. O que certamente teria ocorrido no período em questão foi a encarnação de muitos Espíritos missionários, que plantariam as sementes de valores éticos, morais e novos conhecimentos, com o propósito evidente de alavancar o progresso geral.

Isso teria se dado também em razão de a população planetária estar ainda muito presa aos valores grosseiros e violentos do personalismo, da possessividade e do materialismo, desde longa data. Sem contar que a época era também de empirismo e credulidade.

Na Grécia e em Roma – No século 7 a.C, por exemplo, floresceu na Grécia, com Esíodo (*Teogonia* etc.) e Homero (*Ilíada* e *Odisséia*), a rica mitologia grega. Desde então, essa civilização se agigantou, nas artes, na cultura e nas ciências, produzindo mentes brilhantes como Tales de Mileto (624-548 a.C.), Pitágoras (séc. 6-5), Eródoto (485-426 a.C.), Demócrito (460-370 a.C.), Sócrates (469-399 a.C.), Platão (428-348 a.C.), Aristóteles (385-323 a.C.), Zenon (333-263 a.C.), Euclides (séc. 3 a.C.) e tantos outros. Era o princípio da filosofia, que significa "estudo da sabedoria", reunindo todo o conhecimento da época. Vide pensamentos de alguns desses filósofos na página ao lado.

Embora esse conhecimento fosse ainda incipiente e empírico, os filósofos gregos promoveram uma revolução no pensamento, fazendo questionamentos abrangentes com relação a tudo que não se sabia: qual a origem e o significado da vida, qual o formato da Terra, qual a explicação para o movimento dos corpos celestes etc. Até então esses questionamentos tinham apenas explicações míticas e religiosas. Dentre os muitos filósofos gregos, Pitágoras, Sócrates, Platão e Aristóteles foram os que mais se destacaram no que tange à lógica e à ética.

O teatro também é de origem grega, em decorrência das danças e dos festivais anuais ao deus Dioniso (protetor das vinhas e do vinho). Segundo Aristóteles, Thespis (610-550 a.C.) foi o primeiro dramaturgo e ator grego. Os principais dramaturgos gregos da época foram Ésquilo (525-456 a.C.), Sófocles (498-406 a.C.) e Eurípedes (480-406 a.C.). Entre os arquitetos e escultores gregos destacam-se Fídeas (480-430 a.C.), Ictinos (447-432 a.C.) e Calícrates (séc. 5 a.C.). A democracia, forma de governo em que a soberania é exercida pelo povo, diferentemente dos reinados e dinastias, é igualmente de origem grega. Clístenes (565-492 a.C.) é considerado o pai dessa forma participativa de governo.

"Muitas palavras não indicam necessariamente muita sabedoria."
"Toma para ti o conselho que dá aos outros."
"Espera de teu filho o que fizeste com teu pai"

Tales de Mileto

"Eduque as crianças, para que não seja necessário punir os adultos."
"A melhor maneira que o homem dispõe para se aperfeiçoar é aproximar-se de Deus."
"Anima-te por ter de suportar injustiças; a verdadeira desgraça consiste em cometê-las."

Pitágoras

"Conhece-te a ti mesmo, torna-te consciente de tua ignorância e serás sábio."
"Aquele que deseja modificar o mundo, que primeiro modifique-se a si mesmo."
"O homem para ser completo tem que estudar, trabalhar e lutar."

Sócrates

"Podemos facilmente perdoar uma criança que tem medo do escuro; a real tragédia da vida é quando os homens têm medo da luz."
"A punição que os bons sofrem, quando se recusam a agir, é viver sob o governo dos maus."
"Não espere por uma crise para descobrir o que é importante em sua vida."

Platão

"O homem prudente nunca diz tudo o que pensa, mas pensa sempre tudo o que diz."
"O valor final da vida depende mais da consciência e do poder de contemplação do que da mera sobrevivência."
"O erro acontece de vários modos, enquanto ser correto é possível apenas de um modo."

Aristóteles

Os romanos foram, por sua vez, enormemente influenciados pela cultura grega no período citado, na religião, na pintura, na arquitetura e escultura, na música, na literatura, no teatro e na filosofia. Sua mitologia, deuses e ritos eram os mesmos, embora com nomes diferentes. Não chegaram a produzir grandes filósofos como os gregos, mas se destacaram na arquitetura, devido à engenhosidade técnica, no direito (civil, natural, das gentes e dos estrangeiros), na política e na preservação dos valores de família. Muitas das atuais leis em vigência são heranças do antigo direito romano, sobretudo no período da república (509-29 a.C.). No mundo moderno, há muitos resquícios da cultura romana.

Teatro com capacidade para 15 mil pessoas, geralmente construído em encostas

Partenon: em homenagem à deusa Atenas. Projeto de Ictinos e Calícrates

Maquete do Fórum romano: Centro político, econômico, cultural e religioso da Roma antiga

Fig. 18 - Teatro e arquitetura grega

Pitágoras, Sócrates, Platão e Aristóteles: É provável que a base do conhecimento matemático e metafísico de Pitágoras tenha sido apreendida nos dez anos em que permaneceu na cidade de Alexandria, grande centro cultural egípcio. Depois, desenvolveu o conhecido "teorema de Pitágoras", estudo fundamental da geometria, além de outros estudos sobre a propriedade dos números. Fundou uma escola esotérica em Crotona, no sul da Itália, onde ensinou filosofia, matemática e astronomia. Divulgava que o cosmo se sustenta em bases matemáticas e que os corpos celestes desenvolvem movimentos harmônicos tal qual os instrumentos musicais, assim como o conhecimento da reencarnação.

Sobre Sócrates, tudo que se sabe a seu respeito é através das obras de Platão e Xenofonte (430-355 a.C.), também seu discípulo, e do dramaturgo grego Aristófanes (447-385 a.C.). Um homem ético, virtuoso e de moral ilibada, que tinha a singular pedagogia de ensinar por meio de perguntas. Ou seja, ensinava as pessoas a raciocinarem, tirando as dúvidas por si mesmas, a fim de chegarem ao conhecimento da verdade. Daí a célebre fala a ele atribuída, "Conhece-te a ti mesmo", mas que, na verdade, encontrou-a no templo de Apolo, em Delfos.

Sócrates divulgava a imortalidade da alma (designada pelos seus opositores como sendo um culto a "outros deuses") e a reencarnação, assim como Platão. Seu método encantou os jovens atenienses, que aprendiam livremente com ele, em praça pública, sem pagar nada. Assim, era procurado por muitos, tendo sido considerado também pela sacerdotisa do templo de Apolo como "*o mais sábio de todos os homens*".

Mas justamente em razão disso, de não cobrar nada e de ensinar livremente, que seus adversários o acusaram de ser um corruptor de jovens, instigando-os a cultuar "outros deuses", diferentes dos ensinados pela mitologia grega. Dessa forma, ele foi condenado a morrer bebendo uma taça de cicuta (veneno).

Platão fundou a primeira academia de ensino superior de Atenas. Nela ensinava filosofia, matemática, astronomia, ciências naturais, ética e política. Assim como Aristóteles, seu discípulo, escreveu diversas obras, que influenciariam o mundo ocidental até o advento da ciência experimental, no século 17.

Dizia que o mundo em que vivemos é um mundo de sensações, mutável e imperfeito. Perfeição e pureza somente no mundo das ideias, onde tudo é perene, dizia ele. As estrelas mesmo, sendo fixas e eternas, refletiam essa perfeição.

Aristóteles, embora tivesse adotado o conceito de perfeição do seu mestre, fundamentou seus estudos mais na observação, deixando de lado o mundo das ideias. Para isso, desenvolveu e introduziu o estudo da lógica como meio de obter resultados aos muitos raciocínios nas diversas áreas do conhecimento. A lógica de Aristóteles vulgarizou-se entre os filósofos e pensadores, indo muito além do seu tempo. Como dissemos, sua influência duraria até o século 17 d.C. Aristóteles interessou-se e escreveu sobre inúmeros assuntos: física, metafísica, literatura, música, retórica, política, ética, biologia e zoologia.

Fig. 19

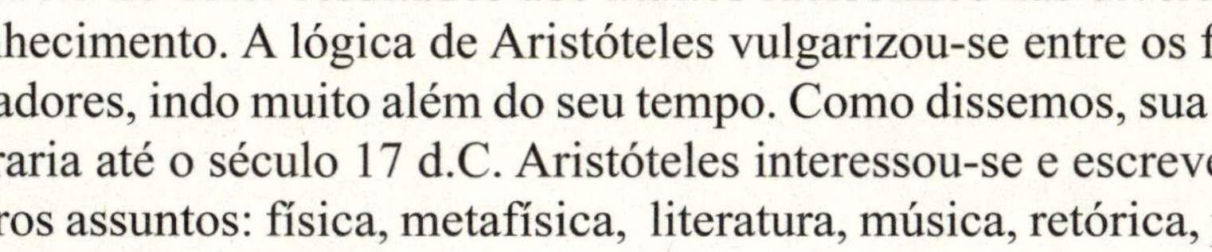

Pitágoras Sócrates Platão Aristóteles

Na Pérsia – Na mesma época do nascimento e formação da rica cultura grega (século 7 a.C.), nascia na Pérsia (antiga Caldeia) o profeta e poeta Zaratrusta (Zoroastro, para os gregos). Zaratrusta admirava os astros, o céu e as belezas naturais, mas o seu maior desejo era compreender a origem e a finalidade da vida. Ainda jovem, meditando às margens de um rio, viu um ser iluminado, ou Espírito, se apresentar a ele autodenominando-se Boa Mente.

Boa Mente levou-o ao encontro de outros seres iluminados que destacaram a importância dos bons pensamentos, das boas palavras e das boas ações, como valores essenciais na vitória do bem sobre o mal. Aprendeu ainda com estes seres que Deus (Ahura Mazda) é o eterno criador e sustentador da vida e que o bem e o mal são forças naturais as quais o homem deve aprender a lidar com elas.

A doutrina de Zaratrusta foi divulgada em cânticos compostos por ele mesmo em os *Gathas* (vide trecho desta obra na página ao lado). Os *Gathas* fazem parte também do *Avesta*, a bíblia do mazdeísmo. O mazdeísmo se tornaria a religião oficial da Pérsia (atual Irã) naquele tempo e no império de Ciro e Dario (séc. 6-5) se espalharia por toda a Mesopotâmia, Ásia Menor, Ásia Central até o noroeste da Índia. No ano de 330 a.C., o império persa cairia diante de Alexandre, o grande, rei da Macedônia e Grécia, mas a doutrina de Zaratrusta sobreviveria até século 7, quando entrou em decadência, devido a ascensão do Islão na região. Até hoje o mazdeísmo é praticado em parte do Irã e, sobretudo, no noroeste da Índia, entre os parses.

Entre outras coisas, o mazdeismo professa a imortalidade da alma, a reencarnação ou ressurreição dos mortos, a vinda de um messias, o juízo final, a existência de um purgatório e do paraíso para os bons e do inferno para os maus etc. Acredita-se que a semelhança doutrinária entre o mazdeísmo e o judaísmo, e, posteriormente, também o cristianismo, tenha se dado no reinado de Ciro, quando os judeus foram libertados do cativeiro babilônico e retornaram para a Judeia, no ano de 537.

Fig. 20 - Antiga representação de Ahura Mazda, o deus único e supremo do zoroastrismo

Início da Doutrina

1- Hei de cantar as bondades de Ahura Mazda (Deus), falarei com gosto da Boa Mente e com reverência sobre a vida dos retos. E, assim fazendo, mencionarei os dois conceitos que preocupam os sábios.
2- Ouça com seus ouvidos aos melhores conselhos reflita sobre eles com julgamento iluminado, deixe que cada um possa escolher seus credos. Com a mesma liberdade de escolha que todos devem ter em grandes eventos, Ó você, acorde para estes meus ensinamentos.
3- No começo havia dois princípios gêmeos espontaneamente ativos. Esses eram Spenta Maynu (o Bem) e Angra Maynu (o Mal) em pensamento, em palavra e ação. Entre esses dois, deixe Mazda escolher o correto. Seja bom, não neutro!
4- E quando estas duas mentalidades Gêmeas vieram juntas elas primeiramente estabeleceram a Vida e a Recusa da Vida; assim deve ser até o mundo durar. A má-aventurança é a consequência de seguir o mal, e o estado da Melhor Consciência a recompensa dos justos.
5- Desses Espíritos Gêmeos (em pensamento, palavra e ação), Angra Maynu escolhe fazer o pior, e o Espírito da Bondade (Spenta Maynu), se veste dos céus eternos, escolhendo a Verdade e a Justiça. E então, qual destes iriam agradar Ahura Mazda com boas ações, realizadas com fé na Verdade?
6- Entre esses dois Espíritos os adoradores das falsas divindades não conseguem discernir o certo, a eles a enganação veio na hora da decisão, e eles assim escolheram a Pior Mente, o medo e o ódio, que são a causa de todas as maldades, de modo a destruir a vida mental das pessoas.
7- Aquele que for dotado de força espiritual, bom pensamento, verdade e pureza, deverá receber firmeza e estabilidade de corpo de Armaiti (Espírito de Misericórdia). Essa pessoa será, sem dúvida, bem-sucedida no caminho da vida, e deve ser considerada, ó meu Senhor, como bom teu servo.
8- Quando os pecadores recebem penas de seus pecados, ó Ahura Mazda, então eles vão perceber Teu poder através da Boa Mente (Vohuman). Eles vão aprender esta verdade a respeito de como eles devem se esforçar para jogar fora a falsidade e a mentira, ajudando, assim a vitória da verdade e da pureza.
9- Que sejamos servos sinceros a Ti como aqueles que fazem o mundo renovado Ó, Senhor da Vida e da Criação. Que possamos desfrutar de tua ajuda através da Verdade (ou Asha), de modo que sempre que renunciemos nossas dúvidas, nossos corações e pensamentos possam estar apontados para ti.
10- A prática do bem é de acordo com a Verdade mesmo quando esta traz sofrimento para o praticante. A prática do mal é destrutiva mesmo ao produzir um proveito aparente. Prosperidade e alegria radiante são fruto de se entender isso.
11- Se vocês puderem perceber e compreender as leis da felicidade e da dor ordenado por Mazda, e se vocês aprenderem que os mentirosos e ímpios terão uma punição longa, mas os piedosos e justos gozarão de duradoura prosperidade espiritual, então vocês devem atingir a satisfação da real salvação, graças a este princípio.

Na China – Já, entre os século 6 e 5, no extremo oriente, a China produziria mentes como Lao Tsé e Confúcio. A base do confucionismo é a educação moral do homem, através da prática das virtudes, o respeito à família e à sociedade. No taoismo, de Lao Tsé, o preceito fundamental é o indivíduo alcançar o equilíbrio entre as partes. Vide trechos do *Tao Te Ching* e de *Diálogos de Confúcio* na página ao lado.

Estátua mais antiga de Lao Tsé, em Quanzhou, China

Antiga estátua de Confúcio, em bronze

Fig. 21 - Estátuas representativas de filósofos chineses

Na Índia – Ainda no século 6, ao norte da Índia, no Nepal, nascia Sidarta Gautama, que ficaria conhecido como Buda, "o iluminado". Aos 29 anos, ele abandonou as riquezas da vida material, como príncipe que era, e saiu em busca de um entendimento para a vida. Nessa busca, conheceu a mais absoluta pobreza, praticou ioga e ascetismo e chegou quase a morrer.

Depois disso, aprendeu que o certo é viver sem extremismos, concebendo o "caminho do meio" como sendo o mais correto. Aos 35 anos, depois de 49 dias meditando, alcançou o nirvana (paz mental, livre de sentimentos antagônicos e aflições humanas). Desde então, compreendeu a causa dos sofrimentos (*dukkha*) e o caminho para eliminá-los. De resto, Buda viveu até os 80 anos ensinando a conduta reta ou *darma*. Vide principais ensinamentos de Buda na página 60.

O Grande Buda de Kamakura, Japão, séc. 12

Fig. 22 - Estátua representativa de Buda

"Viva com bondade na Terra. Pense com bondade, como um lago. Conviva com bondade, como irmãos. Fale com a bondade de quem tem palavra. Governe com a bondade de quem tem ordem. Realize com a bondade de quem é capaz. Aja com bondade o tempo todo. Não dispute, assim não haverá rivalidade."

Tao Te Ching

"O regresso à raiz se chama quietude. Quietude se chama retornar a viver. Retornar a viver se chama constância. Conhecer a constância se chama iluminação. Desconhecer a constância é a impropriedade que provoca o infortúnio."

Tao Te Ching

"Se o povo for conduzido apenas por meio de leis e decretos impessoais e se for trazido à ordem apenas por meio de punições, ele apenas procurará evitar a dor das punições, evitando a transgressão por medo da dor. Mas se ele for conduzido pela virtude e trazido à ordem pelo exemplo e pelos ritos em comum, ele terá o sentimento de pertencer a uma coletividade e o sentimento de vergonha quando agir contrário a ela e, assim, bem se comportará de livre e espontânea vontade."

Diálogos de Confúcio

"Não te suponhas tão grande a ponto de pensares ver os outros menores que ti."

Diálogos de Confúcio

As Quatro Verdades Nobres, de Buda

1. A realidade do sofrimento: o sofrimento é uma realidade inerente a todos os seres vivos. Por isso, devemos aceitá-lo seja ele como for e venha como vier. Tipos de sofrimento:
   - *de natureza interior* (ansiedade, medo, ciúme etc.) e de natureza exterior (frio, calor, catástrofes naturais, guerras, crime etc.).
   - *naturais* ou causados pelo simples fato de se estar vivo: frio, fome, doenças etc.
   - *não aparentes*, mas que causam dor física, mental ou emocional: coisas que quebram ou se deterioram, pessoas queridas que morrem ou se afastam de nós, momentos ditosos que chegam ao fim...
   - *que acontecem devido a mudanças*: causados pela eterna mutabilidade das coisas e sua transitoriedade; que causam ilusão ou impotência, por não se ter o controle sobre elas (mudanças sociais, de status, relacionamentos, finanças, emprego e desemprego...).
2. A realidade da origem do sofrimento: o orgulho, o egoísmo, a vaidade, a raiva, a cobiça, a ignorância etc. Todos os conflitos causados pelo desejo e pelo apego, de natureza física e emocional.
3. A verdade da eliminação do sofrimento: para eliminar o sofrimento é necessário cessar o orgulho, o egoísmo, a vaidade, a raiva, a cobiça, a ignorância etc. e todos os conflitos gerados pelo desejo e apego, de natureza física e emocional.
4. A realidade do caminho que leva à cessação do sofrimento: são oito os procedimentos para isso, segundo Buda, chamado de "caminho óctuplo", que consiste "no entendimento correto", "no pensamento correto", "na linguagem correta", "na ação correta", "no modo de vida correto", "no esforço correto", "na atenção plena correta" e "na concentração correta".

Os Oito Passos da Ioga (união com o Todo ou com Deus), conforme Patânjali

Pratica da conduta reta (darma), mediante:

1) Yama (ações com o mundo externo): não violência (ahimsa); uso da verdade (satya); não roubar e desejar coisas alheias (asteya); não usar indevidamente o sexo (brahmacharya); não possessividade e cobiça (aparigraha)

2) Nyama (ações interiores): pureza, do corpo e da mente (saucha); contentamento, felicidade de viver e de relacionar-se com os outros (samtosha); austeridade, força de vontade para melhorar-se e alcançar um objetivo, superando dificuldades (tapas); estudo e autoavaliação de si mesmo (svadhyaya); sentimento de entrega, ligação ou devoção com as coisas divinas ou espirituais (ishvara pranidhána).

Busca da conquista espiritual, mediante:

3) Asana (postura): adoção de posição firme e confortável para a ação meditativa, livre de turbulências.

4) Pranayama (respiração controlada): técnicas respiratórias com o controle do prana (energia vital, de origem solar).

5) Pratyahara (estados da mente): conhecimento e domínio dos três estados mentais – tamas (estático), rajas (de movimento) e satva (de equilíbrio).

6) Dharana (concentração): técnica de controle da mente, mediante direcionamento do foco em um único ponto, sem dispersão.

7) Dhiana (meditação): meditação ou reflexão profunda, com desdobramento da consciência universal.

8) Samadhi (contemplação): o êxtase provocado pela meditação.

Da mesma forma que Buda e no mesmo século em que ele viveu, Vardamana, o “Mahavira” (“grande herói”), renunciou a uma vida de luxo e de posses, aos 30 anos, para dedicar-se a práticas ascéticas. Essas práticas aconteceram durante 12 anos, quando alcançou a iluminação. Entretanto, Mahavira foi mais radical do que Buda nesse sentido. Praticou o isolamento e jejuns ao extremo, a ponto de viver nu. Depois do seu falecimento, aos 72 anos, seus seguidores organizaram a religião jaina ou jainismo.

Os principais ensinamentos de Mahavira foram a não-violência e o não causar sofrimento a qualquer ser vivo (*ahimsa*); não mentir (*satia*); não se apropriar das coisas alheias (*asteia*); manter a castidade (*bramacharya*) e não apegar-se às coisas materiais (*aparigraha*).

No século 4, na Índia, Viasa Krishna Dvaipaiana, o mesmo que compilou os *Upanishads*, compôs também o *Mahabarata*, um dos mais sábios e ricos textos da literatura reencarnacionista hindu, cujo destaque é o *Bhagavad Gita*. Vide trecho do *Bhagavad Gita* na página seguinte.

Krishna orientando Arjuna a lutar contra as forças do mal (ilustração)

Fig. 23
Mahabarata:
batalha simbólica
entre as forças
do bem e do mal

Outro importante nome da literatura indiana dessa época foi Patânjali. Ele escreveu o *Ioga Sutras*, que é uma condensação da prática e da filosofia ioga em 196 aforismos. Ele definiu também os oito passos da ioga, fundamental em sua prática (vide página ao lado). Embora o primeiro desses oito passos repita os ensinamentos de Mahavira, nos *yamas* ou ações com o mundo exterior, Patânjali não foi tão radical e ascético como este.

Fig. 24
Tradicional escultura
indiana em madeira,
simbolizando Patânjali
e o *Ioga Sutras*

Revelação da Verdade

(...)

Fala Krishna:

11. Andas triste por algo que não merece tristeza, e tuas palavras carecem de sabedoria. O sábio, porém, não se entristece com nada, nem por causa dos mortos nem por causa dos vivos.
12. Nunca houve tempo em que eu não existisse, nem tu, nem algum desses príncipes nem jamais haverá tempo em que algum de nós deixe de existir em seu ser real.
13. O verdadeiro ser vive sempre. Assim como a alma incorporada experimenta infância, maturidade e velhice dentro do mesmo corpo, assim passa também de corpo a corpo - sabem os iluminados e não se entristecem.
14. Quando os sentidos estão identificados com objetos sensórios, experimentam sensações de calor e de frio, de prazer e de sofrimento – essas coisas vêm e vão; são temporárias por sua própria natureza. Suporta-as com paciência!
15. Mas quem permanece sereno e imperturbável no meio do prazer e do sofrimento, somente este é que atinge a imortalidade.
16. O que é irreal não existe, e o que é real nunca deixa de existir. Os videntes da verdade compreendem a íntima natureza tanto disto como daquilo, a diferença entre o ser e o parecer.
17. Compreende como certo, ó Arjuna, que indestrutível é aquilo que permeia o Universo todo; ninguém pode destruir o que é imperecível, a realidade.
18. Perecíveis são os corpos, esses templos do espírito - eterna, indestrutível, infinita é a alma que neles habita. Por isto, ó Arjuna, luta!
19. Quem pensa que a alma – o Eu – que mata ou que morre, não conhece a Verdade. O Eu não pode matar nem morrer.
20. O Eu nunca nasceu nem jamais morrerá. E uma vez que existe, nunca deixará de existir. Sem nascimento, sem morte, imutável, eterno - sempre ele mesmo é o Eu, a alma. Não é destruído com a destruição do corpo (material).
21. Quem sabe que a alma é indestrutível e eterna, sem nascimento nem morte, sabe que a essência não pode morrer, ainda que as formas pereçam.
22. Assim como o homem se despoja de uma roupa gasta e veste roupa nova, assim também a alma incorporada se despoja de corpos gastos e veste corpos novos.
23. Armas não ferem o Eu, fogo não o queima, águas não o molham, ventos não o ressecam.
24. O Eu não pode ser ferido nem queimado; não pode ser molhado nem ressecado - ele é imortal; não se move nem é movido, e permeia todas as coisas – o Eu é eterno.
25. Para além dos sentidos, para além da mente, para além dos efeitos da dualidade habita o Eu. Pelo que, sabendo que tal é o Eu, por que te entregas à tristeza ó Arjuna?

(...)

O advento de Jesus Cristo

Na época em que César Augusto se tornou o primeiro imperador romano, de 27 a 14 a.C., nascia na Judeia, entre os anos 4 e 6 a.C., Jesus de Nazaré, depois chamado Jesus Cristo. Essa diferença de menos 4 para 6 anos de seu nascimento justifica-se por uma defasagem nos calendários gregoriano, de 1582, e Juliano, de 46 a.C.

A importância de Jesus seria tal para o mundo ocidental que, um milênio e meio depois de sua passagem, a história seria divida em antes de Cristo (a.C.) e depois de Cristo* (d.C.). A razão disso, evidentemente, é a base moral de sua doutrina, ampla e universalista, ou seja, isenta de interesses egoísticos e sem distinção de raça, classe social, crença, costume ou gênero.

Além disso, entre muitas outras coisas, essa moral chamava a atenção, por exemplo, de que toda ação humana tem consequências no "reino dos céus" ou na vida espiritual (Mt 18:18); que "em tudo, as pessoas devem fazer aos outros somente aquilo que desejam para si" (Mt 7:12), ou seja, apenas o bem; que Deus é o "pai celeste" de tudo, sendo, portanto, todos "irmãos" diante Dele; além disso, prometia o "reino dos céus" àqueles "*que sofrem perseguição por causa da justiça*" (Mt 5:10), orientando também que o "*muito falar*" e a "*repetição*" de palavras em orações não tem valor nenhum (Mt 6:7) etc.

Ora, esse tipo de instrução irritou profundamente a ortodoxia judaica e autoridades romanas da época, que passaram a ver Jesus como uma ameaça social, uma vez que desfrutavam da hegemonia de valores da vida material.

A verdade é que as populações viviam mesmo subjugadas e carentes, sofrendo profundamente de diferenças sociais e desmandos do poder. Uma razão a mais para elas terem se cativado com os ensinamentos do mestre nazareno (vide alguns deles, na página seguinte, segundo Mateus), que prometia consolações no "reino dos céus" e o renascimento do Espírito em um novo corpo, para a continuidade de sua evolução (João 3:1-10).

Nos Evangelhos, o sentido da expressão "*ressurreição dos mortos*" ora se refere à reencarnação (idem), ora à materialização (1 Cor 15:20) e ora à incorporação de Espíritos (Mt 14:2). A causa disso era a pobreza de vocabulário e recursos linguísticos do aramaico.

* Judeus, islamitas, chineses e outros povos, entretanto, utilizam calendários próprios, baseados em acontecimentos históricos diferentes.

2. E, abrindo a sua boca, os ensinava, dizendo:
3. Bem-aventurados os pobres de espírito, porque deles é o reino dos céus;
4. Bem-aventurados os que choram, porque eles serão consolados;
5. Bem-aventurados os mansos, porque eles herdarão a terra;
6. Bem-aventurados os que têm fome e sede de justiça, porque eles serão fartos;
7. Bem-aventurados os misericordiosos, porque eles alcançarão misericórdia;
8. Bem-aventurados os limpos de coração, porque eles verão a Deus;
9. Bem-aventurados os pacificadores, porque eles serão chamados filhos de Deus;
10. Bem-aventurados os que sofrem perseguição por causa da justiça, porque deles é o reino dos céus;
11. Bem-aventurados são todos vocês, quando os injuriarem e perseguirem e, mentindo, disserem todo o mal contra vocês por minha causa.
12. Exultem-se e alegrem-se, porque grande será a recompensa de vocês nos céus; porque assim também os profetas foram perseguidos antes.
13. Vocês são o sal da terra; e se o sal for insípido, com que há de se salgar? Para nada mais presta senão para ser lançado fora e ser pisado pelos homens.
14. Vocês são a luz do mundo; não se pode esconder uma cidade edificada sobre um monte;
15. Nem se acende uma candeia e a coloca debaixo do alqueire, mas no velador, para dar luz a todos que estão na casa.
16. Assim resplandeça também a sua luz diante dos homens, para que sejam vistas as suas boas obras e o Pai que está nos céus seja glorificado.

....

20. Porque lhes digo que, se a sua justiça não exceder a dos escribas e dos fariseus, de modo nenhum entrarão no reino dos céus.
21. Ouviram o que foi dito aos antigos: Não matarás, e qualquer que matar será réu de juízo.
22. Eu, porém, lhes digo que qualquer que, sem motivo, se encolerizar contra seu irmão, será também réu de juízo; e qualquer que disser a seu irmão: Raca, será réu do Sinédrio; e qualquer que lhe disser: Louco, será réu do fogo do inferno.
23. Portanto, se trouxer a tua oferta ao altar, e aí te lembrar de que teu irmão tem alguma coisa contra ti,
24. Deixa ali diante do altar a tua oferta, e vai reconciliar-te primeiro com o teu irmão e, depois, vem e apresenta a tua oferta.
25. Concilia-te depressa com o teu adversário, enquanto está no caminho com ele, para que não aconteça que o adversário te entregue ao juiz, e o juiz te entregue ao oficial, e te encerrem na prisão.
26. Em verdade te digo que de maneira nenhuma sairá dali enquanto não pagar o último ceitil.

....

37. Seja, porém, o vosso dizer: Sim, sim; Não, não; porque o que passa disto é de procedência maligna.
38. Ouviste que foi dito: Olho por olho e dente por dente.
39. Eu, porém, lhes digo que não resistam ao mau; mas se qualquer te bater na face direita oferece-lhe também a outra;
40 E se alguém quiser processá-lo e tirar-lhe a túnica, deixe que leve também a capa.
41 Se alguém o forçar a caminhar com ele uma milha, vá com ele duas.
42 Dê a quem lhe pede, e não volte as costas àquele que deseja pedir-lhe algo emprestado.
43 Vocês ouviram o que foi dito: "Ame o seu próximo e odeie o seu inimigo".
44 Mas eu lhes digo: Amem os seus inimigos e orem por aqueles que os perseguem, para que vocês venham a ser filhos de seu Pai que está nos céus.
45 Porque ele faz raiar o seu sol sobre maus e bons e derrama chuva sobre justos e injustos.
46 Se vocês amarem aqueles que os amam, que recompensa vocês receberão? Até os publicanos fazem isso!
47 E se saudarem apenas os seus irmãos, o que estarão fazendo de mais? Até os pagãos fazem isso!
48 Portanto, sejam perfeitos como perfeito é o Pai celestial que está nos céus.

Jesus por sua vez impressionava pela sabedoria das palavras, realizava curas consideradas milagrosas e lia o pensamento dos outros, adivinhando seus problemas, sem que estes nada lhe dissessem (João 4). Sua fama chegou a lugares distantes e multidões iam ao seu encontro, em busca de consolação espiritual. Contam ainda seus discípulos que ele andou sobre as águas, transformou a água em vinho numa festa familiar quando criança etc. Devido a isso, muitos acreditavam ser ele o messias (ser especial ou protegido de Deus), citado nas antigas profecias judaicas, começando pelos discípulos.

Jesus no Sermão da Montanha,
Pintura de Carl Heinrich Bloch

Jesus com a mulher samaritana,
Pintura de Simon Dewey

Fig. 25 - Ilustrações de passagens do Evangelho de Jesus

Mas representantes do judaísmo acusavam-no de blasfemar contra a *Torá* e de querer ser o "rei dos judeus". Por esta última acusação, que confrontava diretamente com o domínio imperial romano, Jesus foi denunciado às autoridades competentes, sendo preso, julgado à revelia e condenado à crucificação como um criminoso comum. Após sua morte, os que adotavam seus ensinamentos passaram a ser chamados de cristãos – o mesmo que messias em grego.

Jesus foi também o primeiro a tratar com clareza a manifestação dos Espíritos sem o rótulo de deuses, caracterizados nas mitologias, hindu, egípcia, greco-romana e outras. As aparições ou materializações de Moisés e Elias a seus discípulos é exemplo disso. Depois de "morto", o mestre nazareno ainda apareceu materializado a várias pessoas e aos discípulos "*com muitas e infalíveis provas, sendo visto por eles no espaço de quarenta dias, e falando das coisas concernentes ao reino de Deus*" (Atos 1:3).

Jesus com Moisés e Elias materializados – transfiguração,
Pintura de Carl Heinrich Bloch

Fig. 26 - Ilustração de passagem do Evangelho de Jesus

Nos primeiros tempos do cristianismo, seus adeptos foram duramente perseguidos e levados ao sacrifício na arena do Coliseu. Depois, a perseguição prosseguiu, sob a acusação de superstição e infâmia contra os deuses romanos. Para o governo romano, a figura de Jesus continuava sendo a de um rebelde da *lex romana* e seus seguidores, portanto, tão desprezíveis quanto ele.

Início do movimento cristão, perseguições e a ascensão da igreja na Europa

Saulo de Tarso foi um respeitável doutor da Lei (a *Torá*) e um implacável perseguidor dos primeiros cristãos, logo após a crucificação de Jesus. Um dia, quando estava a caminho de Damasco para uma devassa, o Espírito de Jesus lhe apareceu todo iluminado e lamentava a sua intolerância; mas deu-lhe um voto de confiança. A sua luz deixou Saulo temporariamente cego, e pediu que procurasse um cristão chamado Ananias, que lhe restituiria a visão. Depois disso, Saulo se converteu ao cristianismo e passou a ser o seu maior divulgador.

Mudou o seu nome para Paulo de Tarso (em romano), a fim de enfatizar seus direitos de cidadão romano, tendo levado os ensinamentos de Jesus muito além de Jerusalém, Galileia e Antioquia. Divulgou-os nos maiores centros culturais do mundo ocidental daquele tempo: Grécia, Capadócia, Macedônia e Roma. Graças a isso, o cristianismo cresceu, ainda que a duras penas.

A característica dos cristãos nos primeiros cem anos do movimento era a de serem pessoas humildes, caridosas e cheias de amor ao próximo, conforme os ensinamentos do mestre nazareno. O termo "igreja" nesse tempo ainda não tinha o sentido que lhe damos hoje, de edificação. Na época, o sentido original dessa palavra era "local de reunião de pessoas", que tanto podia acontecer na casa de um como de outro adepto.

Todavia, eles continuavam sendo perseguidos, torturados, condenados e levados aos espetáculos sangrentos do Coliseu. Para se protegerem dessas arbitrariedades, os cristãos buscaram então um lugar menos suspeito para realizar seus cultos. Eram as catacumbas, local de sepultamento dos mortos, nos subterrâneos da antiga Roma. Aí se reuniam em cerimoniais noturnos. Com o passar do tempo, e também de forma natural, se criaram no seio do movimento cristão as hierarquias, para melhor conduzir e administrar o movimento.

As catacumbas

Local dos cultos no interior das catacumbas

Fig. 27 - Catacumba romana de S. Calixto, séc. 3

Entretanto, havia profitentes cristãos alheios a esse movimento subterrâneo e popular, indivíduos que se isolavam no estudo das escrituras e no aculturamento geral. Diz a tradição que Antão do Deserto foi o primeiro a adotar esse estilo de vida, no século 3. Depois dele outros vieram, dando origem aos monastérios. Nos monastérios, além das escrituras judaicas e cristãs, estudavam-se importantes obras da literatura greco-romana, com foco em filosofia, línguas, retórica, dialética e lógica aristotélica.

Mas onde estivessem, e para não sofrerem represálias, os cristãos tinham que se comportar como cidadãos romanos normalmente. Isto é, participavam das festas do calendário romano: as Saturnais, as Lupercais, a Equiria e os jogos Seculares, em homenagem a uma variedade de deuses: Luperco, Marte, Ceres, Lares, Flora, Juno, Júpiter etc. Além disso, havia também as festas de origem judaica, das quais participavam por tradição, como a Páscoa, os Pães Asmos, as Primícias, o Pentecostes etc.

No ano de 306, Constantino I sagrou-se imperador de Roma. Em 312, durante uma importante batalha, sonhou com uma cruz e a seguinte frase, escrita em latim: "Por este sinal vencerás". Ordenou, dessa forma, que cada soldado pintasse uma cruz em seus escudos, saindo-se vitorioso. No ano seguinte, em 313, promulgou um edito que acabou com a perseguição aos cristãos, tornando-se ele próprio um cristão.

Porém, ao mesmo tempo em que o cristianismo ganhava espaço como religião oficial do império romano, tornava-se também refém de seus interesses políticos. Em 325, Constantino I convocou todos os bispos cristãos espalhados em território romano, gálico, grego e no oriente médio para o 1º Concílio Ecumênico na cidade de Niceia, muito provavelmente com a intenção de manter ativas as suas conquistas políticas.

Esses bispos, de diferentes igrejas cristãs, tinham opiniões diferentes com respeito, por exemplo, à natureza de Jesus e a virgindade ou não-virgindade de sua mãe, Maria. Para o bispo de Alexandria, Ário, Jesus era um homem comum, mas dotado de qualidades divinas incomuns. Isso foi o que fez dele um intermediário entre as coisas divinas e as terrenas. Não era, portanto, o próprio Deus-Pai (Criador), como muitos acreditavam. Ário, no entanto, foi voto vencido, nascendo o conceito da trindade cristã (Pai, Filho e Espírito Santo), provavelmente inspirada nas trindades hindu (Brahma, Vishnu e Shiva) e egípcia (Osíris, Ísis e Hórus).

A trindade cristã tinha a intenção justamente de equiparar Jesus a Deus, diferenciando-o dos homens comuns. E, para oficializar essa ideia, foi elaborado neste concílio o primeiro credo oficial católico:

"Cremos em um só Deus, Pai todo-poderoso, criador de todas as coisas visíveis e invisíveis. E em um só Senhor Jesus Cristo, o Filho de Deus, gerado unigênito do Pai, isto é, da substância do Pai. (...) E quem quer que diga que houve um tempo em que o Filho de Deus não existia, ou que... é de uma substância ou essência diferente (do Pai), ou que ele é uma criatura, ou sujeito a mudança ou transformação, todos os que falem assim, são anatematizados pela Igreja Católica."

Além do credo, ficou decidido que o dia de domingo, dedicado ao deus Sol (*Sol Invictus*) pelos romanos, seria também o dia de descanso dos cristãos – não mais o *shabat* dos judeus. O Concílio de Niceia, então, deu origem aos primeiros dogmas da Igreja Católica e Apostólica Romana, além de sua aproximação com o poder estatal.

Em fins do século 4, o papa Dâmaso I pediu ao padre e monge erudito Jerônimo de Estridão que fizesse uma revisão dos vários textos bíblicos em circulação desde o século 1. Jerônimo traduziu esses textos diretamente do grego e do aramaico para o latim popular, excluindo os que não apresentavam concordância entre si. Essa versão da Bíblia, chamada de *vulgata latina*, é a que passou a ser utilizada pela igreja católica.

Já no Concílio de Éfeso, convocado pelo imperador Teodósio, em 431, Jesus foi efetivamente equiparado a Deus-Pai, passando Maria, sua mãe, a ser chamada de "mãe de Deus". Os que não concordaram com isso foram considerados hereges e expulsos da corporação.

Como é possível perceber, o dogmatismo nascente da igreja católica teve motivações políticas e sectárias, muito comuns aos povos de época, restritos ainda a limitações geográficas e de conhecimentos. Inegável também a influência da lógica aristotélica entre os pensadores ocidentais daquele tempo (filósofos, religiosos e homens de ciência), proporcionando o estabelecimento de dogmas.

No ano de 476, o todo poderoso império romano, todavia, caiu diante de povos que ele chamava de bárbaros – povos do norte e nordeste europeu e noroeste da Ásia. A causa principal dessa queda foi o descuido romano, que levava cultura e desenvolvimento aos povos dominados, mas se esqueceu de dar o mesmo tratamento aos bárbaros, especialmente em questões comerciais e de relacionamento. Bastou, no entanto, uma revolta desses excluídos para eclodirem as invasões bárbaras, levando o império romano à destruição.

Sem a força e o domínio do império romano, a Europa se dividiu em muitos reinados e senhorios, que passaram a viver isolados em seus territórios. Os senhorios arrendavam suas terras aos vassalos, em troca de proteção militar. Já as igrejas cristãs permaneceram unidas sob a direção do papa, mantendo a sua influência religiosa e política em todos os reinados e senhorios. O estilo de vida recluso das populações favoreceu também a obediência e religiosidade destas junto à igreja.

Assim aconteceu a ascensão da igreja, que foi além de suas antigas fronteiras, chegando até os reinados germânico; bem mais tarde, no final do século 10, chegaria em território russo.

No ano de 543, o imperador bizantino Justiniano I, que havia conquistado diversos territórios do desfeito império romano, inclusive a península itálica, publicou um edito condenando os ensinos reencarnacionistas de Orígenes, padre e escritor cristão. Proibiu as igrejas cristãs de ensiná-los. A razão disso: a sua esposa Teodora, ex-cortesã, detestava a reencarnação, por não acreditar que tivesse de voltar numa outra roupagem física para resgatar seus erros e desmandos.

Dessa forma, as igrejas cristãs foram aos poucos se afastando de alguns ensinos originais de Jesus Cristo, se tornando, forçosamente, uma instituição político-religiosa, especialmente a Igreja Católica Apostólica Romana. Desde quando os cristãos deixaram de ser perseguidos, no reinado de Constantino I, em 313, as catacumbas foram abandonadas e construídas edificações suntuosas, as basílicas, para a realização dos cultos públicos. A construção dessas basílicas teve o apoio e a participação ativa da corte imperial, com a inserção de novos rituais litúrgicos e cerimoniais. E não demorou muito para que esses rituais e cerimoniais fossem uniformizados e implantados em todos os reinados.

Fig. 28 - Constantino I, o imperador que pôs fim à perseguição aos cristãos e facultou a ascensão da Igreja Apostólica Romana

O conhecimento antigo e a sujeição à lógica aristotélica

Como se sabe, muitos filósofos, pensadores e religiosos, sobretudo na antiguidade, cometeram inúmeros equívocos, em razão do conhecimento limitado de época. Naturalmente, o objetivo desta obra não é tratar desses equívocos a fundo, mas alguns precisam ser aqui lembrados, para melhor compreensão da evolução das ideias ao longo do tempo.

Comecemos, então, pela noção filosófica de "perfeição", adotada por Platão no século 4 a.C. Foi a partir desse conceito que se concebeu, entre outras coisas, que os astros "deviam" se mover em "círculos perfeitos". Todavia, a observação provava justamente o contrário, que o movimento planetário era irregular.

Os planetas às vezes retrogradavam de forma estranha, fazendo o traçado de um laço no céu, dia após dia de observação. Na verdade, a explicação verdadeira para este "fenômeno aparente do laço" só ocorreria quase dezenove séculos depois, com as evidências do heliocentrismo. Também a velocidade orbital dos planetas não era sempre a mesma.

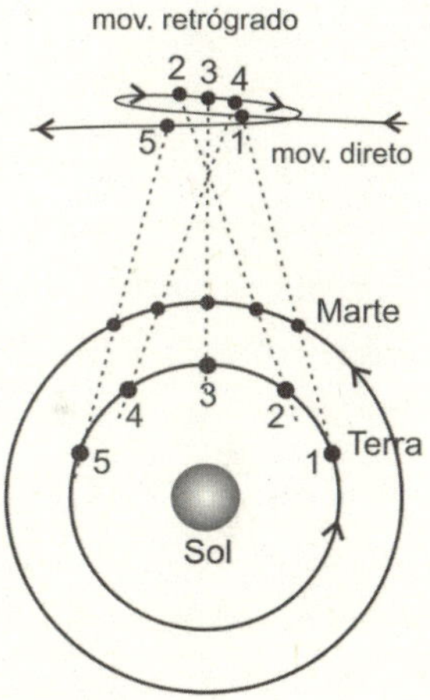

Fig. 29 - "Fenômeno aparente do laço", desconhecido até o século 16 (sem escala)

Para explicar tais irregularidades, os antigos matemáticos-astrônomos criaram então um complexo sistema de esferas, chamado epiciclos e deferentes (criados por Apolônio de Perga e Hiparco de Niceia, no século 2 a.C., e endossado por Cláudio Ptolomeu, no século 2). Todavia, esse sistema não explicava com precisão o "fenômeno aparente do laço" nem as alterações de velocidade dos planetas.

O instrumento utilizado para medir a posição diária dos planetas no céu, a partir da antiguidade clássica, admite-se que tenha sido um precursor da balestilha, do quadrante ou do astrolábio.

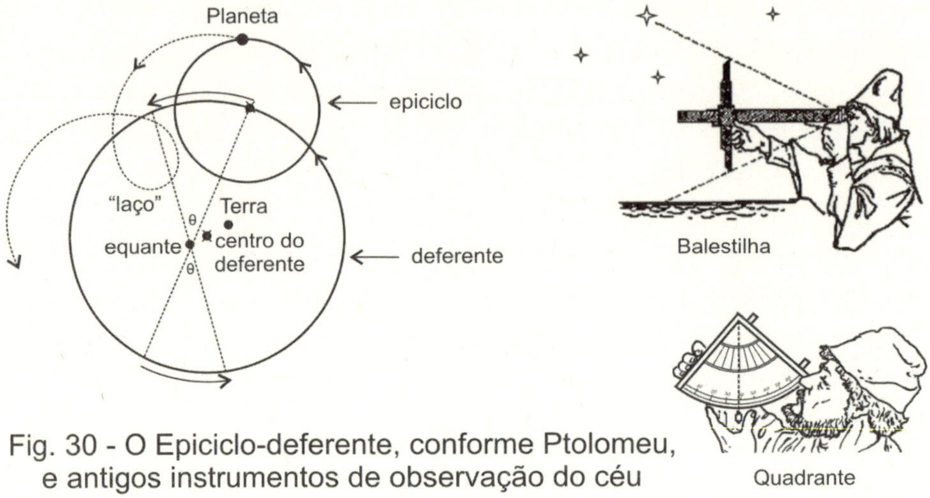

Fig. 30 - O Epiciclo-deferente, conforme Ptolomeu, e antigos instrumentos de observação do céu

Nesse tempo, as estrelas eram tidas como "fixas" no céu e a Terra era considerada o centro do Universo – geocentrismo. Não se observavam também ventanias, deslocamento de nuvens e tremores de terra, indicando que a Terra poderia ter um movimento de rotação.

Sequer se sabia a verdadeira geometria da Terra, se ela era quadrada, redonda ou se tinha outra forma qualquer. Cláudio Ptolomeu adotou a geometria esférica para a Terra, a exemplo de Aristóteles, apresentando como prova de sua curvatura os navios que sumiam na linha do horizonte.

Fig. 31

Dois séculos mais tarde, o cristão apologista Lactâncio debochou dessa possibilidade, ou seja, de a terra ser redonda, dizendo que, se assim fosse, as pessoas e as coisas, do outro lado do mundo, estariam de cabeça para baixo – hipótese dos antípodas.

Fig. 32 - Hipótese da antípoda, com a geografia da Terra desconhecida

Para Aristóteles, muitos desses e também outros questionamentos, de natureza física, biológica, linguística e até comportamental, poderiam ser explicados, de forma irrefutável, por meio de silogismos ou a utilização do raciocínio lógico e suas premissas.

Um exemplo do silogismo de Aristóteles é este: o Sol nasce no leste e se põe no oeste, todos os dias; logo o Sol gira em torno da Terra.

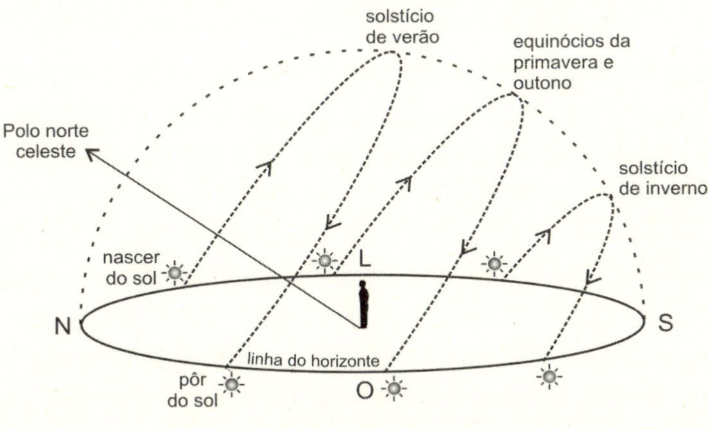

Fig. 33 - Movimento aparente do Sol ao longo do ano - hemisfério norte (sem escala)

A lógica aristotélica era a "razão de ser das ciências" na época e no mundo ocidental, embora nem sempre, como vimos, ela conduzisse de fato à verdade. Tornou-se, no entanto, o motor de sustentação dos dogmas religiosos e científicos. Os dogmas da igreja católica, por exemplo, formulados nos concílios, tinham por base o silogismo aristotélico, assim como a conclusão de que a Terra é o centro do Universo porque tudo gira em torno dela.

As invasões árabes e o surgimento do Islão

No século 6, os árabes compunham-se de muitas tribos nômades e sedentárias que habitavam a península arábica. Grande parte dessas tribos cultuava um Deus único chamado Al-lah (Alá). Os árabes acreditavam também em Espíritos e divindades da natureza, praticavam o jejum e faziam peregrinações à cidade de Meca, em adoração a Alá.

Foi diante dessa realidade que nasceu, em 570, Maomé (Muhammad), na cidade de Meca e da tribo coraixitas. Jovem tornou-se mercador e aos 25 anos casou-se com uma viúva rica, que lhe garantiu toda segurança material. Aos 40 anos, durante meditação com jejum em região montanhosa de sua cidade, percebeu a presença iluminada do Espírito Gabriel (Jibril). Foi esse Espírito quem lhe transmitiu as primeiras revelações espirituais, que, depois, originariam o *Alcorão* (livro de recitação). Demais revelações desta obra levaram 23 anos para serem completadas e redigidas por uma equipe de secretários de Maomé (vide trecho do *Alcorão* na página ao lado).

No início, Maomé divulgava suas mensagens na cidade de Meca, com o apoio da esposa. Dava ênfase ao monoteísmo, sendo contrário ao materialismo e às riquezas sem proveito, que ignoravam os mais necessitados. Além disso, pregava que todo e qualquer ato humano seria avaliado no dia do juízo final.

Nessas pregações, Maomé obteve muitos adeptos, mas também ganhou inimigos políticos ferrenhos, a ponto de ter de sair fugido de Meca, acompanhado de alguns de seus seguidores. No período em que esteve exilado em Yathrib, no norte da penísula arábica, estabeleceu aliança com tribos judáicas e pagãs, formando a comunidade do Islão, que quer dizer submissão à Alá. Dessa forma e por influência dessas alianças, o *Alcorão* reuniria também histórias e personagens da *Torá* e dos Evangelhos de Jesus.

2. Eis o livro que é indubitavelmente a orientação dos tementes a Deus;
3. Que creem no incognoscível, observam a oração e gastam daquilo com que os agraciamos;
4. Que creem no que te foi revelado (ó Muhammad), no que foi revelado antes de ti e estão persuadidos da outra vida.
5 Estes possuem a orientação do seu Senhor e estes serão os bem-aventurados.
6. Quanto aos incrédulos, tanto se lhes dá que os admoestes ou não os admoestes; não crerão.
7. Deus selou os seus corações e os seus ouvidos; seus olhos estão velados e sofrerão um severo castigo.
8. Entre os humanos há os que dizem: Cremos em Deus e no Dia do Juízo Final. Contudo, não são fiéis.
9. Pretendem enganar Deus e os fiéis, quando só enganam a si mesmos, sem se aperceberem disso.
10. Em seus corações há morbidez, e Deus os aumentou em morbidez, e sofrerão um castigo doloroso por suas mentiras.
11. Se lhes é dito: Não causeis corrupção na terra, afirmaram: Ao contrário, somos conciliadores.
12. Acaso, não são eles os corruptores? Mas não o sentem.
13 Se lhes é dito: Crede, como creem os demais humanos, dizem: Temos de crer como creem os néscios? Em verdade, eles sãos os néscios, porém não o sabem.

....

21. Ó humanos, adorai o vosso Senhor, Que vos criou, bem como aos vossos antepassados, quiçá assim tornar-vos-íeis virtuosos.

....

87. Concedemos o Livro a Moisés, e depois dele enviamos muitos mensageiros, e concedemos a Jesus, filho de Maria, as evidências, e o fortalecemos com o Espírito da Santidade. Cada vez que vos era apresentado um mensageiro, contrário aos vossos interesses, vós vos ensoberbecíeis! Desmentíeis uns e assassináveis outros.
88. Disseram: Nossos corações são insensíveis! Qual! Deus os amaldiçoou por sua incredulidade. Quão pouco acreditam!
89. Quando, da parte de Deus, lhes chegou um Livro (Alcorão), corroborante do seu – apesar de antes terem implorado a vitória sobre os incrédulos – quando lhes chegou o que sabiam, negaram-no. Que a maldição de Deus caia sobre os ímpios!
90. A que vil preço se venderam, ao renegarem o que Deus tinha revelado! Fizeram-no injustamente, inconformados de que Deus revelasse a Sua graça a quem Lhe aprouvesse, dentre os Seus servos. Assim, atraíram sobre si abominação após abominação. Os incrédulos sofrerão um castigo afrontoso.
91. Quando lhes é dito: Crede no que Deus revelou! Dizem: Cremos no que nos foi revelado. E rejeitam o que está além disso (Alcorão), embora seja a verdade corroborante da que já tinham. Dize-lhes: Por que, então, assassinastes os profetas de Deus, se éreis fiéis?

....

Dois anos antes de morrer, Maomé retornou à sua cidade natal, Meca, tomando-a por inteiro e implantando nela, de forma definitiva, o islamismo. Os adeptos dessa fé passaram então a ser chamados de muçulmanos, que significa "aquele que se submete a Alá". Depois da morte de Maomé, os líderes muçulmanos se tornaram "califas" ou "sucessores seus".

Com o passar do tempo, os califados se espalharam por toda a Península Arábica, Egito, norte da África, Península Ibérica, Jerusalém, Palestina, Síria e Pérsia, chegando também ao sudoeste asiático e à Índia. Até o final da Idade Média, os muçulmanos estariam reunidos em três impérios: o do Oriente Médio, o Otomano (que tomaria o império bizantino e os Bálcãs) e o Mogol (que conquistaria a Índia, o Paquistão, Bangladesh e o Afeganistão). Mas a fé exaltada e submissão à Alá causariam também conflitos com outros povos que não se submetiam a essa fé.

Pintura do século 15

Fig. 34 - Maomé recitando o Alcorão

Evidentes contradições entre o ensino e a prática religiosa

Desde que Constantino I concedeu liberdade às igrejas cristãs, a vida dos papas, em toda a Idade Média e também além dela, seria marcada por disputas políticas, incluindo guerras, no interesse e manutenção do poder. Os motivos eram os mais diversos, mas todos contrários à própria moral estabelecida por Jesus Cristo, que se fundamenta no amor, no perdão, na conciliação e na não-violência. O isolamento político vivido nos inúmeros reinados europeus, imediatamente à queda do Império Romano, já o dissemos, favoreceu à obediência e religiosidade do povo.

Essa obediência e religiosidade, por sua vez, fizeram nascer e crescer uma exaltação da fé entre os cristãos católicos, de tal maneira que, no século 11, se deflagrou um conflito religioso e armado, por decisão papal, denominado Cruzada – por causa do símbolo cristão da cruz. Esse conflito tinha por objetivo reaver Jerusalém e a Palestina, lugares considerados sagrados pelos cristãos e judeus, que os muçulmanos haviam tomado.

De 1096 até 1272, foram realizadas inúmeras Cruzadas, que reuniram milhares de homens recrutados de todas as classes sociais, para lutar em nome da fé cristã contra os muçulmanos. Esses "exércitos da fé" eram patrocinados pelos reis espalhados pelos reinados de toda a Europa, como Inglaterra, França e o Sacro Império Romano-Germânico, entre outros. As batalhas eram sangrentas e os cruzados extremamente cruéis com seus adversários, sem poupar mulheres nem crianças.

No fim das contas, as Cruzadas acabaram não tendo o sucesso que se esperava devido a desvio de objetivos, como assaltos a povoados etc. Entretanto, houve um resultado positivo que foi o estreitamento das relações comerciais e culturais entre os europeus e povos do Oriente Médio.

Contradições éticas como essas aconteceram também, na mesma época, entre povos do Extremo Oriente, especialmente em reinados da China e Índia. Na milenar China imperial, apesar de instaurado o budismo e o confucionismo como filosofia e religião, os conflitos e as guerras por disputas territoriais e de poder eram constantes (dinastias Qin, Han, Jin, Sui, Tang, Sung, Yuan, Ming...). O mesmo pode-se dizer da Índia imperial, onde, apesar do milenar hinduísmo, do budismo e do jainismo, o mesmo tipo de disputa aconteceu, resultando na troca sucessiva de impérios (Mágada, Gupta, Chola, Rajaputros...), sem contar a invasão dos hunos brancos e dos islamitas.

Mas como explicar tamanha incoerência entre o nobre ensino religioso e a crueldade praticada em nome de Deus? Não vemos outra explicação senão a de que as populações nesse tempo não estavam ainda preparadas para compreender com clareza os ensinos morais de seus líderes religiosos e das filosofias éticas que adotaram para si.

Do ponto de vista evolutivo, a humanidade tinha dentro de si ainda o instinto da belicosidade e desejava o poder e as posses, independentemente das sementes dos valores éticos plantados.

Gengis Khan e o poderoso império mongol

Em 1206, enquanto ainda ocorria as Cruzadas na Europa e Palestina, Temudjin, um habilidoso guerreiro, assumia a chefia dos clãs e tribos na Mongólia (entre Rússia e a China). Os mongóis eram arqueiros ágeis e precisos tanto quanto habilidosos na montaria de cavalos. Em seguida, Temudjin montou seu exército com uma impecável hierarquia de comando, que, tempos depois, chegou a milhares de homens. Em razão disso, ficou conhecido como Gengis Khan ou “o Senhor dos Senhores”.

Estrategista ao extremo e desejando expandir seu comando além das fronteiras da Mongólia, Gengis Khan montou um poderoso império no Extremo Oriente, que se manteve unido até 1279, apesar de Khan ter morrido em 1227. Esse império chegou a abranger o sul da Rússia, a Bielorússia, a Ucrânia, a Turquia, o Irã, o Cazaquistão, o Afeganistão, o Paquistão e toda a China. Depois, se fragmentou novamente.

Com esse histórico, é possível afirmar que Gengis Khan foi o imperador que mais conquistou territórios na história, sendo a representação maior de um período marcado por guerras e invasões territoriais.

Pintura do séc. 14 - Museu do Palácio Nacional, Taipé, Taiwan

Fig. 35 - Gengis Khan

Francisco de Assis, um exemplo em meio às contradições da Igreja

Com mais de um século de Cruzadas, surge no cenário religioso da igreja católica um homem de alma pura, humilde e cristã, que, através de seus exemplos, mostraria à igreja o quanto ela havia se distanciado dos verdadeiros ensinos do Cristo: a prática do amor e da caridade, além da negação de qualquer tipo de luxúria. Este homem era Francisco de Assis.

Filho de um rico comerciante, Francisco de Assis era um jovem fanfarrão e conhecido, mas de natureza boa. Em 1204, com 22 anos, adoeceu, passando o ano inteiro febril. No ano seguinte, melhorou e alistou-se no exército papal contra o imperador Romano-Germânico Frederico II, que não reconhecia a autoridade e o estado papal. Foi quando teve a primeira visão: uma voz misteriosa lhe dizia para voltar à terra natal e aguardasse novas instruções.

Desde então, Francisco foi aos poucos se afastando das algazarras e dedicando-se cada vez mais aos pobres, necessitados e doentes, incluindo os leprosos. Certa feita, enquanto orava na Igreja de São Damião, ouviu a voz do Cristo por meio de um crucifixo, chamando-lhe a atenção para o estado de ruína da Igreja. Em sua pureza, vendeu muitas mercadorias do pai a preços baixos para ajudar na restauração dessa igreja. O padre local achou que essa versão "de o Cristo dizer-lhe que a igreja estava em ruínas" era um ato de loucura sua e o expulsou dali.

A notícia se espalhou e as pessoas começaram a achar que Francisco havia enlouquecido, inclusive o próprio pai, que o acusava de desviar recursos seus para atender às suas alucinações. Chegou ainda a manter o filho preso e acorrentado, sendo depois libertado pela mãe.

Numa última acusação do pai, com respeito ao desvio de recursos, e diante do bispo local, Francisco tirou toda a sua roupa, ficando nu, e entregou-a ao pai, renunciando também a toda sua herança. O bispo, emocionado com essa atitude de Francisco, tornou-se seu admirador e protetor para o resto da vida. Por volta dos 25 anos, Francisco tornou-se definitivamente um missionário, pregando e esmolando em locais próximos, sempre a favor dos desvalidos.

Entre os 26 e 27 anos, Francisco conseguiu seus primeiros conversos, como o rico burguês Bernardo de Quintavalle, que doou todos seus bens em favor da causa do jovem missionário. O "poverello de Assis", como depois seria chamado, ficou também bastante conhecido pelas curas espirituais que realizava e pelo seu amor à natureza e aos animais. Logo fundaria e levantaria também uma ordem, cujas regras iniciais se baseavam em uma passagem do Evangelho de Mateus (10;7-14), que ele encontrou "casualmente" na igreja de São Damião. Essa passagem do Evangelho trata do desapego às coisas materiais.

Com isso Francisco ganhou a admiração até dos papas da época: Inocêncio III, que autorizou o funcionamento da ordem franciscana, e Honório III, que aprovou a última regra bulada dessa instituição. Nos últimos anos de sua vida, as visões, êxtases e curas se acentuaram e multidões acorreram até ele, para vê-lo e tocá-lo. Faleceu em 1226, aos 44 anos de idade.

São Francisco pregando às aves, por Giotto, séc. 14

O renascimento cultural na Europa, ainda sob influência religiosa

A partir do século 14, com o fim das Cruzadas, o ímpeto de disputas e exaltação religiosa dos povos europeus perderam força, inclusive devido à abertura de relações comerciais e culturais com os povos do Oriente Médio. Essa abertura permitiu ainda uma expansão do comércio interno, fazendo surgir também as primeiras casas bancárias.

Outro ponto importante, em meio a esses acontecimentos, foi o reavivamento da cultura greco-romana (música, pintura, teatro e literatura) com ideais humanistas. Quem apoiava financeiramente tais manifestações eram os nobres e ricos, que passaram a ser chamados mecenas. Nessa época, surgiram também as primeiras universidades. De 1220 a 1400, foram 52 delas, sendo 29 de iniciativa papal.

Esse momento, que vai do século 14 ao 16, ficou conhecido como Renascimento.

No *trecento* (1300), entre outros, destacaram-se o escritor Dante Aliguieri, o poeta Boccaccio e o pintor Giotto; no *quatrocento* (1400), o filósofo social e humanista Thomas More (*A Utopia*), o pintor Sandro Botticelli e Johannes Gutenberg, inventor da tipógrafia.

A invenção da tipografia foi um marco histórico que permitiu maior divulgação do conhecimento e ampliação da produção editorial, especialmente do livro. Antes dela, os textos eram escritos manualmente, cópia por cópia, através de escrivães.

No *cinquecento* (1500), entre outros, o destaque vai para os pintores Leonardo da Vinci, Michelangelo, Rafael, El Greco e o escritor Willian Shakespeare.

Já as igrejas se voltaram, nesse período, para a construção de edificações suntuosas, num estilo detalhista e matemático que ficou conhecido como gótico (por imitar a arte goda ou alemã). Esse estilo logo se espalharia em toda a Europa.

Fig. 37 - Expoentes do Renascimento

As grandes navegações e o surgimento da burguesia

Com a popularização do livro, a cultura geral se espalhou e se deu o anseio europeu de expandir-se geograficamente, sobretudo depois de os otomanos terem tomado Constantinopla, em 1453, dificultando o comércio de especiarias e artigos de luxo com o Oriente.

Portugueses e espanhóis se aventuraram, então, na busca de um novo caminho para a Índia, por mar. Cristóvão Colombo, acreditando na esfericidade da Terra, quis cortar caminho, chegando a esse país com sua esquadra pelo Leste, mas acabou descobrindo a América, em 1492. Antes dele, os navegadores tinham medo de ir além-mar, receando os incognoscíveis e lendários dragões que supostamente atacavam e destruíam os navios.

Vasco da Gama foi o primeiro a contornar o continente africano, chegando ao Sul da Índia em 1498. Na sequência, Pedro Álvarez Cabral, repetindo o trajeto de Vasco da Gama desviou-se de sua rota por força dos ventos e acabou descobrindo o Brasil, em 1500. Antes dessas descobertas, metade do mundo era ainda desconhecido de europeus e asiáticos.

Esses acontecimentos, das grandes navegações, foi um divisor de águas na linha do tempo, tendo o mundo começado a ser realmente descoberto, em termos continentais, nesse tempo.

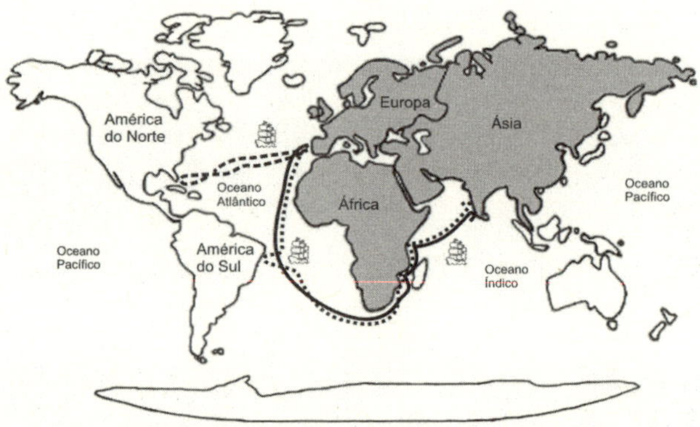

Fig. 38 - Rota das grandes navegações, séc. 16

O século imediato às grandes navegações, o 16, foi marcado pela expansão cultural e comercial, a ponto de ver surgir uma nova classe social, diferente da nobreza e da plebe: a burguesia. Os burgueses eram pequenos empreendedores, procedentes das classes baixas, que se enriqueceriam com os proletários e práticas comerciais, passando depois a serem respeitados pelo poder aquisitivo. Em razão disso, nos séculos vindouros, seriam também a causa de muitas transformações e progresso social.

Inquisição, um ponto de retrocesso na história

Apesar de o povo europeu ter vivido um renascimento cultural, entre os séculos 14 e 16, muitas autoridades religiosas da Igreja Católica, com o aval do papa, não engoliram o resultado negativo das Cruzadas. Esse tipo de ressentimento, o costumeiro interesse financeiro e a manutenção do poder, levaram essas autoridades a agir, dentro da própria circunscrição, de forma inescrupulosa e cruel.

Era o início da Inquisição em território europeu, uma guerra da Igreja católica contra os chamados hereges, aqueles que não seguiam os preceitos e orientações do seu cânone. Esse movimento sombrio iniciou-se durante a primeira Cruzada (séc. 11), na França, e seguiria até o início do século 19.

O ponto culminante da Inquisição aconteceu no século 16, quando milhares de pessoas foram condenadas pelas autoridades eclesiásticas a inúmeros tipos de suplícios. "*Sabe-se que 900 pessoas foram mortas num só ano e de aldeias em que praticamente não ficou viva uma só mulher*", escreveu Edward Burns em *História da Civilização Ocidental* (Globo). Sabe-se também de judeus e muçulmanos que sofreram torturas cruéis na Península Ibérica.

Mediunidade e adivinhações nesse tempo eram entendidas pela igreja como prática de "feitiçaria" e "venda da alma ao diabo". Milhares de pessoas foram assim condenadas à fogueira, inclusive mulheres e crianças. A camponesa e heroína francesa Joana D´Arc, no século 15, foi apenas um entre muito desses casos.

Ao lado disso, havia a cobrança de tributos e indulgências (perdão pelas faltas cometidas), a venda generalizada de pedaços de madeira como originários da cruz do Cristo etc. Isso levava a Igreja Católica e suas autoridades eclesiásticas a um enriquecimento cada vez maior. Nessa época, a igreja já era dona de muitas propriedades no território europeu, além do poder político exercido. Mas isso acontecia em razão da obediência e da credulidade dos seus fiéis. Apenas os mais esclarecidos, se revoltavam contra tais abusos.

A Inquisição foi um dos mais graves e duradouros pontos de retrocesso da história da humanidade (vide capítulo "Evolução natural e lei dos ritmos – Fluxos e refluxos e pontos de retrocessos na lei dos ritmos"). Essa e outras atitudes da igreja, incompatíveis com a verdadeira cristandade, são ocorrências que evidenciavam ainda o instinto animal, o materialismo e a moral deficiente, agindo no inconsciente coletivo do ser humano.

Martinho Lutero, na Alemanha, e, depois, João Calvino, na Suíça, Holanda e Inglaterra, foram os primeiros a investirem contra os abusos da Igreja Católica, no século 16. Da iniciativa deles nasceu o movimento conhecido como Reforma Protestante.

Martinho Lutero,
por Lucas Cranach

João Calvino,
por Hans Holbein

Fig. 39 - Líderes da Reforma Protestante

A Reforma Protestante propunha, entre outras coisas, a leitura livre dos Evangelhos por qualquer pessoa, evitando, assim, falsas interpretações por parte das autoridades católicas, alimentando a crendice popular e tornando-as subserviente ao comando da igreja. Entretanto, autoridades protestantes também endossaram o "*frenesi da queima de feiticeiras*" e participaram de guerras tal qual os católicos, provando que a raiz do problema era mais de ordem moral do que, propriamente falando, de divisão religiosa.

A Igreja Católica reagiu aos avanços do protestantismo com a sua contrarreforma, que barrava ideias e publicações contrárias à fé católica e sujeitava quem fosse contrário a elas com punições no Tribunal do Santo Ofício. Criou também a Companhia de Jesus, cujo objetivo era catequizar nativos em terras recém-descobertas e colonizadas por Espanha e Portugal.

Naturalmente que não se deve generalizar a crueldade praticada pelos inquisidores a todos os eclesiásticos da época. Por certo, havia bons religiosos que transmitiam os ensinamentos originais do Cristo, senão a Igreja Católica não teria sobrevivido como instituição. Mas o poder, as ameaças e o medo impostos pelo Tribunal do Santo Ofício eram tantos que poucos ousavam desafiá-lo.

O racionalismo x a falsa religiosidade. Primeira Revolução Industrial

Somente no século 16 a esfericidade da Terra pode ser compreendida, por meio da teoria heliocêntrica de Copérnico, levando-se em consideração o movimento de rotação da Terra. Essa teoria pôs fim às engenhosas e irreais explicações dos "epiciclos e deferentes", concebidas inicialmente no século 2 a.C. e adotadas por Ptolomeu (vide cap. "O conhecimento antigo e a sujeição à lógica aristotélica").

Mas o heliocentrismo seria dado como cientificamente correto somente setenta e seis anos depois, com as observações astronômicas e cálculos matemáticos do astrônomo Johannes Kepler. Ainda assim, o papa Urbano VIII condenaria Galileu Galilei à prisão domiciliar ao defender esta teoria e divulgar outras descobertas suas (por meio de seu telescópio refrator), "contrárias a Bíblia", como: o achado das montanhas na Lua, a visualização de quatro satélites orbitando ao redor de Júpiter, os anéis de Saturno, as manchas solares, as fases de Vênus (iguais às fases da lua), além de milhares de outras estrelas na Via Láctea.

Galileu foi intimado a retratar-se para não ser condenado à morte pelo Tribunal do Santo Ofício. Além disso, ele havia contrariado uma afirmação do "imortal" Aristóteles, a "queda livre dos corpos".

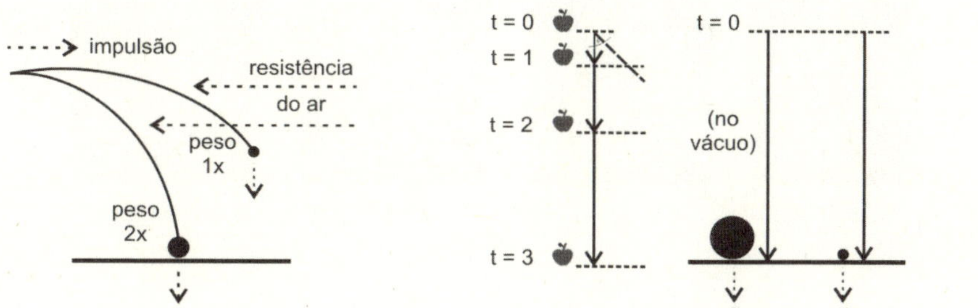

Aristóteles:
Corpo de peso 2x
cai 2 vezes mais rápido que 1x

Galileu:
Corpo acelera, percorrendo distância duplicada no tempo.
No vácuo, portanto, desprezado o peso,
qualquer corpo cai em tempos iguais,
devido a aceleração da gravidade

Fig. 40 - Queda livre dos corpos, segundo Aristóteles e Galileu

Em razão dessas e de outras coisas inadmissíveis para a ciência, a partir do século 16, ficou cada vez mais difícil à Igreja Católica impor os seus dogmas e intrometer-se no livre pensamento dos racionalistas. Além da Reforma Protestante, já citada, sob a liderança de Lutero e Calvino, nomes como Erasmo de Roterdã, Michel de Montaigne e o frade franciscano Giordano Bruno também se colocaram contra a falsa religiosidade, propondo uma interpretação racional para os fenômenos naturais, como os antigos filósofos gregos faziam. Em 1600, o Tribunal do Santo Ofício, no entanto, condenou Giordano Bruno a morrer na fogueira da Inquisição por defender ideias consideradas heréticas pela igreja: a negação da trindade católica, a virgindade de Maria (mãe de Jesus), a reencarnação e o heliocentrismo.

O racionalismo de René Descartes, a metodologia experimental de Francis Bacon e a visão matemática de Blaise Pascal, no século 17, por sua vez, abriram portas ao nascimento de uma ciência moderna. As descobertas de Isaac Newton no campo da ótica e da gravitação, o princípio da inércia, o cálculo infinitesimal e a mecânica clássica de Galileu Galilei foram o despertar dessa nova ciência.

O século seguinte acenaria com a invenção da máquina de fiar e do tear mecânico, movido a carvão, que provocaram uma verdadeira revolução na indústria têxtil, sobretudo na Inglaterra e nos Estados Unidos. Era o início da primeira Revolução Industrial, com mudanças sociais à vista.

Issac Newton Galileu Galilei Francisc Bacon Blaise Pascal

Fig. 41 - Pilares da ciência moderna

Fig. 42 - O princípio da 1ª Revolução Industrial

Música e arte barroca, um contraponto às crueldades da Inquisição

No auge da Inquisição (séc. 16), como um contraponto às crueldades cometida pelas Igreja Católica, surge no cenário europeu, amparada no pensamento de livre expressão da reforma protestante, uma forma de arte mais apurada, harmônica e com características ornamentais, chamada de arte barroca.

Entre os muitos e notáveis artistas do barroco, destacamos os músicos e compositores Antonio Vivaldi, Johann Sebastian Bach e Georg Friedrich Händel; as pinturas e esculturas de Michelangelo di Lodovico, de Rembrandt Harmenszoon van Rijn e de Diego Velázquez; a literatura de Miguel de Cervantes e o teatro de Shakespeare, Molière e Jean Racine; a arquitetura e arquitetos de grandes obras como a Prefeitura de Amsterdã e inúmeras catedrais e igrejas de países europeus e americanos etc.

Assim como a arte e a cultura renascentista trouxe renovação, esperança e bem-estar ao povo europeu, em compensação às Cruzadas, a arte e cultura barroca, que vai do século 16 até a metade do século 18, faria o mesmo com relação às crueldades da Inquisição, ainda em curso.

Fig. 43 - Alguns expoentes da arte barroca

Não fossem esses contrapontos da cultura, da arte e do livre pensamento frente às crueldades e irracionalidades cometidas por uma minoria no poder temporal e, certamente, a marcha da evolução neste mundo já estaria comprometida há muito tempo. Mas tal não aconteceu nem acontecerá, porque a lei de evolução é sábia, permanente e inalterável.

Movimento paralelo no Extremo Oriente

Enquanto acontecia o barroco na Europa, movimentos culturais e artísticos, paralelos e reformadores, aconteciam também nos reinados da China, da Índia e da Rússia, mas sob a influência do Império Mogol. O Taj Mahal, por exemplo, localizado na Índia e levantado no século 17, é considerado mundialmente um monumento da arquitetura dessa época, pela sua beleza e suntuosidade, com incrustação de pedras semipreciosas e uma cúpula costurada com fios de ouro.

Fig. 44 - Taj Mahal

Revolução francesa, ascensão da burguesia, revolução industrial e novas manifestações artísticas

Em 1789, aconteceu na França uma revolução popular contra os abusos seculares da monarquia e sua forma absolutista de governar, oprimindo a população servil e operosa. Apesar da radicalização política levantada pelos idealizadores dessa revolução, seus ideais de "liberdade, igualdade e fraternidade" ganhariam força mundo afora, favorecendo outras revoluções libertarias além do tempo. Depois disso, a população servil foi em busca de seus próprios ideais de trabalho e de liberdade, e tomou o rumo da burguesia em ascensão.

Fig. 45 - "A liberdade guiando o povo", quadro temático sobre a Revolução Francesa, de Eugène Delacroix

Essa nova classe social que surgiu na Europa e no mundo, a burguesia, passou a ser mais evidente após o invento das máquinas a vapor, no final do século 18. Essas máquinas agilizaram a indústria e viabilizaram o surgimento de novos produtos em larga escala, fazendo também emergir uma grande massa de trabalhadores, em razão da necessidade de mão de obra.

Paralelamente a isso, entre os séculos 18 e 19, ocorreu a expansão do protestantismo, do livre-pensamento e dos ideais iluministas, com Voltaire, Rousseau, Montesquieu, Diderot e outros, contra o Estado, a Igreja e em defesa da razão. Com isso, a sociedade começou a pensar e agir de forma mais livre e independente, sem tanta rigidez e pressão de costumes que aprisionavam as ideias e o sentimento das pessoas. Um pensador alemão, Friedrich Hegel, interpretou essas mudanças sociais como parte de um processo evolutivo, histórico e divino, cuja responsabilidade deveria, em sua totalidade, recair sobre o Estado.

Essa nova realidade, contudo, traria consigo problemas insuspeitos, como pesados encargos sobre a classe trabalhadora e outras formas de desigualdades sociais. A industrialização e a massificação de produtos, por sua vez, levariam as populações a um comportamento nunca antes imaginado: o consumismo. Isso acirraria também a concorrência entre os fabricantes, fazendo surgir, em 1841, a primeira agência de publicidade do mundo, na cidade de Boston (EUA). Em 1847, foi criada a primeira máquina de imprensa rotativa, nos EUA, proporcionando a expansão dos jornais e da imprensa noticiosa.

Moliére Rousseau Montesquieu Diderot

Fig. 46a
Os iluministas

Fig. 46b
Primeira máquina
de imprensa rotativa

A época ainda faria florescer movimentos artísticos e culturais como o classissismo e neoclassismo, o romantismo, o realismo, o impressionismo, o expressionismo, a art nouveau e o simbolismo, de notável beleza, criatividade e exaltação do sentimento.

A consistência desses movimentos estenderia a sua influência no mundo todo, emprestando ainda elementos conceituais a outros movimentos que estariam por vir. Pode-se dizer que tudo isso foi uma preparação para o que viria a seguir, a revolução do pensamento. Note-se também que o número de representantes do meio artístico e cultural desde o Renascimento só cresceu, o que nos faz acreditar, independentemente do aumento populacional, na ideia de um plano reencarnatório com um propósito maior a esses movimentos.

Na música, por exemplo, entre tantos representantes, podemos destacar: Haydn, Schubert, Mozart e Beethoven, Chopin, Lizt, Schumann, Strauss, Wagner, Brahms, Tchaikovsky etc. Na pintura: David, Goya, Delacroix, Monet, Renoir, Manet, Degas, Cézanne, Gaughin, Corot, Klimt etc. Na literatura e no teatro: Georg Friedrich Hegel, Victor Hugo, Alexandre Dumas, Rabindranath Tagore, Eça de Queiroz, José de Alencar, Martins Pena, Henrik Ibsen etc.

Fig. 47 - Expoentes da arte e da literatura, do classicismo ao simbolismo

A revolução do conhecimento e o moderno espiritualismo

Em seguida ao florescer dos movimentos artísticos e culturais e à exaltação do sentimento, o século 19 foi marcado por uma revolução do pensamento e também dos conhecimentos, com muitas descobertas e invenções em todos os ramos do saber: na física (teoria atômica, eletricidade, eletromagnetismo e força eletromotriz, raio X, radioatividade), na química (diferenciação entre química e alquimia, tabela periódica e novos elementos como rádio e polônio), na biologia (seleção natural e evolução das espécies, hereditariedade), medicina (anestesia, vacinação e imunização, reação enzimática, microbiologia e bacteriologia), na metalurgia (locomotiva, ferrovias, máquinas e motores diversos, aço, petróleo/querosene/gasolina, automóvel) e outros (pilha elétrica, telégrafo, telefone, fotografia, cinematógrafo, fonógrafo (de cilindro e de disco), luz elétrica, gravação de áudio em cabo magnético...). A invenção do avião ocorreu no início do século 20. Vide na página seguinte algumas invenções que revolucionaram o mundo e a dinâmica de vida das pessoas na época.

Além dessas descobertas, fundamentais para o desenvolvimento das ciências e da sociedade como um todo, um médico alemão, dr. Anton Mesmer, impelido pela descoberta recente da eletricidade e dos "fluidos elétricos" (magnetismo), experimentou magnetizar a água com imãs, para ver se era possível produzir algum efeito medicamentoso. Como nada conseguisse, abandonou a ideia, mas acabou descobrindo que o ser humano tinha um magnetismo próprio, que ele chamou de "fluido animal" – hoje, magnetismo animal. Ainda dentro dessa pesquisa, percebeu que as mãos, ao serem friccionadas, irradiava de forma intensa o "fluido animal", este sim, com efeito curativo.

Mesmer apresentou a sua descoberta em diversas universidades e na Sociedade Real de Medicina, em Paris, onde residiu de 1778 a 1802, sem que lhe dessem crédito. Ainda assim, adotou o método em sua prática médica, tornando-se bastante conhecido e requisitado nos meios sociais europeus.

Dr. Anton Mesmer

Aplicação do magnetismo animal por Mesmer

Fig. 48 Mesmer e o magnetismo animal

1ª locomotiva a vapor, 1804, por Richard Trevithick - 8 km/h

Invenção do motor elétrico, 1821 - dínamo de disco de Michael Faraday

1ª fotografia, 1826, por Joseph Niépce

Invenção do telefone,1860 por Antonio Meucci

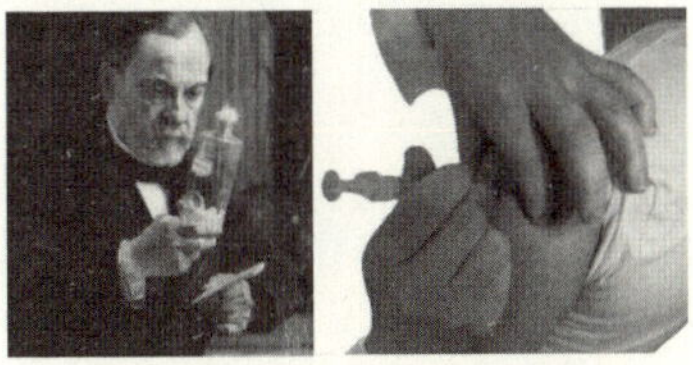

Descoberta dos micróbios, 1865, por Louis Pasteur - início da bacteriologia, imonologia, vacinação etc.

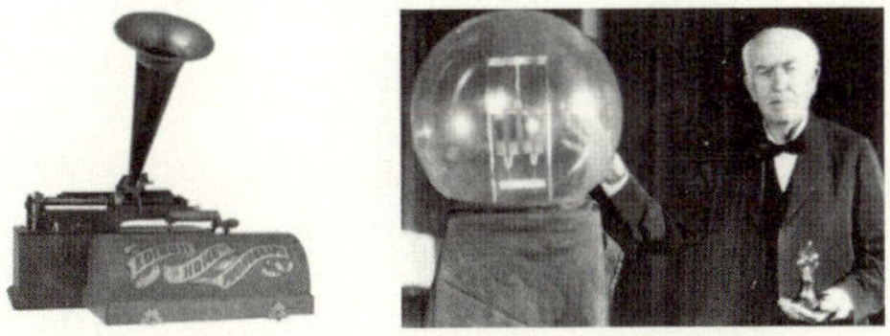

Invenções do fonógrafo de cilindro, 1877, e luz elétrica, 1879, por Thomas Edison

Invenção do gramofone, por Emile Berliner, 1889

Automóvel Panhard-Levassor, 1895 - motor a vapor, 15 km/h

Invenção do cinematógrafo, pelos irmãos Lumière, 1895

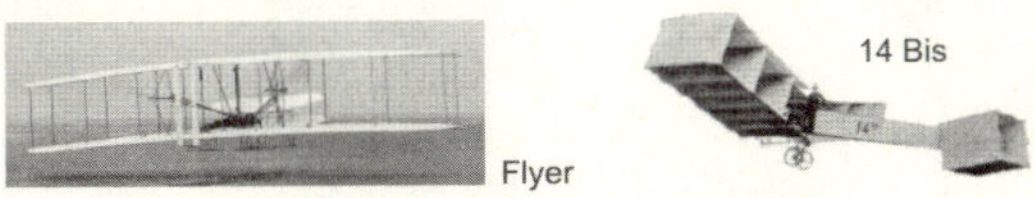

Os precursores do avião (aeroplanos): pelos irmãos Wright (Flyer), 1903 por Santos Dumont (14 Bis), 1906

Fig. 49 - Descobertas e invenções que mudaram o mundo e a dinâmica de vida das pessoas

Na sequência, o mundo seria surpreendido por acontecimentos insólitos, que causariam acirradas discussões entre os filósofos, cientistas e religiosos da época: a manifestação pública e privada de Espíritos materializados e uma diversidade de fenômenos de efeitos físicos, provocados por médiuns. Esses fenômenos passaram a acontecer espontaneamente nas Américas, na Europa e na Ásia ao mesmo tempo, chamando a atenção de todos.

O médico e escritor sir Arthur Conan Doyle atribuiu esses acontecimentos a uma "invasão organizada" provocada propositadamente pelos próprios Espíritos. Afirmava ele que tal movimento, denominado moderno espiritualismo, tinha as mesmas características dos fenômenos praticados no tempo de Jesus, e levantou a hipótese de que eles eram cíclicos, acontecendo de tempos em tempos, com o intuito de chamar a atenção da humanidade para as realidades do Espírito. A Real Sociedade de Londres para o Melhoramento das Ciências Naturais designou então o eminente cientista e químico inglês sir Willian Crookes para estudar o caso, se esses fenômenos eram verdadeiros ou falsos.

Crookes foi o primeiro a separar uma mostra do gás hélio, a identificar a radioatividade do urânio, a descobrir o elemento tálio e, entre outras coisas, a inventar os tubos de raios catódicos – que propiciaria, a invenção da TV, em 1923, por Vladimir Zworykin. Seu parecer final confirmou a veracidade dos fenômenos espíritas, conclusão essa que pode ser apreciada no livro *Fatos Espíritas*, de sua autoria. Outros nomes destacados da sociedade científica como Alfred Russel Wallace, Sir Oliver Joseph Lodge, Lord Rayleigh, William James, Ernesto Bozzano também acompanharam Crookes neste parecer, atestando as evidências do fenômeno.

Sir Willian Crookes, ao lado do Espírito materializado de Kate King

Willian James, considerado o pai da Psicologia

Ernesto Bozzano, prof. Filosofia e Ciência, Universidade de Turim

Sir Arthur Conan Doyle, escritor de livros de casos policiais, criador de Sherlock Holmes e autor de *History of Spiritualism*

Fig. 50
Pesquisadores do espiritismo nascente

No entanto, o relatório de Crookes não foi suficiente para convencer a comunidade científica da época, devido ao dogmatismo científico e religioso, que acreditava, de antemão, serem as manifestações espíritas um mero fenômeno hipnótico, de sugestão ou puro mentalismo.

Em 1856, o Santo Ofício condenaria ainda à heresia aqueles que participavam das chamadas sessões de "mesas girantes", sessões essas em que se davam livremente os fenômenos espíritas. Na época, as "mesas girantes" eram vistas com um entretenimento nas rodas sociais, embora o resultado delas transcendesse qualquer divertimento.

Vários grupos independentes de cientistas então se dedicaram a estudar os fenômenos espíritas em sessões controladas, a fim de verificar a possibilidade de participação anímica neles. Willian James, considerado o pai da psicologia, foi pioneiro desses estudos e um dos fundadores da American Society for Psychical Research.

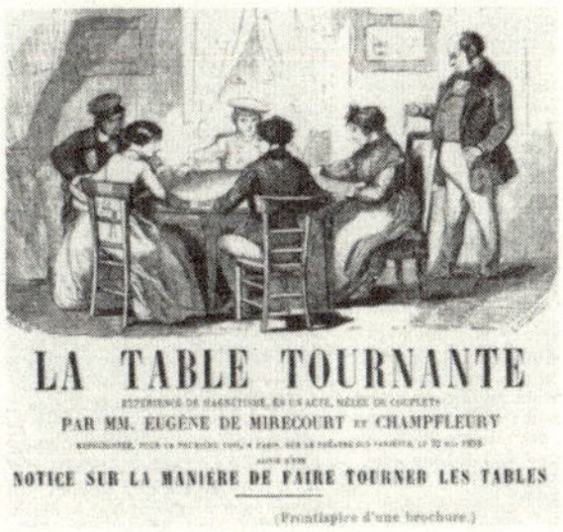

Cartaz anunciando reunião de mesa girante

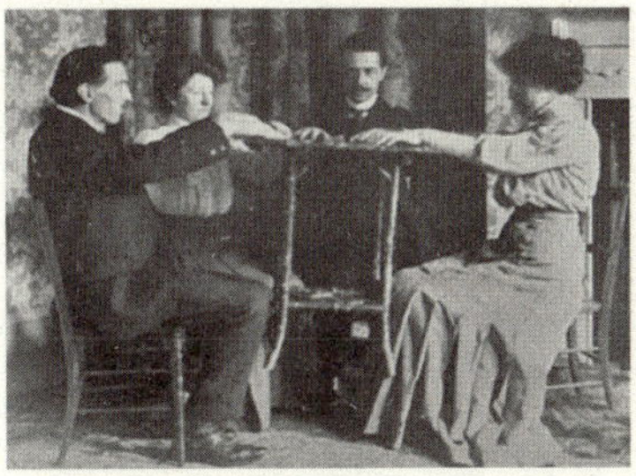

Reunião com a mesa levitando

Fig. 51 - As mesas girantes, séc. 19

Declaração da infalibilidade papal e a negação da evolução das espécies pela Igreja

Em 1869/70 deu-se o Concílio Vaticano I, proclamado pelo papa Pio IX. Antes de acontecer este concílio, a Igreja Católica Romana vivia um conflito com a Igreja Católica Gálica, que desde 1692 não reconhecia o papa como sua autoridade máxima, acatando apenas as decisões tomadas em concílio. Além disso, as autoridades eclesiásticas gálicas, desde 1790, eram também funcionários do Estado, o que as tornavam muito independentes em questões religiosas.

No Concílio Vaticano I, então, as resoluções tomadas foram estas: afirmação da autoridade máxima do papa, acrescida do dogma da infalibilidade papal, em assuntos de fé e moral, e processo de heresia para as autoridades eclesiásticas gálicas contrárias às decisões do concílio.

Em 1859, Charles Darwin publicou *A Origem das Espécies*, trazendo evidências cientificas de que a evolução das espécies se dava por meios naturais e seletivos. A igreja católica e as igrejas cristãs em geral, todavia, rejeitaram essa teoria, insistindo na ideia bíblica do criacionismo – mito de Adão e Eva – a na teoria aristotélica da geração espontânea, que acredita que os micro-organismos nascem espontaneamente das águas paradas, por exemplo.

Entretanto, Louis Pasteur, na mesma época, provara cientificamente, ao microscópio, que "todo ser vivo é originário de outro ser vivo preexistente", por divisão ou reprodução, inclusive bactérias, germes e vermes.

Charles Darwin

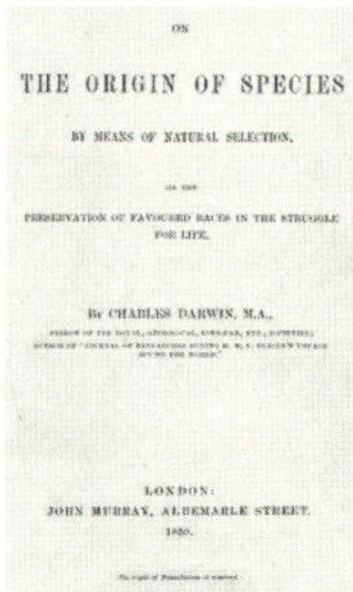

ON

THE ORIGIN OF SPECIES

BY MEANS OF NATURAL SELECTION,

OR THE

PRESERVATION OF FAVOURED RACES IN THE STRUGGLE FOR LIFE.

BY CHARLES DARWIN, M.A.,

LONDON:
JOHN MURRAY, ALBEMARLE STREET.

1ª edição, em inglês, 1859

Sátira a Darwin e à evolução das espécies

Fig. 52 - Origem e teoria da evolução das espécies

Karl Marx, Friedrich Engels e o comunismo

Como vimos, a Revolução Industrial permitiu a ascensão da burguesia, que se enriqueceu investindo em produção. No século 19, o número de indústrias pelo mundo era aos milhares, acompanhado do crescimento assustador de trabalhadores. As indústrias chegavam a empregar famílias inteiras, inclusive crianças, visando à sua expansão e maiores lucros. Assim surgiu a classe trabalhadora denominada "proletariado", ou "gente de uma mesma família".

Todavia, o proletariado, responsável pelo enriquecimento da burguesia e o progresso da sociedade, não tinha até então leis trabalhistas que o apoiassem e lhe assegurassem proteção, segurança e condições salubres de trabalho. Para ter-se uma ideia disso, a carga horária dos trabalhadores era excessivamente desumana, chegando a 16 horas/dia. Foi quando surgiram os primeiros sindicatos, para atender a necessidades pontuais do proletariado, sem qualquer vínculo com ideologia política.

Diante dessa realidade, dois pensadores, Karl Marx e Friedrich Engels, revelaram a sua indignação com essa realidade e fizeram estudos históricos, concluindo que tudo isso acontecia devido ao eterno interesse do capitalismo e do capitalista em enriquecer pela "mais valia", ou o lucro, sem preocupar-se com as necessidades básicas da população e muito menos com a divisão de lucros. Tais estudos constam de *O Capital*, de Karl Marx, cujo primeiro volume foi lançado em 1867.

Ambos pensadores também criticaram o socialismo utópico de Thomas More (em *Utopia*) e o conceito de evolução com origem divina de Hegel, embora defendessem, como este último, um socialismo fundado no controle central do Estado. Eram contra também o misticismo e a ortodoxia das religiões chamando-os de "*ópio do povo*".

Em 1848, Marx e Engels publicaram *O Manifesto Comunista*, dizendo que "*a história de todas as sociedades que existiram até nossos dias tem sido a história da luta de classes*"; portanto, somente por meio de uma revolução a classe trabalhadora deixaria de ser submissa e assumiria o poder. Depois da democracia, da monarquia e do absolutismo, o comunismo era uma nova forma de governo proposta que surgia.

Com o avanço crescente da industrialização e a continuidade dos problemas trabalhistas, as ideias comunistas ganhariam força e adeptos pelo mundo, sobretudo, em países do Leste Europeu e na Rússia czarista.

Karl Marx

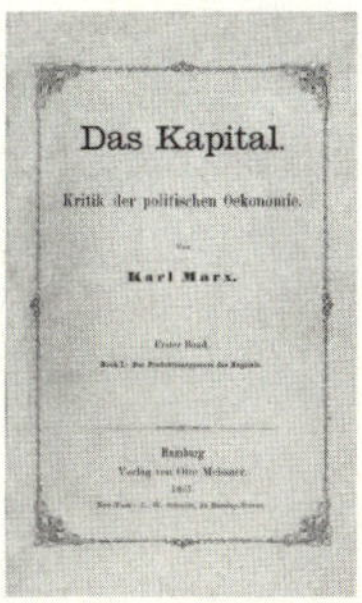

1ª edição, em inglês, 1867

Friedrich Engels

Fig. 53 Teóricos do comunismo

O espiritismo de Allan Kardec

Hippolite Leon Denizard Rivail (Allan Kardec) foi um educador e homem de ciências, natural da cidade de Lyon, na França. No início do moderno espiritualismo, teve restrições a este, devido aos jogos de "buena dicha" e às mesas girantes, palco de muita curiosidade e interesses fúteis, contrários à natureza do seu caráter. O magnetismo animal, no entanto, lhe interessava, como uma extensão do recém-descoberto "fluido elétrico" (magnetismo), por Hans Christian Orsted, André-Marie Ampère e Michael Faraday.

Em 1854, um magnetizador, sr. Fortier, disse a Rivail que além dos efeitos curativos do dr. Mesmer, seria possível magnetizar também uma mesa, fazendo-a mover-se. Não duvidou. Em novo encontro com o Sr. Fortier, este lhe contou mais uma novidade: magnetizando a mesa, seria possível também fazê-la falar. Como o argumento era contrário às leis da natureza, ignorou-o. O que ambos não sabiam naquele momento, entretanto, é que tais fenômenos eram produzidos pelos Espíritos, com o auxílio dos médiuns.

Um ano depois, Rivail ouviu mais comentários surpreendentes a respeito das "mesas falantes" e do espiritualismo, pelo sr. Carlotti, um amigo de 25 anos de convivência. Ouviu também o mesmo do sr. Pâtier, um homem idoso, instruído e de "*caráter grave, frio e calmo*". Aceitou, dessa forma, conhecer os fenômenos.

Ao conhecê-los, Rivail concluiu, como Willian Crookes, que tais manifestações eram verdadeiras e de natureza inteligente. Portanto, suas causas só poderiam vir de seres inteligentes, que ele concluiu ser Espíritos das pessoas "mortas". Mais adiante, fez uma distinção entre essas manifestações e as crenças espiritualistas e, como homem de ciência, passou a estudá-las, criando o termo "espiritismo" para tudo que se relacionava ao estudo dos Espíritos.

Continuando sua pesquisa, iniciou uma série de questionamentos dirigidos aos Espíritos, nos anos 1856/57, através das médiuns adolescentes Julie e Caroline Baudin e, também, da senhorita Ruth Japhet. As respostas vinham por meio da psicografia direta (lápis que escrevia sozinho, pela ação dos Espíritos) e também indireta (a mão do médium, tomada pelos Espíritos, escrevia mecanicamente). Dessa forma, os Espíritos responderam a Rivail, numa primeira etapa, a 501 perguntas, inclusive respondendo às perguntas mentais. Para os Espíritos, o pensamento é tudo. Além de uma força física, é também a sua principal fonte de comunicação. Seguindo ainda a terminologia da época, com respeito aos "fluidos elétricos" e o conceito de éter, ficou explicado que os fenômenos espíritas se deviam a um misto da ação do magnetismo animal com o magnetismo espiritual, mais o "fluido cósmico universal".

A princípio, Rivail não teve a intenção de fazer desse material um livro, mas acabou recebendo dos Espíritos a seguinte orientação: que o papel dele seria divulgar o espiritismo globalmente, sendo o material que vinha escrevendo o ponto de partida. Um Espírito familiar também revelou uma encarnação sua na Gália com o nome de Allan Kardec. Posteriormente, utilizaria este nome como pseudônimo para seus livros, preservando a imagem do professor Rivail, discípulo de um dos maiores educadores da época, o professor Johann Heinrich Pestalozzi. Mas Kardec seria implacavelmente perseguido pelos detratores do espiritismo.

Para se ter uma ideia do nível de perseguição que ele sofreu, no ano de 1861, na cidade de Barcelona, uma encomenda de seus livros foi apreendida por determinação do bispo local, Antonio Parlau Termes. Em seguida, mandou atear fogo nesses livros, em praça pública, sob a alegação de que eles contrariavam a fé católica. Essa atitude, típica da Inquisição, acabou por instigar ainda mais o interesse pelas obras queimadas.

O primeiro livro de Kardec foi *O Livro dos Espíritos*, publicado em 18 de abril de 1857. A enorme repercussão fez com que viesse a público a segunda edição, em 1860, com 1018 perguntas. Um ano depois, editou, com recursos próprios, a *Revista Espírita de Estudos Psicológicos*, a fim de atender às numerosas cartas que recebia, de dentro e fora da Europa, pedindo explicações para os mais variados assuntos referentes à doutrina dos Espíritos.

Além das questões filosóficas e científicas referentes à comunicação com os Espíritos, que eram também estudadas por diversos outros pesquisadores, Kardec vislumbrou na doutrina dos Espíritos um importante papel moral, cujo objetivo é fazer o bem e tornar o homem melhor. Em suma, ela era uma revivescência do cristianismo primitivo.

Depois de extensa pesquisa sobre mediunidade e médiuns, Kardec publicou, 1861, *O livro dos Médiuns*, apresentando a seguinte observação: "*Um dos primeiros resultados das minhas observações foi que os Espíritos, não sendo senão as almas dos homens, não tinham nem a soberana sabedoria nem a soberana ciência; que seu saber era limitado ao grau de adiantamento; e que a opinião deles não tinha senão o valor de uma opinião pessoal*".

Em 1864, publicou *O Evangelho segundo o Espiritismo*, livro que elucidaria muitas questões concernentes aos Evangelhos, ignoradas pelo dogmatismo e misticismo religiosos, durante séculos.

Em 1865, publicou *O Céu e o Inferno*, vasculhando pontos questionáveis dessa antiga crença, seguido de *A Gênese*, em 1868, que trata da origem e evolução do Espírito, conforme as leis da natureza e o entendimento da reencarnação.

Em *A Gênese*, Kardec explicou ainda que "*o objeto especial do espiritismo é o conhecimento das leis do princípio espiritual*", e que ele "*e a ciência se completam reciprocamente; a ciência, sem o espiritismo, se acha na impossibilidade de explicar certos fenômenos só pelas leis da matéria; ao espiritismo, sem a Ciência, faltariam apoio e comprovação*". Vide trechos de algumas das obras de Kardec na página ao lado.

Com respeito às ideias religiosas que opõem Deus à ciência, completou: "*As descobertas que a ciência realiza, longe de o rebaixarem, glorificam a Deus; unicamente destroem o que os homens edificaram sobre as falsas ideias que formaram de Deus*".

Vinte e um anos após o desencarne de Rivail, em 1869, foi publicado *Obras Póstumas*, livro que reúne artigos selecionados da *Revista Espírita de Estudos Psicológicos* e outros artigos inéditos de Kardec. Nele, Rivail informa como chegou ao espiritismo, qual o seu papel na divulgação desta doutrina, além de diversas previsões feitas pelos Espíritos, como a que não haveria mais tempo de finalizar a sua tarefa naquela encarnação. Deveria, pois, voltar ao mundo material, "no final do século 19 ou no princípio do 20", em condições de continuar o trabalho de divulgação da doutrina dos Espíritos, desde muito cedo.

Allan Kardec

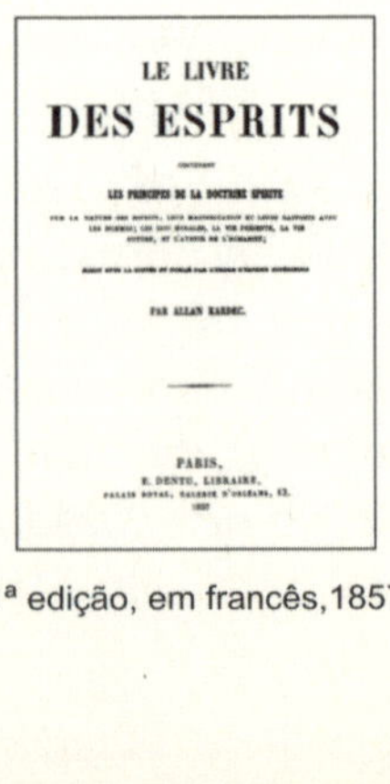

LE LIVRE

DES ESPRITS

PARIS,

1ª edição, em francês,1857

Fig. 54
Allan Kardec
e
O Livro dos Espíritos

O Livro dos Espíritos, de Allan Kardec, capítulo 1, "De Deus"

Deus e o Infinito

1. Que é Deus?
"Deus é a inteligência suprema, causa primária de todas as coisas."
2. Que se deve entender por infinito?
"O que não tem começo nem fim: o desconhecido; tudo o que é desconhecido é infinito."
3. Poder-se-ia dizer que Deus é o infinito?
"Definição incompleta. Pobreza da linguagem humana, insuficiente para definir o que está acima da linguagem dos homens."

Provas da Existência de Deus

4. Onde pode se encontrar a prova da existência de Deus?
"Num axioma que aplicais às vossas ciências. Não há efeito sem causa. Procurai a causa de tudo o que não é obra do homem e a vossa razão responderá."

O Evangelho segundo o Espiritismo, de Allan Kardec, capítulo 1, item 8

"A Ciência e a Religião são as duas alavancas da inteligência humana: uma revela as leis do mundo material e a outra as do mundo moral. Tendo, no entanto, essas leis o mesmo princípio, que é Deus, não podem contradizer-se. Se fossem a negação uma da outra, uma necessariamente estaria em erro e a outra com a verdade, porquanto Deus não pode pretender a destruição de sua própria obra. A incompatibilidade que se julgou existir entre essas duas ordens de ideias provém apenas de uma observação defeituosa e de excesso de exclusivismo, de um lado e de outro. Daí um conflito que deu origem à incredulidade e à intolerância."

O Livro dos Médiuns, de Allan Kardec, capítulo 1, "Há Espíritos?"

1. Seja qual for a ideia que dos Espíritos se faça, a crença neles necessariamente se funda na existência de um princípio inteligente fora da matéria.

....

3. O corpo não passa de um acessório seu (do Espírito), de um invólucro, uma veste, que ele deixa, quando usada. Além desse invólucro material, o Espírito tem um segundo, semimaterial, que o liga ao primeiro. Por ocasião da morte, despoja-se deste, porém não do outro, a que damos o nome de perispírito.

Outras descobertas revolucionárias e o novo conceito de energia

A descoberta da eletricidade levou Faraday à inventar o motor elétrico, em 1821. O uso industrial desse invento, por sua vez, proporcionaria, entre outras coisas, o surgimento da indústria automobilista, com destaque para a Bens & Co, em 1885, na Alemanha, e a Ford, em 1892, nos EUA.

Da mesma forma, a invenção do telégrafo por Samuel Morse, em 1837, levou ao desenvolvimento das fiações elétricas, que fez expandir as malhas de telegrafia, de telefonia e da iluminação pública, na última década do século 19. Antes dessas invenções, e até então, o mundo tinha características rurais, com iluminação à luz de velas e lampiões.

Com a descoberta da eletricidade e do eletromagnetismo, James C. Maxwell conceituou matematicamente o campo eletromagnético e a propagação das ondas eletromagnéticas em 1861/62. Isso permitiu que, em 1888, Heinrich Hertz descobrisse as ondas de rádio (eletromagnéticas).

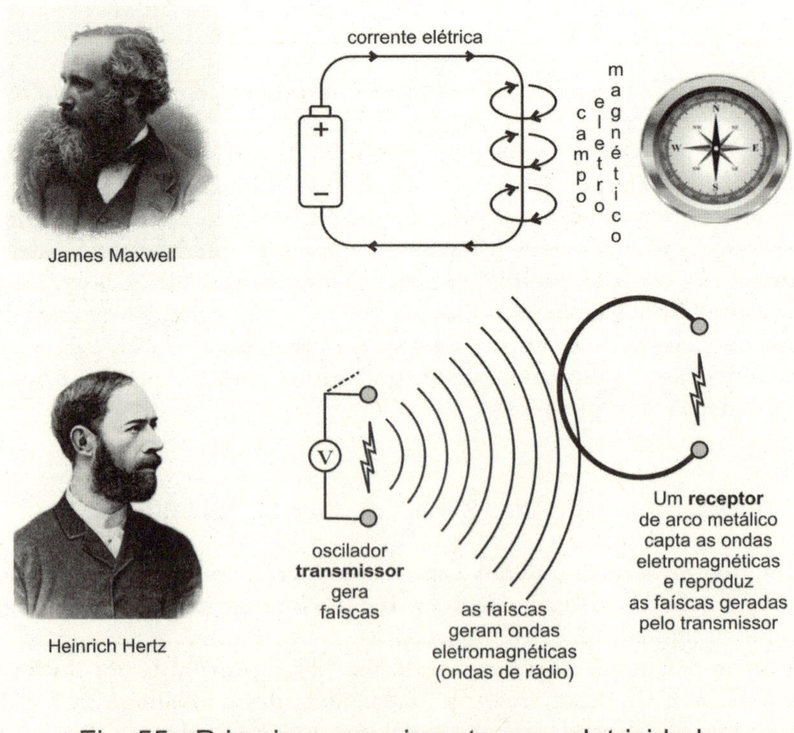

Fig. 55 - Primeiros experimentos em eletricidade, eletromagnetismo e ondas eletromagnéticas

Da mesma maneira, em 1896, utilizando patentes de Nikola Tesla e a descoberta de Hertz, Guglielmo Marconi inventou o telégrafo sem fio, proporcionando à telefonia o mesmo tipo de comunicação, por meio das ondas de rádio. As primeiras transmissões desse invento aconteceram experimentalmente entre França e Inglaterra, em 1897, e entre a Grã-Bretanha e o Canadá, em 1901.

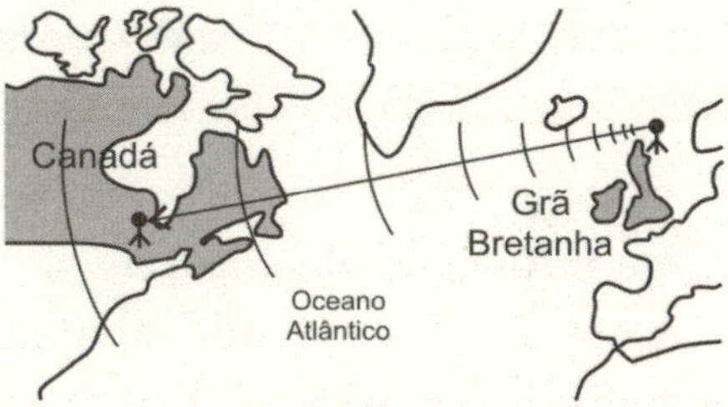

1ª comunicação intercontinental, 1901

Fig. 56 - Marconi e o telégrafo sem fio

Em 1906, Lee De Forest desenvolveu a válvula triodo (em substituição ao díodo), que aperfeiçoou a recepção dos sinais de rádio e amplificou os sinais de áudio. Todavia, as transmissões de voz com utilidade pública só viriam acontecer catorze anos mais tarde, com o surgimento do rádio (aparelho). O único "porém" das válvulas é que elas aqueciam demais, como as lâmpadas incandescentes. Com certo tempo de uso, os aparelhos precisavam ser desligados, para as válvulas não queimarem.

Fig. 57 - Lee De Forest e sua invenção, o triodo

As descobertas do raio X, em 1895, por Wilhelm Röntgen, tornavam a medicina menos invasiva, no que diz respeito a examinar a estrutura óssea; da radioatividade, por Antoine Henri Becquerel, em 1896, seguidas do casal Curie, e do quanta de energia (pacotes de subpartículas atômicas) liberado nas radiações eletromagnéticas, por Max Planck, em 1899, levaram o físico Albert Einstein a explicar o efeito fotoelétrico (modernamente utilizado na fabricação de células fotoelétricas) e recém-descoberto por Hertz (uma luz de alta frequência incidida sobre uma placa metálica que provoca de imediato uma radiação característica).

Segundo Einstein, esse fenômeno ocorria devido à luz ser também formada por quanta de energia, os fótons, os quais, ao se chocarem com os elétrons do material radioativo, expulsariam quanta de energia destes, denominados fotoelétrons. Era o início da física quântica.

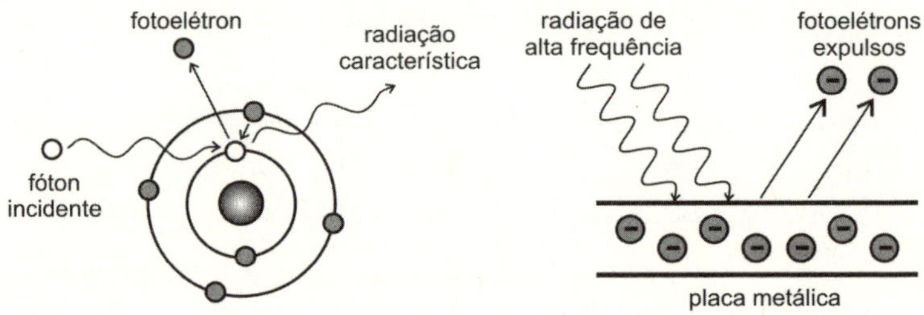

Fig. 58 - Efeito fotoelétrico

Além disso, os conceitos de campo e das ondas eletromagnéticas, de Maxwell (1861/62); as dilatações e contrações do espaço-tempo, de Hendrik Lorentz (1904); o postulado do limite da velocidade da luz (para nosso sistema físico) e o princípio da relatividade para eventos físicos distintos, de Henri Poincaré (1904), levaram Einstein a formular a sua teoria da relatividade restrita, no mesmo ano da explicação para o efeito fotoelétrico (1905).

A teoria da relatividade restrita confrontava diretamente a mecânica clássica de Newton, que conceituava serem massa e energia coisas distintas. Na relatividade restrita de Einstein, energia e massa são apenas estados diferentes da mesma matéria, sendo a velocidade da luz um limite físico para elas ($E= m.c^2$). O efeito fotoelétrico era um indicativo dessa interatividade entre massa e energia, podendo um corpo ou material ganhar ou perder energia.

Apesar dessas descobertas, persistia ainda nos meios científicos uma dúvida: o éter, esses fluido sutil que preencheria o espaço cósmico, conforme Aristóteles, existia ou não existia? Seria ele o suposto meio físico para a propagação da luz e das radiações eletromagnéticas no espaço?

Em 1915, juntando os conhecimentos de física de até então, Einstein formulou a sua teoria da relatividade geral, propondo que o Universo era uma extensão teórica da dilatação e contração do espaço-tempo de Lorentz, inteirado ao campo gravitacional dos astros. Isto é, as ondas gravitacionais, seguindo parâmetros similares ao dos campos eletromagnéticos, alterariam o espaço-tempo, nos limites de sua atuação física, podendo, inclusive, mudar a própria trajetória da luz e das radiações eletromagnéticas. A gravidade é considerada apenas uma força de atração, diferentemente das ondas eletromagnéticas, que possuem força de repulsão.

Essas explicações, por si só, desmistificavam a existência do éter, o que foi confirmado quatro anos depois, nas observações do eclipse solar de 19 de maio de 1919 (deflexão de 1,75 segundos de arco).

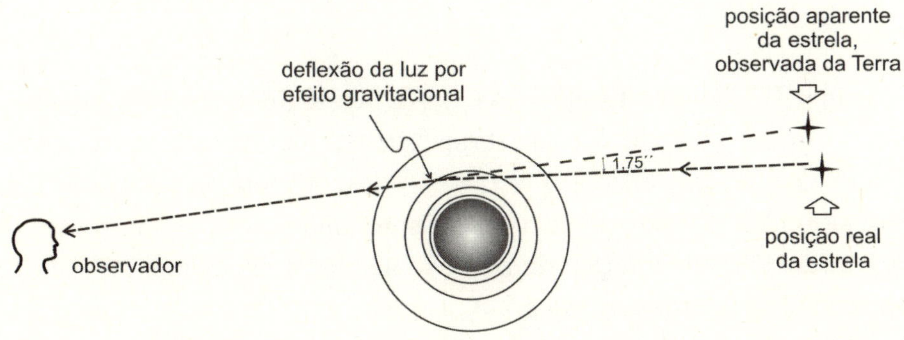

Fig. 59 - Deflexão da luz, observado no eclipse do Sol de 19/5/1919

Endossada a relatividade geral, por meio da observação, o Universo passou então a ser compreendido como um "Universo de ondas", em que a massa cósmica interagia diretamente com o espaço-tempo, em vez do hipotético éter.

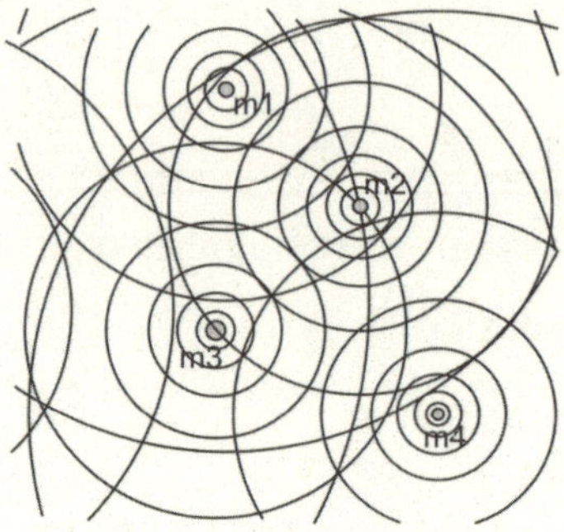

Fig. 60a - Interação de ondas no espaço-tempo

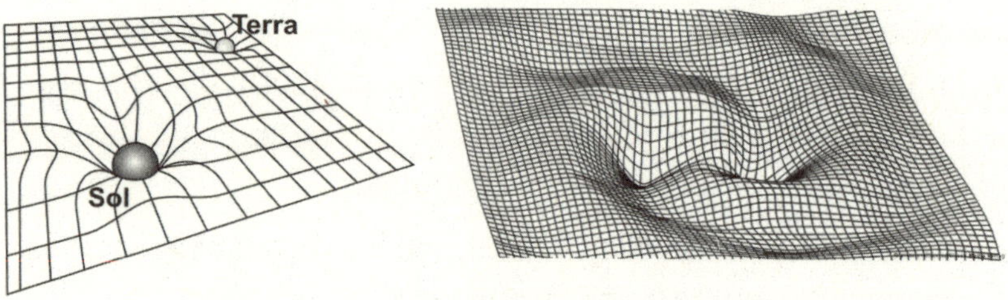

Fig. 60b - Curvatura do espaço-tempo
por efeito gravitacional das massas
(sem escala)

Em 1913, Victor Franz Hess e Werner Kolhörster, registrando a ionização ou efeitos radiativos na atmosfera, por meio do recém-inventado contador Geiger, instalado em um balão, descobriram as radiações cósmicas, oriundas do espaço sideral, que interagiam com as partículas da nossa atmosfera. Até então, admitiam-se apenas a existência do éter e a luz oriundos dos corpos celestes.

Em 1917, o modelo atômico formulado por Ernest Rutherford, seis anos antes, e a teoria de Niels Bohr, sobre os níveis de energia dos elétrons, de 1913, levaram o primeiro a dividir o núcleo atômico do nitrogênio de forma controlada: bombardeou o nitrogênio puro com radiação alfa, convertendo seus núcleos em núcleos de oxigênio. Isto era mais uma evidência a favor da teoria da relatividade restrita de Einstein, comprovando que massa e energia são uma só coisa.

A Primeira Guerra Mundial e a Revolução Bolchevique

Mas apesar de tantas e importantes descobertas, invenções e conhecimentos, sobretudo no primeiro quarto de década do século 20, o mundo encaminhava-se para mais um acontecimento doloroso, sustentado por exagerados sentimentos nacionalistas: a Primeira Guerra Mundial, que durou de 1914 até 1918.

A causa dessa guerra, como de tantas outras, estava ligada à mistura de interesses territoriais e econômicos dos países envolvidos no conflito: no caso, o descontentamento da Alemanha e da Itália com os recursos maiores dados à Inglaterra e França na partilha de terras na África e na Ásia.

Já na Rússia, o conflito era interno: o governo do czar Nicolau II mantinha o país ainda em regime feudal, cobrando altos impostos dos produtores rurais e mantendo a classe trabalhadora com salários baixos, carga horária desumana e condições de insalubridade.

Em 1917, o regime absolutista do czar foi destituído e assumiram o poder os bolcheviques (integrantes do Partido Operário Social-Democrata Russo), sob a liderança de Vladimir Lênin. Estes implantaram na Rússia um tipo de governo diferente dos demais países, o comunismo, baseado nas ideias de Marx e Engels, estendendo-o também a outros países do Leste Europeu como Ucrânia, Bielorússia e Transcaucásia. Em 1922, os bolcheviques fundaram a União das Repúblicas Socialistas, com sede em Moscou.

Batalha de Verdum, 1916

Lênin e o Manifesto Comunista

Fig. 61 - Primeira Guerra Mundial e a Revolução Russa

Imprensa, era do rádio e da TV. Princípio da vulgarização da ioga no mundo ocidental. O universo de ondas e a expansão do Universo

Em 1919, surgiu o primeiro jornal no formato tabloide, o *Daily News*, na cidade de Nova Iork. Na década de 1920, nos EUA e outras partes do mundo, teve início a era do rádio, seguida das gravações eletrônicas, a cabo magnético, a partir de 1925 e com fita magnética, a partir de 1928. Quanto à televisão, embora o iconoscópio (o olho da TV, que utiliza os raios catódicos de Crookes), tenha sido inventado em 1923, ela só entraria em produção industrial em 1945, isso nos EUA. No Brasil, o rádio e a televisão entrariam em operação, respectivamente, em 1923 e 1950. E seriam fundamentais (imprensa, rádio e televisão) na formação e no desenvolvimento social e intelectual das populações.

Dayle News, 5/2/1921

1º rádio comercial, 1922

TV RCA 630-TS, 1946-47

Fig. 62 - Primeira Guerra Mundial e a Revolução Russa

Em meio à efervecência de conhecimentos e a sociedade se abrindo a transformações sociais, em 1920, foi realizado pela primeira vez um congresso internacional de religiões, na cidade de Boston. Na ocasião, um jovem convidado indiano, Paramahansa Iogananda, apresentou um discurso considerado surpreendente para a época, "A ciência da religião", e expressou também o seguinte pensamento a respeito: "*A verdadeira base da religião não é a fé, mas a experiência intuitiva. A intuição é a força da alma no conhecimento de Deus. Para conhecer profundamente a religião, é necessário conhecer Deus*". Desde então, a milenar filosofia do hinduísmo se abriu para o mundo ocidental, acompanhada da prática da ioga.

Fig. 63
Congresso
internacional
de religiões,
Boston,
1920

Grupo de delegados religiosos no congresso

Em 1923, com o telescópio mais potente até então (Hooker, no Observatório de Monte Wilson), o astrônomo Edwin Hubble descobriu que as chamadas nebulosas vistas no céu eram, na verdade, galáxias independentes e estavam muito além de nossa Via Láctea. Depois, descobriu outras galáxias e provou, cinco anos mais tarde, que elas se afastavam umas das outras a velocidades estupendas. Quebrava-se então mais um dogma da antiga ciência dos céus: o conceito de que as estrelas eram "fixas" no espaço.

Fig. 64
Hooker,
Observatório
de
Monte Wilson,
década de 1920

A propagação e difração das ondas de luz já eram conhecidas desde 1800, quando Thomas Young expôs o seu experimento da dupla fenda. Em 1914, William H. Bragg provou também que o raio x tinha propriedades ondulatórias. Em 1924, foi a vez de Louis de Broglie postular o mesmo para o quanta de energia liberado pelo urânio e plutônio (elementos radioativos), a exemplo dos fótons. Três anos depois, os americanos Davisson e Germer e o escocês G. P. Thomson, projetando feixes de elétrons sobre alvos específicos, provariam finalmente a existência das propriedades ondulatórias postuladas por Broglie. Era o princípio da ondulatória para os eventos atômicos, proporcionando também constantes avanços aos estudos da espectroscopia, com aplicações práticas à ótica, à astrofísica, à física e à química.

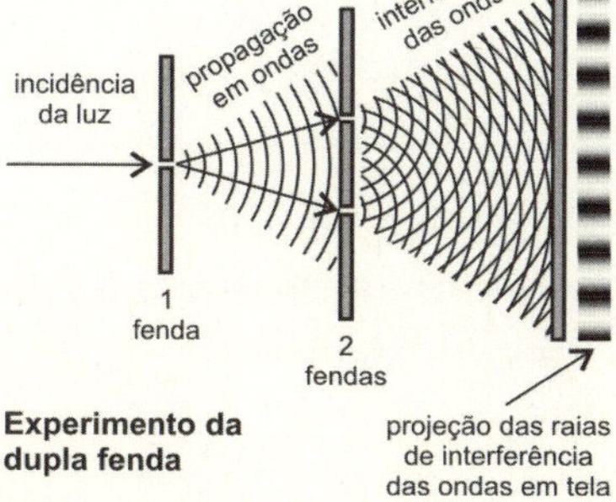

Experimento da dupla fenda

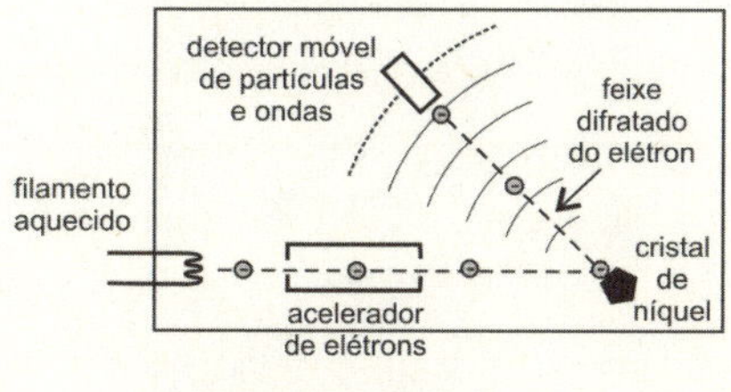

Experimento de Davisson e Germer

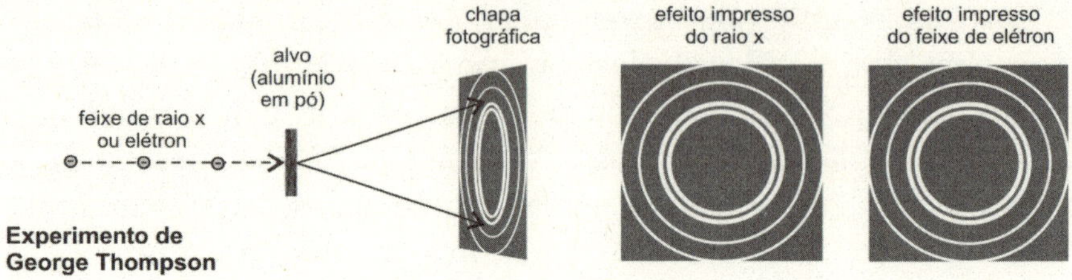

Fig. 65 - Experimentos que comprovam a propagação das partículas em ondas

No campo da medicina, além do uso de anestésicos, para fins cirúrgicos, e da vacinação, na prevenção de doenças como a tuberculose, difteria, tétano e febre amarela, Alexander Fleming descobriu, em 1928, a penicilina, antibiótico natural que evitou muitas mortes por doenças infecciosas, causadas por bactérias.

Além disso, o conhecimento em torno da física atômica e das subpartículas só aumentava, ano após ano, chegando-se ao alvorecer da física nuclear. Esse acontecimento se daria de forma mais patente a partir da década de 1930. Em 1938, Enrico Fermi testou a primeira reação nuclear com o urânio. Na época, Fermi era mais um cientista exilado nos EUA, assim como Einstein, em razão das perseguições do nazifascimo, na Alemanha e Itália.

No ano de 1932, Karl Guthe Jansky, do Laboratórios Bell, descobriu casualmente ruídos de ondas de rádio que partiam do centro da Via Láctea. Em 1939, Grote Reber construiu o primeiro radiotelescópio, até hoje utilizado nos estudos sobre radiações em geral e a origem do Universo.

Fig. 66
Primeiro radiotelescópio, construído pelo radioamador norte-americano Grote Reber

Em 1937, o astrônomo Fritz Zwicky divulvou um trabalho sobre a existência de lentes gravitacionais causadas pelas distorções do espaço-tempo, formulada por Einstein. Segundo Zwicky, as distorções do espaço-tempo provocaria ilusões óticas nos objetos astronômicos observados. Isso só seria confirmado tempos mais tarde, a partir de 1990, com o surgimento de telescópios potentes como o telescópio espacial Hubble.

Galáxia SDSS J1038+4849

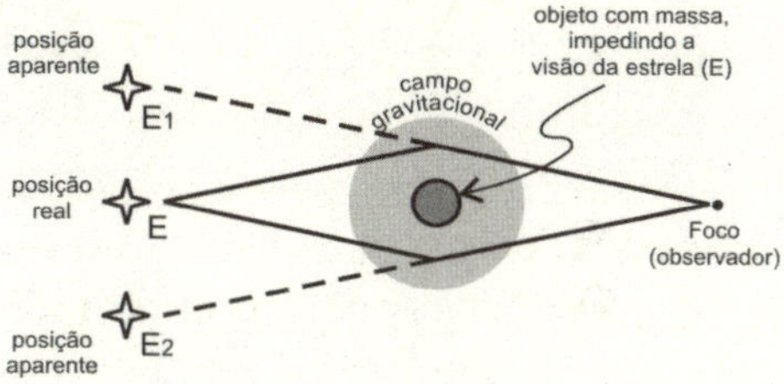

Como se dá o efeito de uma lente gravitacional

Fig. 67 - Lentes gravitacionais no espaço sideral

Continuação das ideias espíritas com Chico Xavier

No que concerne às coisas espirituais, o "*reino dos céus*" e a "*ressurreição dos mortos*", citados por Jesus, precisou de 19 séculos para ser mais bem explicado pelo espiritismo de Allan Kardec. "*Reino dos céus*" diz respeito às realidades do mundo espiritual e "*ressurreição dos mortos*", em muitas circunstâncias, refere-se à reencarnação. Mas esses assuntos careciam de mais evidências e divulgação, confrontados ainda com o ceticismo e o dogmatismo religioso.

Essas evidências e divulgação acabaram acontecendo, a partir dos anos 1930, com o jovem Francisco Cândido Xavier (Chico Xavier), de Pedro Leopoldo (MG), que espantou o país onde vivia (o Brasil) com sua mediunidade e integridade moral inquestionáveis, ambas exaustivamente testadas pelos opositores do espiritismo e pesquisadores do assunto.

Desde a mais tenra infância, Chico via e conversava com os Espíritos. Em sua ingenuidade infantil, acreditava serem estes "seres do arco-íris", pelo colorido e luminosidade de suas visões. Aos 17 anos, recebeu as primeiras mensagens e poemas psicografados. Em 1932, com 22 anos, publicou seu primeiro livro mediúnico pela Federação Espírita Brasileira (Feb): o *Parnaso de Além-Túmulo*.

A primeira edição deste livro reuniu 60 poemas de catorze dos maiores poetas brasileiros (Castro Alves, Casimiro de Abreu, Augusto dos Anjos etc.) e quatro lusitanos (Antero de Quental, João de Deus, Guerra Junqueiro e Júlio Diniz), além de um desconhecido. Edições posteriores viriam acrescidas de novos poetas e mais poemas.

De imediato, o *Parnaso de Além-Túmulo* chamou a atenção dos críticos literários pela fidelidade à técnica e temas de seus autores espirituais. A esse respeito, um dos mais prestigiados jornalistas e escritores brasileiros de então, Humberto de Campos, disse: "*as mesmas características de inspiração e expressão que os identificavam neste planeta*". Lembrando que, na época, os grandes ídolos do povo eram os poetas, os escritores e os cantores, no despertar da era do rádio.

Dois anos depois, Humberto de Campos faleceu e passou também a enviar mensagens pela mediunidade de Chico Xavier. Detalhe: Chico estudou até o 4º ano do antigo primário e trabalhava desde os 9 anos de idade ajudando no sustento da humilde família com nove irmãos. Ou seja, não tinha tempo nem condições de plagiar ninguém, além de ter uma natureza boa e pura.

Em 1935, o jornal *O Globo*, do Rio de Janeiro, designou o repórter Clementino de Alencar para fazer uma reportagem com o médium *in loco*, na pequenina cidade onde nasceu e vivia. De 13 de abril a 30 de junho, Clementino publicou matérias relatando fatos extraordinários e inquestionáveis que ele presenciou juntamente com várias autoridades. Nesse curto período, Chico psicografou muitos artigos inéditos de conhecidas personalidades desencarnadas, dos mais diversos ramos do saber: literatura, história, política, física, química, medicina etc.

Entres essas personalidades, destacamos o famoso historiador português Joaquim Pedro d´Oliveira Martins, o laureado escritor, poeta e historiador inglês, Robert Southey, o jurista e diplomata brasileiro Ruy Barbosa, o primeiro presidente do Brasil, marechal Deodoro da Fonseca, o químico francês, descobridor do ácido persulfúrico, Eugène Berthelot, e muitos outros.

Não demorou muito e todos queriam ver, tocar, conhecer e, se possível, consultar Chico Xavier, especialmente sobre assuntos espirituais e de saúde, como na antiguidade se buscavam sacerdotisas-médiuns para falar com os "deuses".

Chico era uma antena psíquica que desafiava o conhecimento científico de época. Tinha, por exemplo, o hábito de ouvir o pensamento das pessoas, deixando-as admiradas. Cidália, sua irmã, conta que antes de a TV ser inventada, Chico lhe disse: "*Vejo vocês ouvindo novela pelo rádio, mas o homem é muito inteligente. Deus o fez a sua semelhança. Vamos ver aparelhos em que a pessoa vai ser vista nas casas, estando na verdade muito longe dali. Os artistas vão ser vistos como em tela de cinema*".

Em 1944, a esposa do escritor e jornalista Humberto de Campos processou Chico Xavier e a Feb, reclamando direitos autorais das obras mediúnicas em nome do marido. A justiça brasileira, entretanto, negou tal pedido por entender que o direito é válido somente para "os vivos".

Detalhe: todas as obras mediúnicas de Chico Xavier, no período de Pedro Leopoldo, tiveram seus direitos autorais doados à Feb e à Livraria Espírita Allan Kardec – Lake. E mesmo com poucos recursos materiais e enormes dificuldades para viver, Chico ainda praticava ações de beneméncia regularmente em áreas pobres da cidade. Atitude que manteria pela vida toda.

Depois do processo contra Chico e a Feb, seus guias continuaram enviando mensagens, receituários e publicando obras de alto valor literário, quase que ininterruptamente. Aos poucos, ganhou respeito e credibilidade, fazendo cair por terra a acusação dos detratatores do espiritismo de que este disseminava práticas demoníacas. Pelo contrário, a relação com o mundo espiritual passou a ser algo comumente aceito.

Outro fato foi a disseminação do lado ético e moral da ciência e filosofia espírita com Chico Xavier, que se tornou o maior exemplo e divulgador depois de Allan Kardec. Suas obras mediúnicas (poesias, contos, romances, mensagens) descortinaram as realidades do mundo espiritual, como nunca antes havia acontecido, impressionando pela clareza das informações. Em particular, as obras do autor espiritual André Luiz (pseudônimo para o sanitarista Carlos Chagas, na época desencarnado) apresentavam temas científicos e da atualidade, alguns antecipando fatos que só viriam a ser conhecidos mais tarde.

Chico Xavier também reavivou e popularizou a transmissão dos "fluidos magnéticos" descobertos pelo dr. Mesmer, no século 19, sob a denominação de passe magnético, muito embora essa prática já fosse conhecida e praticada no Egito antigo e por Jesus em suas curas. As obras de André Luiz explicam a ação do passe magnético à luz da ciência.

Apesar da resistência de religiosos, presos a dogmas seculares e muitos preconceitos, Chico Xavier se tornaria conhecido e respeitado no país de origem, o Brasil – e, mais tarde, no mundo todo –, tendo suas obras se popularizado amplamente, facilitando o entendimento do espiritismo.

Mais adiante, Chico seria um consenso entre os espíritas; para muitos a própria reencarnação de Kardec, conforme palavras de seu guia, ditas quase nove anos antes de desencarnar (*Obras Póstumas*, 1869): "Se fosse possível, absolutamente não sairias daí; mas, é preciso que se cumpra a lei da Natureza. Ausentar-te-ás por alguns anos e, quando voltares, será em condições que te permitam trabalhar desde cedo". Calculou então a sua volta "forçosamente no fim deste século ou no princípio do outro".

Chico Xavier nasceu em 2 de abril de 1910, tendo iniciado as atividades mediúnicas publicamente em 8 de julho de 1927.

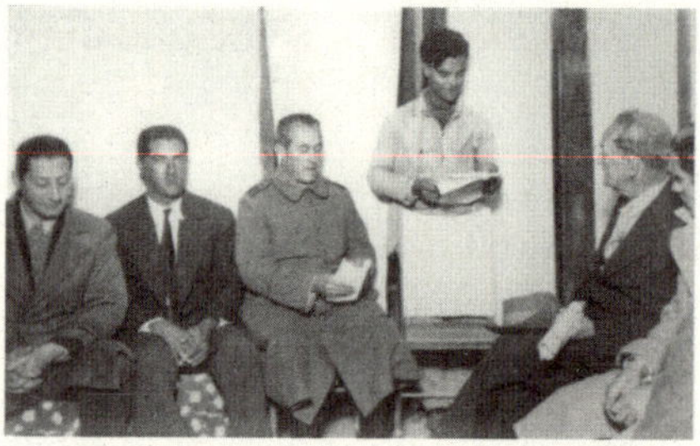

O jovem médium realizando leitura pública de mensagem, após sessão no C. E. Luiz Gonzaga

Chico Xavier e o jornalista Clementino de Alencar, do jornal *O Globo*

Fig. 68 - Chico Xavier, 1935

Segunda Guerra Mundial e a criação da ONU

Embora o mundo se encaminhasse para um rápido desenvolvimento social, com vistas à modernidade e uma sociedade mais esclarecida, os mesmos interesses, econômicos, territoriais e nacionalistas, que haviam levado as nações ao conflito da Primeira Guerra Mundial, de 1914/18, eram agora reavivados com uma crescente disputa armamentista entre as nações.

O problema maior relacionava-se com as ideias imperialistas de Alemanha, Itália e Japão, que formavam um eixo de interesses e colocavam em risco à paz mundial. Além disso, o líder alemão, Adolpho Hitler, movia internamente em seu país uma cruel perseguição racial a pessoas que ele chamava de "raça inferior". Quando o exército alemão invadiu a Polônia, em 1939, França e Inglaterra declararam guerra a Hitler, seguidas dos aliados. Assim, teve início a Segunda Guerra Mundial.

Durante o conflito, os alemães construíram mais de 40.000 instalações para aprisionar judeus, ciganos, poloneses, comunistas, homossexuais, prisioneiros de guerra, testemunhas de Jeová e deficientes físicos e mentais. Todos conduzidos ao regime de trabalho forçado e depois mortos. Cerca de seis milhões de judeus, entre crianças, mulheres e homens, foram exterminados em massa. Essas barbaridades ficaram conhecidas como holocausto.

Hitler aclamado pelo seu exército

Extermínio em massa nos campos de concentração

Fig. 69 - Hitler e o nazismo

O físico Albert Einstein (alemão de origem judia), exilado nos EUA, admitiu que os conhecimentos de física da época podiam levar os alemães ao desenvolvimento de uma bomba atômica, arma que poderia ser o caos nas mãos de um psicótico como Hitler. Foi então quando os americanos se anteciparam e, com o apoio de dezenas de cientistas, investiram em pesquisas e na construção de sua bomba atômica, antes que Hitler o fizesse.

Em 1945, os aliados prenderam e afastaram Mussolini do poder na Itália e o exército alemão foi rendido em todas as frentes. Em abril daquele mesmo ano Hitler se suicidou. Mas os japoneses continuavam resistindo, os quais tinham sido os responsáveis pela entrada dos americanos na guerra ao atacarem sua base naval, Pearl Harbor, em 1941. Os americanos decidiram então testar sua poderosa arma atômica contra os japoneses, lançando-a sobre as cidades de Hiroshima e Nagasaki. Isso aconteceu em agosto de

1945. A bomba atômica, entretanto, tinha também o objetivo de intimidar os russos, que estavam orgulhosos de terem igualmente vencido o exército alemão. A mensagem subliminar era de que os russos não se aventurassem em querer, eventualmente, expandir os ideais comunistas por meio de novas guerras.

A destruição de Hiroshima e Nagasaki foi total, marcando o fim da Segunda Guerra Mundial. O imperador Hirohito rendeu-se, para não prejudicar ainda mais o seu povo, e os americanos se comprometeram em ajudar o Japão a reerguer-se. Assim, elegeu-se o Conselho Superior das Potências Aliadas, presidida pelo general norte-americano Douglas McArthur, com o objetivo de reorganizar econômica e politicamente o Japão. Essa transição se estendeu até 1952, quando o Japão reassumiu novamente a sua independência política, tornando-se uma monarquia constitucional e democrática.

Bomba atômica sobre Nagasaki

Hiroshima destruída

Fig. 70 - Fim da Segunda Guerra Mundial

Seja para o bem, seja para o mal, percebeu-se, no entanto, o perigo que o armamento atômico representava para a humanidade, após o fim da guerra. Cientistas, envolvidos ou não na criação da bomba nuclear, voltaram então seus estudos, de fissão e fusão nuclear, apenas para fins pacíficos – no caso, o desenvolvimento de energia nuclear.

A mortandade em massa (cerca de 60 milhões de pessoas) e os rastros de destruição deixados pela Segunda Guerra Mundial, num primeiro momento, causaram ceticismo entre as populações dos países afetados pelo conflito. Entretanto, o sentimento nacionalista e separatista, que antes reinava exacerbado em solo europeu, deu espaço a ideia de união e apoio, principalmente devido à necessidade de reconstrução das cidades devastadas pela guerra.

Além disso, os suplícios e as dificuldades provocados pela guerra impulsionaram o desenvolvimento científico e tecnológico nas mais diversas áreas, como a aviação, que entraria em operação comercial a partir da década de 1950; na medicina, deu-se o desenvolvimento de técnicas cirúrgicas, o uso regular do soro fisiológico a pacientes debilitados e na limpeza de ferimentos, a utilização das sulfonamidas e da penicilina no tratamento de feridas e doenças venéreas etc.

O fim do conflito levou ainda, em outubro de 1945, as nações se unirem em torno da criação de um organismo internacional com o objetivo de cooperação, desenvolvimento e sustentação mútuos, a Organização das Nações Unidas – ONU.

O Plano Marshall

Aproveitando-se da fragilidade econômica e financeira dos países atingidos pela guerra, o bloco dos países soviéticos se fortalecia, difundindo a doutrina comunista. Isso naturalmente incomodava os Estados Unidos, levando, em 1947, o seu presidente, Harry Truman, a fazer um discurso violento contra o avanço comunista e em defesa das liberdades democráticas e da livre concorrência, bases do sistema capitalista. Esse discurso, pode-se dizer, foi a razão do início da "guerra fria" entre americanos e soviéticos.

Na sequência, o secretário americano, George Marshall, reuniu-se com líderes de países europeus aliados e de países prejudicados pela guerra, incluindo o Japão, propondo-lhes ajuda financeira durante quatro anos para a sua recuperação econômica. A ajuda foi bem aceita e estreitaram-se os laços de amizade e comercial entre americanos, países europeus e japoneses, afastando ao mesmo tempo a influência comunista. Tanto isso é verdade que os países do bloco soviético não aceitaram participar da proposta de Marshall, obviamente em razão da diferença de ideais – comunismo x capitalismo.

A estratégia de Marshall funcionou bem e os países afetados pela guerra conseguiram, cada um a seu modo, a recuperação necessária. Alguns até viriam a se destacar no futuro, como é o caso da Alemanha e do Japão, alcançando invejável desenvolvimento tecnológico e industrial, principalmente em razão de suas culturas disciplinadas.

Linha de produção do Volks, Wolfsburg, 1954

Fundadores da Sony, 1946: Akio Morita e Masaru Ibuka

Fig. 71 - Recuperação do desenvolvimento industrial de países afetados pela guerra

O pós-guerra e o início da "guerra fria" entre União Soviética e EUA

Em 1948, a ONU mostrou a sua utilidade como mediadora no conflito árabe-israelense. Nesse ano tinha sido declarada a independência de Israel, com apoio de países membros – um dever moral, depois das atrocidades cometidas contra os judeus por Hitler. Todavia, os árabes não concordaram com a partição de terras aos palestinos (45%), que tinham maioria populacional e territorial em relação a Israel, e entraram imediatamente em guerra com este país. Israel venceu a guerra e ampliou o seu domínio para 75% do território antes estabelecido. Durante um ano, diversos acordos negociariam a paz entre esses dois povos "irmãos". Mas o conflito árabe-israelita se estenderia por longo tempo, dando vazão a ações terroristas. Além disso, muitos palestinos se refugiaram na Jordânia, na Síria e no Líbano.

No dia 10 de dezembro de 1948, os países membros da ONU elaboraram importante documento sobre os direitos humanos: a Declaração Universal dos Direitos Humanos – DUDH (vide artigos desta declaração condensados na página ao lado). Mas, mesmo com esta declaração e os suplícios causados pela Segunda Guerra Mundial, a dificuldade humana de se relacionar no que diz respeito à ética continuaria viva no pós-guerra. A polarização Estados Unidos e União Soviética é o maior exemplo disso. Na verdade, essas duas nações passariam a disputar a hegemonia política, econômica e militar mundial num relacionamento que se tornaria conhecido como "guerra fria".

A "guerra fria" entre EUA e União Soviética se deu em razão de diferenças fundamentais no modo de pensar e de ver o mundo por cada uma dessas potências. No caso, os EUA defendiam a democracia e o

DECLARAÇÃO UNIVERSAL DOS DIREITOS HUMANOS

1° Todos os seres humanos nascem livres e iguais em dignidade e em direitos. Dotados de razão e de consciência, devem agir uns para com os outros com espírito de fraternidade.
2° Todos os seres humanos podem invocar os direitos e as liberdades proclamados na presente Declaração, sem distinção alguma, nomeadamente de raça, de cor, de sexo, de língua, de religião, de opinião política ou outra, de origem nacional ou social, de fortuna, de nascimento ou de qualquer outra situação...
3° Todo indivíduo tem direito à vida, à liberdade e à segurança pessoal.
4° Ninguém será mantido em escravatura ou em servidão; a escravatura e o trato dos escravos, sob todas as formas, são proibidos.
5° Ninguém será submetido a tortura nem a penas ou tratamentos cruéis, desumanos ou degradantes.
6° Todos os indivíduos têm direito ao reconhecimento, em todos os lugares, da sua personalidade jurídica.
7° Todos são iguais perante a lei...
8° Toda a pessoa tem direito a recurso efetivo para as jurisdições nacionais competentes contra os atos que violem os direitos fundamentais...
9° Ninguém pode ser arbitrariamente preso, detido ou exilado.
10° Toda a pessoa tem direito, em plena igualdade, a que a sua causa seja equitativa e publicamente julgada por um tribunal independente e imparcial...
11° Toda a pessoa acusada de um ato delituoso presume-se inocente até que a sua culpabilidade fique legalmente provada...
12° Ninguém sofrerá intromissões arbitrárias na sua vida privada, na sua família, no seu domicílio ou na sua correspondência, nem ataques à sua honra e reputação...
13° Toda a pessoa tem o direito de livremente circular e escolher a sua residência no interior de um Estado...
14° Toda a pessoa sujeita a perseguição tem o direito de procurar e de se beneficiar de asilo em outros países...
15° Todo o indivíduo tem direito a ter uma nacionalidade...
16° A partir da idade núbil, o homem e a mulher têm o direito de casar e de constituir família, sem restrição alguma de raça, nacionalidade ou religião...
17° Toda a pessoa, individual ou coletiva, tem direito à propriedade...
18° Toda a pessoa tem direito à liberdade de pensamento, de consciência e de religião...
19° Todo o indivíduo tem direito à liberdade de opinião e de expressão...
20° Toda a pessoa tem direito à liberdade de reunião e de associação pacíficas....
21° Toda a pessoa tem o direito de tomar parte na direção dos negócios, públicos do seu país, quer diretamente, quer por intermédio de representantes livremente escolhidos...
22° Toda a pessoa, como membro da sociedade, tem direito à segurança social...
23° Toda a pessoa tem direito ao trabalho, à livre escolha do trabalho, a condições equitativas e satisfatórias de trabalho e à proteção contra o desemprego...
24° Toda a pessoa tem direito ao repouso e aos lazeres...
25° Toda a pessoa tem direito a um nível de vida suficiente para lhe assegurar e à sua família a saúde e o bem-estar...
26° Toda a pessoa tem direito à educação...
27° Toda a pessoa tem o direito de tomar parte livremente na vida cultural da comunidade...
28° Toda a pessoa tem direito a que reine, no plano social e no plano internacional, uma ordem capaz de tornar plenamente efetivos os direitos e as liberdades enunciadas na presente Declaração.
29° O indivíduo tem deveres para com a comunidade, fora da qual não é possível o livre e pleno desenvolvimento da sua personalidade...
30° Nenhuma disposição... pode... destruir os direitos e liberdades aqui enunciados.

capitalismo e a União Soviética o comunismo. Dessa diferença nasceriam disputas permanentes no campo político, econômico, armamentista, esportivo, de ciência e tecnologia, do desbravamento espacial etc. Em vez do respeito mútuo, essas duas potências buscavam, antes de tudo, provar quem era melhor, incessantemente, além de se lançarem ao jogo antiético da espionagem e da contraespionagem.

O risco maior era a possibilidade do uso de armas nucleares, uma vez que a União Soviética passou a deter também essa tecnologia a partir de 1949. Por conta disso, EUA, Canadá e diversos países europeus se uniram, formando a Organização do Tratado do Atlântico Norte – OTAN –, uma aliança militar em defesa das forças ocidentais (democráticas), no caso de um eventual conflito armado com as forças orientais (comunistas). Mas logo a União Soviética contra-atacaria com o Pacto de Varsóvia, que reunia países do Leste Europeu, com a mesma finalidade da OTAN.

O comunismo na China e a Independência da Índia, com o fim do sistema de castas

Em 1912, um levante de jovens funcionários, oficiais militares e estudantes, derrubou o milenar sistema de dinastias chinesas e implantou a República da China. Na década de 1920, o país entraria em guerra civil, ficando dividido entre as ações do Partido Nacionalista e as ações do Partido Comunista, apoiado pela União Soviética.

Em meio à guerra civil, em 1937, o Japão invadiria a China e faria com que as facções opostas se unissem contra ele. Após a derrota japonesa, na Segunda Guerra Mundial, entretanto, chineses nacionalistas e comunistas voltaram a se enfrentar.

Em 1949, o comunista Mao Tsé-Tung assumiu o poder com plenos domínios, implantando a República Popular da China (comunista). Os nacionalistas se refugiaram em Taiwan e ilhas vizinhas, fazendo um governo à parte, a República da China.

O governo comunista de Mao nacionalizou as indústrias e implantou uma ampla reforma agrária com um milhão de cooperativas no campo, mas de maneira completamente idealista. Em razão disso, ganhou muitos opositores, que foram severamente perseguidos e punidos.

Além disso, em 1950, a China invadiu o Tibete, rico em recursos naturais, reclamando que este território lhe pertencia. De fato, pertencera ao império chinês, a partir do século 13, tendo declarado independência em 1912.

Em agosto de 1947, a Índia reconquistou a sua independência, devido os esforços de Mohandas Gandhi, o mahatma, aplicando a sua doutrina de não-violência e de desobediência civil ao domínio inglês, que havia tomado o país e assumido o seu governo em 1857. Dois anos depois da independência indiana, Gandhi seria assassinado por um radical hindu, mas o seu nome se perpetuaria na história pela doutrina da não-violência, sendo um cultuador do *Bhagavad Gita* e defensor da igualdade religiosa e da paz entre os homens. Em razão disso, e também por efeito das mudanças que ocorriam no mundo, após a Segunda Guerra Mundial e a implantação da Declaração Universal dos Direitos Humanos, teve fim, em 1950, o milenar sistema de castas na Índia, de aproximadamente 3500 anos. A conscientização social dessa mudança, todavia, seria gradual, justamente para não ferir a longa tradição cultural e religiosa no país.

A proclamação da República Popular da China, por Mao Tsé-Tung, 1949

Mahatma Gandhi, o inspirador da Independência da Índia

Fig. 72 - Transformações sociais na China e na Índia

Mais avanços tecnológicos e as multinacionais. Conflitos da "guerra fria". A contracultura e a psicologia humanística

Em 1947, o Laboratórios Bell inventou o transistor, que tornava mais seguros e eficientes os equipamentos eletrônicos (rádio, TV etc.), além de ocuparem menos espaço físico. O transistor era um circuito eletrônico de material semicondutor, em substituição às antigas válvulas, que seria a causa de enorme desenvolvimento futuro no setor.

No campo da ciência e tecnologia, em 1950, os EUA lançaram o primeiro computador para processamento de dados e informações, utilizando cartões perfurados. O processo, no entanto, requeria muitas operações e inúmeras máquinas: a perfuradora, a classificadora e a intercaladora de cartões, mais a tabuladora ou impressora de relatórios.

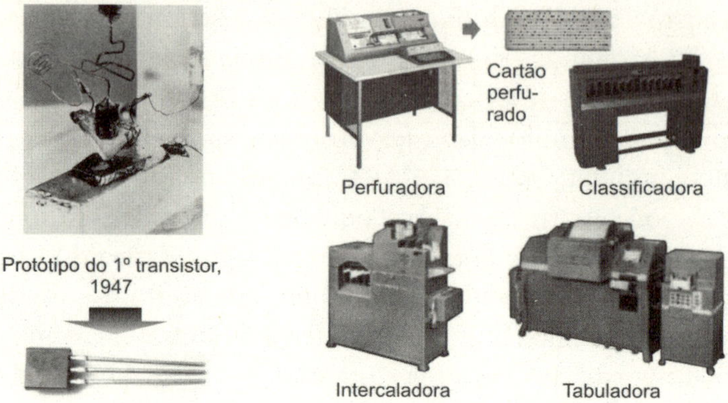

Fig. 73 - O transistor e o computador de cartões perfurados

A expansão tecnológica americana incomodou os soviéticos, mas o clima tenso entre essas duas potências foi maior em razão de divisões políticas pelo mundo, com propagandas dos dois lados, um em defesa da democracia, os americanos, o outro do comunismo, os soviéticos.

Mas a divisão geográfica e política entre as Coreias do Sul e do Norte seria o primeiro embate confrontando essas duas ideologias. Em 1950, as duas Coreias (do Sul e do Norte) entraram em guerra, porque a China comunista tentou submeter a Coreia do Sul ao regime socialista. O Conselho de Segurança da ONU interveio e vetou tal iniciativa. A guerra entre as duas Coreias, no entanto, duraria mais três anos.

Em 1953, morria o tirano e ditador soviético Josef Stalin, tornando menos perigosa a polarização da "guerra fria", mas sem que isso representasse o seu fim. Pelo contrário, sentimentos generalizados de "antiamericanismo" e de "anticomunismo" se espalhariam pelo mundo.

Em 1955, os EUA mergulharam em mais um conflito armado, desta vez contra o Vietnã, pela mesma razão da guerra das duas Coreias: a imposição do regime comunista para o Vietnã do Sul. Esta guerra duraria até 1975 e morreriam nela entre três e quatro milhões de vietnamitas (do Sul e do Norte) e 58.000 soldados americanos. Os EUA desistiriam dessa guerra em 1973, sem ter resolvido a questão, além de deixar sequelas psiquiátricas nos seus ex-combatentes de guerra.

Também, em 1959, os EUA perderam as regalias constitucionais que tinham em Cuba, desde sua independência em 1902. Sentindo-se oprimido e reagindo à situação de desigualdade vivida pelo seu povo, Fidel Castro assumiu o poder por meio da luta armada e implantou o sistema socialista em Cuba, em 1959, expulsando os americanos. A Revolução Cubana se aproximaria da União soviética e incomodaria muito os EUA.

Na China, em 1957, o regime comunista de Mao Tsé-Tung implantou um programas de reformas que causaria perseguições a instituições culturais e intelectuais, levando milhares de jovens a trabalharem no campo e a se alistarem na "Guarda Vermelha" de Mao, que impunha rigorosa doutrinação socialista-comunista. Dois anos depois, o Tibete seria definitivamente anexado à China, obrigando o Dalai Lama a fugir pelas montanhas e receber asilo da Índia.

Em 1958, houve um grande avanço na tecnologia de gravação, surgida paralelamente ao rádio, a gravação estereofônica, assim como a vulgarização dos gravadores pessoais de fitas magnéticas de rolo – 5 anos mais tarde surgiria a fita K7, de cunho mais popular.

Neste mesmo ano, Jack Kilby, da Texas Instruments, criou o "circuito integrado" – CI –, seguido de Robert Noyce, da Fairchild Semiconductor, que o aperfeiçoou, utilizando o silício. O CI é formado por uma infinidade de transistores miniaturizados, melhorando sensivelmente a perfomance dos aparelhos e equipamentos eletrônicos.

Os CIs permitiram também, na década seguinte, o surgimento dos *mainframes* ou computadores eletrônicos de grande porte, que utilizavam fitas magnéticas para o armazenamento de dados. Pelo seu alto custo, os mainframes eram utilizados apenas por grandes corporações.

Primeiro gravador de rolo, Nagra I, 1951-52

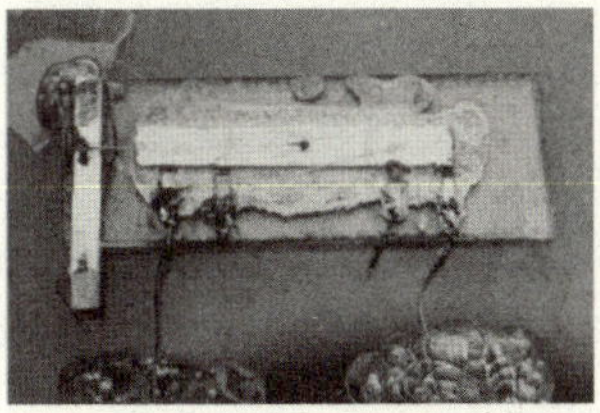
Primeiro CI, por Jack Kilby, 1958

Mainframe, déc. 1960

Fig. 74 - Gravadores de rolo, o CI e o mainframe

O desenvolvimento tecnológico e a crescente popularização do consumo de eletrônicos e eletrodomésticos, especialmente o rádio, a TV, geladeiras e fogões, fizeram com que empresas multinacionais ganhassem cada vez mais espaço no mercado internacional. Essa expansão trouxe ainda a necessidade da melhoria das relações entre empregado e empregador, levando também ao fortalecimento do departamento de pessoal.

Com isso, acontecia no mundo uma nova mentalidade social, consumista, ávida de mudanças e com críticas ao convencionalismo. Essa nova mentalidade social ficou conhecida como contracultura. O estilo musical *rock and roll*, que ganharia força a partir dos anos 1950, e o movimento *hippie*, nascido nos anos 1960, são expressões da contracultura.

Bill Haley e Elvis Presley,1955 pioneiros do rock and roll

Movimento hippie

Movimento feminista

Fig. 75 - Movimentos de contracultura

Também surgiram nos anos de 1960 pensadores com uma visão menos ortodoxa das coisas e sem o radicalismo de movimentos de contracultura. Abraham Maslow e Carl Rogers, criadores da psicologia humanística, é um exemplo disso. Essa escola defende que todo ser humano tem "*possibilidades inimagináveis de compreender a si mesmo e de construir um clima favorável ao seu desenvolvimento e crescimento psíquico, com liberdade de pensamento e poder de escolha*". A psicologia humanística ganhou repercussão nos meios acadêmicos e não acadêmicos da época e influenciaria gerações futuras de psicólogos, além de administradores de empresa e gerentes de recursos humanos.

Entretanto, as grandes empresas e seus executivos permaneceriam focados na seleção por competência e no QI (quociente de inteligência) dos empregados, pelo menos até o final da década de 1980, dando ênfase à administração e ao fator lucro.

A corrida espacial, o raio laser, o primeiro transplante de coração, a construção do muro de Berlim, o Concílio Vaticano 2, conflitos armados, regimes ditatoriais e a Arpanet

Em 1957, a União Soviética lançou ao espaço o primeiro satélite artificial em torno da Terra, a missão Sputnik 1. Foi um feito inédito e histórico, que deu início à exploração espacial pelo homem. O objetivo era estudar os efeitos de ausência da gravidade e das radiações cósmicas no organismo humano, possibilitando à futura ida do homem ao espaço. Até 1961, os soviéticos lançariam mais quatro missões Sputinik e três Korabl-Sputnik, algumas com animais a bordo. Ainda nesse ano soviéticos enviaram ao espaço o primeiro homem a bordo da Vostok 1: Iuri Gagarin.

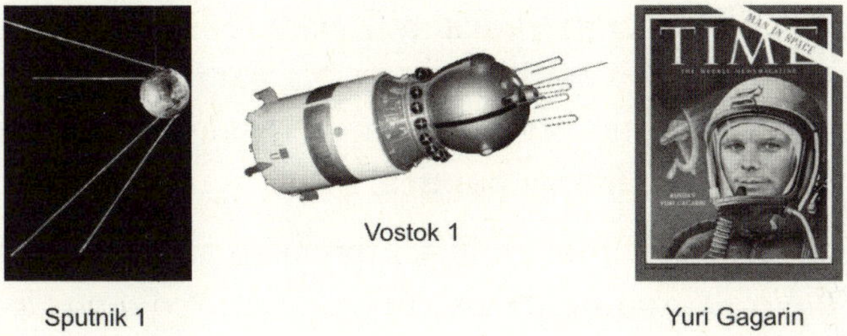

Fig. 76 - Primeiro homem na Lua

Em 1960, em consequência da evolução dos conhecimentos da física quântica e da ondulatória, o estaduniense Theodore Harold Maiman criou o raio laser (feixe de luz coerente, de fase única), utilizando o rubi. Posteriormente, as pesquisas levariam ao desenvolvimento de outros tipos de lasers, oriundos de diferentes substâncias, com diversas aplicações: instrumentos de precisão em geral, cirurgias médicas, leitores de CD, DVD e Blue-ray, corte de metais etc. O laser levaria ainda, nessa mesma década, à descoberta revolucionária da holografia (projeção da imagem em 3D), teorizada por Dennis Gabor, em 1948.

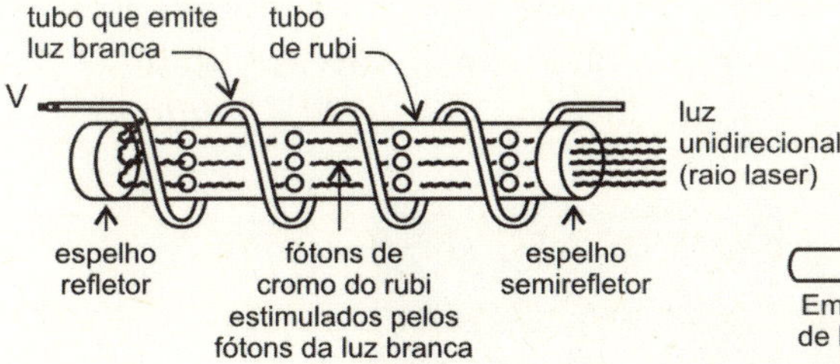

Fig. 77 a - O raio laser

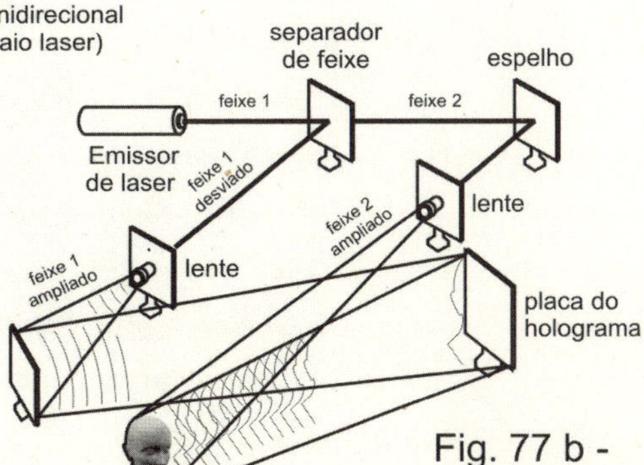

Fig. 77 b - A holografia

Outro acontecimento marcante, em consequência da "guerra fria", aconteceu desta vez em Berlim, capital da Alemanha, no ano de 1961, quando a cidade foi dividida por um muro, separando-a em Berlim Ocidental (democrática) e Berlim Oriental (comunista),.

No ano seguinte, a Igreja Católica, por convocação do papa João XXIII, se reuniu no Concílio Vaticano II, para refletir sobre as ações sociais da igreja e sua relação com o mundo. Na verdade, a contracultura e a aproximação tímida de outros movimentos cristãos preocupavam a igreja, sempre atenta à sua hegemonia política.

Na pauta desse concílio, muitas referências ao papa Pio XI, que disse em 1945, relativo ao conflito da guerra mundial: "*só a paz e a segurança imposta sob justiça podem garantir ao povo um ordenamento público conforme as exigências fundamentais da consciência humana e cristã*". O Concílio Vaticano II, entretanto, manteve a infalibilidade papal, decidida no Concílio Vaticano I (1869/70), indiretamente extensiva às ações da igreja e suas práticas religiosas.

Em 1958, os EUA criaram a sua agência de programas espaciais, a Nasa, um ano após os soviéticos terem lançado o primeiro satélite artificial. Mas somente em 1962 lançaria ao espaço o seu primeiro satélite artificial, o Telstar, para efeito de transmissões televisivas ao vivo.

Outra realização científica de repercussão mundial foi o primeiro transplante de coração humano, realizado pelo dr. Christian Barnard em 1967. Na primeira cirurgia, bem sucedida, o paciente sobreviveu apenas 18 dias, morrendo de infecção pulmonar. Mas, depois disso, abriu-se caminho a outros tipos de cirurgias, sempre com o objetivo de salvar vidas.

Dr. Christian Barnard

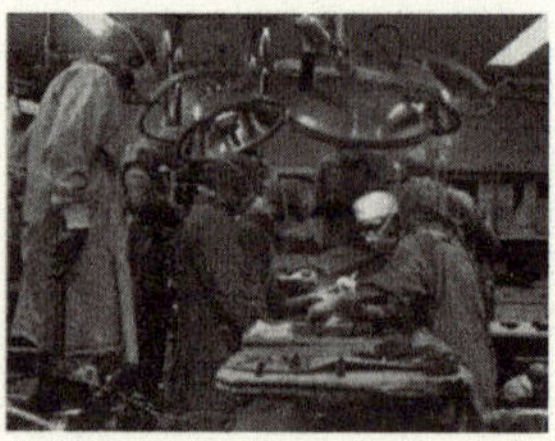

Equipe do dr. Barnard operando

Fig. 78 - Primeiro transplante de coração

Nesse mesmo ano do primeiro transplante de coração, deu-se novo conflito armado de repercussão mundial, agora entre Israel e Egito, que envolveu também os países fronteiriços: Jordânia, Síria, Iraque, Kuwait, Arábia Saudita, Argélia e Sudão, que recebiam apoio logístico da Rússia. O motivo dessa guerra, chamada "dos seis dias", foi que havia um acordo de retirada das tropas israelenses, próximas ao Canal de Suez (local estratégico de navegação para esses países), desde que o Egito se comprometesse em não deixar que guerrilheiros árabes atacassem Israel pelo sul.

O Egito não cumpriu parte desse acordo, além de ter fechado o golfo de Aqaba, o que impediu a navegação dos israelenses pelo Mar Vermelho, fora o risco do lançamento de mísseis contra este. Israel então contra-atacou militarmente, vencendo seus adversários (todos países de origem muçulmana) com o apoio dos americanos. Começava aí o ressentimento dos muçulmanos contra os americanos.

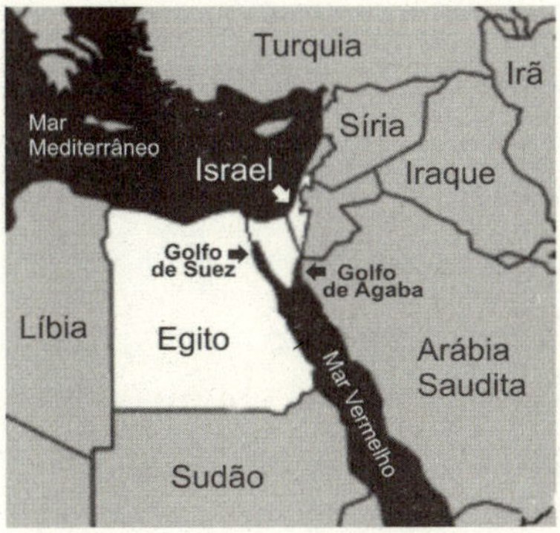

Fig. 79
Mapa da
"Guerra dos seis dias"

Além desse conflito, entre Israel e Egito, sobretudo nas décadas de 1960 e 1970, ocorreu um surto de governos ditatoriais e regimes militares pelo mundo (vide: https://pt.wikipedia.org/wiki/Ditadura_militar). Dizem os historiadores que esse surto deveu-se à polarização de ideais democráticos e comunistas marcados pela "guerra fria" entre americanos e soviéticos.

Dois anos depois do primeiro transplante cardíaco humano, foi a vez de os americanos se igualarem aos soviéticos na corrida espacial, com a nave Apollo 11 pousando em solo lunar, em julho de 1969. A Apollo 11 levou três astronautas a bordo: Neil Armstrong, Edwin Aldrin e Michael Collins, sendo que os dois primeiros pisaram em solo lunar. Tão extraordinário foi esse acontecimento que algumas pessoas, na época, duvidaram de sua veracidade, mesmo o evento tendo sido transmitido ao vivo pela TV, via satélite (imagens em preto e branco).

Fig. 80 Mapa da "guerra dos seis dias"

Nesse mesmo ano da ida à Lua pelos americanos, os EUA lançariam também o primeiro serviço de comunicação em rede por computadores, a *Arpanet*, mas apenas para uso militar e em universidades. Dois anos depois, o sistema seria aperfeiçoado com a invenção do chip (microprocessador) pela Intel, um conjunto de circuitos integrados – CI´s –, contendo milhares de transistores miniaturizados em trilhas.

Depois da ida à Lua pelos americanos, não restava mais dúvida quanto à esfericidade da Terra, um dos mais antigos enigmas da humanidade. A primeira foto colorida do planeta-azul só aconteceria, no entanto, com a missão Appolo 17, em 1972. Desde então, começou-se a pensar também qual seria o papel da Terra diante do nosso sistema solar.

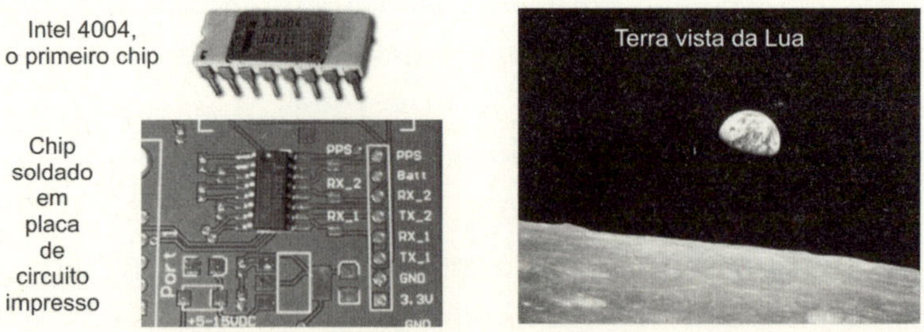

Fig. 81 - Primeiro chip e a primeira foto da Terra

A TV e seus efeitos na vida das pessoas. A criação do computador pessoal, inseminação "in vitro" e questões éticas

A programação comercial da TV, no Brasil, começou na década de 1950, estabelecendo-se na década seguinte e firmando-se a partir da década de 1970. O maior fenômeno de audiência da década de 1970 foi a entrevista do respeitável médium Chico Xavier concedida a uma equipe seleta de jornalistas no programa *Pinga Fogo* (TV Tupi), em julho de 1971.

O médium, então radicado na cidade de Uberaba (MG), falou sobre temas considerados polêmicos para a época (reencarnação, aborto, homossexualidade, reprodução *in vitro*, era espacial, comunicação com extraterrestres etc), numa sociedade marcada por muitos preconceitos. As respostas foram todas sensatas e em apoio às ciências, surpreendendo os entrevistadores e o público.

A presença de Chico Xavier na TV causou muita ansiedade no público, que não mediu esforços para mantê-la ligada até as três horas da manhã. O programa atingiu picos de audiência jamais alcançados na TV e a Rede Tupi se viu obrigada a realizar nova entrevista com o médium, que foi ao ar em dezembro do mesmo ano, repetindo-se o sucesso da anterior. A integra dessas entrevistas pode ser acessada em: www.youtube.com.

Independentemente da religião praticada, desde então, a realidade do Espírito passou a ser encarada sem medo e com naturalidade pela população brasileira, abrindo janelas para um novo entendimento da vida. Tanto assim que, quatro anos depois, a TV Tupi lançaria a primeira novela baseada em obras mediúnicas de Chico Xavier, *A Viagem*, de Ivani Ribeiro. O sucesso desta empreitada levaria ao seu *remake* em 1994, pela TV Globo.

Chico no *Pinga Fogo*, TV Tupi, 1971

Novela *A Viagem*, 1975

DVD *A Viagem*, 1994

Fig. 82 - Chico Xavier na TV e a 1ª novela mediúnica

Os telejornais marcaram o início das transmissões televisivas, seguidos da teledramaturgia, dos seriados e dos filmes. As transmissões via satélite (via Embratel) no Brasil aconteceram a partir de 1972, ano em que se popularizou a transmissão em cores, no sistema Pal-M. Desde 1962, as transmissões eram no sistema americano NTSC, que não deu certo devido ao alto custo dos receptores. Nos EUA, a televisão colorida começou comercialmente em 1954.

Depois do rádio, a TV se tornaria o maior fenômeno de comunicação de massa no mundo todo, mudando completamente o hábito de vida das pessoas. As relações interpessoais assim como o contato com a natureza, antes consideradas comuns, ficariam prejudicadas e, muitas vezes, esquecidas, em razão de os usuários passarem horas e horas em frente à telinha da TV, assistindo a programas ao vivo, noticiários, seriados e propagandas por ela veiculados.

Em 1976, Steve Jobs e Steve Wozniak criaram o Apple I, primeiro computador pessoal, que podia ser acessado por meio de uma tela de TV, fundando a Apple Computers Inc, em sociedade com Ronald Wayne, que cuidava de sua parte administrativa. Antes, como vimos, a partir da década de 1960, os computadores eletrônicos eram máquinas gigantescas, que ocupavam salas inteiras, os *mainframes*.

Apple I

Steve Jobs e Steve Wozniak

Fig. 83 - O primeiro computador pessoal

Em 1978, foi realizada a primeira inseminação humana *in vitro*, na Inglaterra. A inseminação artificial em animais era perseguida há séculos e, nos seres humanos, algumas experiências foram realizadas, especialmente durante a Segunda Guerra Mundial. No programa *Pinga Fogo*, em 1971, o médium Chico Xavier apontou essa experiência como uma evolução natural da ciência, mas muitos religiosos fariam críticas severas a ela utilizando o argumento clássico de que "apenas Deus tem o direito de criar os seres vivos".

Desenvolvimento do computador pessoal, o PC, o fim da "guerra fria", o despertar do conhecimento do "Eu" e o avanço de novos movimentos cristãos

Um ano após o lançamento do Apple I, 1977, a Apple Computers Inc. lançou o Apple II, com monitor e unidade de disco (o *floppy disk*), despertando o interesse das pequenas, médias empresas e também uma parcela de usuários de maior poder aquisitivo. A IBM, no entanto, foi a primeira a comercializar esse tipo de computador em larga escala, em 1981: o chamado PC, com monitor, CPU e sistema operacional MS-DOS (da Microsoft). Três anos depois, a Apple lançaria o Macintosh, primeiro computador com interface gráfica amigável, utilizando ícones, janelas e mouse. No ano seguinte, a Microsoft faria o mesmo com o seu Windows 1.0.

Lançamento do Apple II, 1977

Primeiro PC da IBM, o 5150, 1981

Primeiro Macintosh, 1984

Fig. 84 - Primeiros computadores pessoais industrializados

Apesar de úteis e revolucionários, os primeiros PCs eram um tanto lentos. Gradativamente, no entanto, foram se tornando populares e essenciais à vida empresarial e ao consumidor comum. Era o início da era informática.

Mais adiante, a lógica binária (0 e 1), utilizada nos sistemas de computação, daria origem à era digital, aplicada aos eletrônicos em geral como o telefone, a TV etc. Essa tecnologia, no entanto, só entraria em operação comercial a partir do ano 2000 – no Brasil, a partir de 2006.

O computador ainda deu vida à ideia ficcional da robótica, criada por Issac Asimov no livro *Eu, Robô*, de 1950, no sentido de conduzir operações mecânicas com precisão, sem desgaste físico do homem. Acompanhada do computador, a robótica se tornaria uma realidade nas linhas de montagem das grandes indústrias, nos hospitais, em cirurgias delicadas e numa infinidade de outras operações.

Linha de montagem robotizada
Ford Fiesta, Colônia, Alemanha

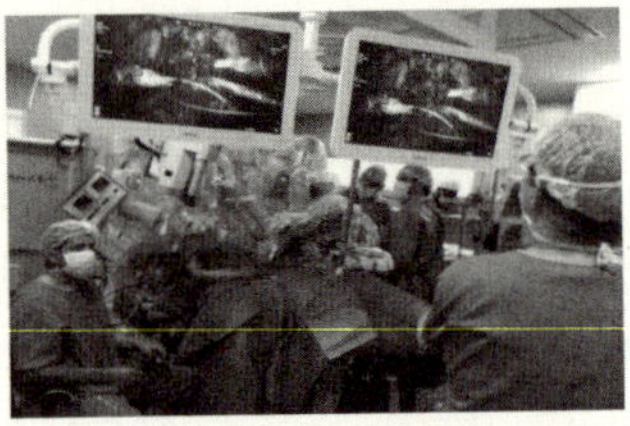

Cirurgia robotizada
Hospital Sta. Joana, Recife, Brasil

Fig. 85 - Robótica

Como a TV, o computador causou mudança radical nos hábitos de vida das pessoas. Na prática, o consumidor apenas trocaria a telinha da TV pelo monitor do computador. E o PC, que oferecia em troca? Jogos virtuais, programas utilitários diversos – fichários, agenda, calculadora etc – e programas profissionais, nas mais variadas áreas do conhecimento – ciências exatas, humanas e biológicas, música, fotografia, cinema, desenho, artes em geral etc.

Os usuários do computador, assim como os da TV, atravessavam horas acessando programas, jogos e utilitários, sem relacionar-se diretamente com as pessoas e com a natureza. A diferença é que, com o computador, quem decide o que ver e fazer é o próprio usuário, e não mais o aparelho, no caso da TV, que tem programação própria e horários definidos pelas emissoras.

Nos anos de 1980, países socialistas da União Soviética (Rússia, Estônia, Lituânia, Ucrânia, Geórgia, Armênia, Cazaquistão, Uzbequistão etc) entraram em uma grave crise econômica e de desabastecimento, de tal forma que a única saída foi realizar uma abertura econômica ao capital estrangeiro, a *perestroika*, com reformas políticas e priorizando a liberdade, a *glasnost*. Reformas essas que foram implantadas por Mikhail Gorbachev, em 1989. A queda do muro de Berlim, também ocorrida em fins de 1989, foi televisionada ao vivo para o mundo inteiro e considerada um marco simbólico do fim da "guerra fria" entre EUA e União Soviética.

Fig. 86 - Queda do muro de Berlim, 1989

Paralelamente a essas ocorrências, a década de 1980, e também a seguinte, seriam marcadas pelo despertar do conhecimento do "Eu", com interesse na psicologia, no espiritismo e em artigos de autoajuda. Houve também uma expansão dos movimentos cristãos, especialmente de evangélicos, e muitos interessados em conhecimentos esotéricos e orientais como a ioga.

Livros de autoconhecimento, psicologia e espiritismo

Fig. 87 - O conhecimento do "Eu"

Além disso, em razão de seu trabalho social na periferia de Calcutá, em 1979, Madre Tereza de Calcultá foi laureada com o Nobel da Paz, renovando a imagem arranhada do catolicismo.

Dois anos depois, foi a vez de Chico Xavier ser indicado a essa láurea, por sua extensa ficha de atendimento social aos menos favorecidos, e apoiado por cerca de dois milhões de assinaturas. O médium acumulava também já quase duas centenas de livros publicados até aquele momento, alguns em idiomas estrangeiros, todos com direitos autorais revertidos para obras sociais. O Nobel de 1981, no entanto, foi para o Alto Comissariado da ONU para Refugiados. Em 1989, o Dalai Lama, exilado na Índia, recebeu a mesma láurea pelos esforços de não-violência em defesa do Tibete e pela sua doutrina de tolerância, diálogo e convivência pacífica entre os povos.

A era da internet, das redes sociais e dos smartphones

Em 1987, o governo americano liberou a *Arpanet*, primeiro sistema de comunicação em rede por computador, para usuários comuns, com o nome de *internet*. Originalmente, o sistema tinha sido desenvolvido para uso do exército, universidades e instituições governamentais.

Somente após o desenvolvimento da linguagem de marcação de hipertexto, o HTML, por Tim Berners-Lee, em 1990, e com a criação dos primeiros navegadores – Netscape (1994) e Internet Explorer (1995) – e a melhoria de velocidade dos PCs, entretanto, a internet passaria realmente a ser de utilidade pública.

A partir do ano 2000, a internet se popularizaria, chegando a milhões de navegadores em todo o mundo. O fenômeno se colocava como "a mais nova revolução da comunicação de massa do planeta".

O lado positivo da internet é o mecanismo de aproximar pessoas, independentemente de fronteiras. Isso deixaria o mundo mais globalizado, universalizando as relações. Mas o lado negativo dela é que afastaria ainda mais as pessoas dos contatos pessoais e das relações com a natureza, assim como a TV e o computador fizeram antes, favorecendo o risco do cibervício.

A primeira rede social, utilizando a internet por computador, surgiu timidamente nos EUA e Canadá em 1995, o ClassMates. Mas foi a partir de 2002, com o Linkedin (rede profissional), o Orkut e o Facebook (rede de relacionamentos), em 2004, que as redes sociais se popularizaram e se diversificaram, reunindo milhares e milhões de seguidores no mundo todo por perfil, diferenciado-se por gostos, interesses e tendências. E, dessa maneira, explodiu também o número de sites, portais, comunidades e blogs fazendo dos encontros virtuais uma rotina. Além disso, as redes sociais facilitariam enormemente a marcação de eventos presenciais de qualquer natureza, aparecendo a figura do influenciador digital.

Depois de Steve Jobs e a Apple terem lançado o primeiro *smartphone* (celular inteligente), com multitoques de tela, internet, redes sociais e uma variedade de aplicativos, a partir de 2007, este aparelho passou a ser o mais utilizado na comunicação de massa.

Apesar de o celular existir desde a década de 1990, o *smartphone*, além de ser mais inteligente e sofisticado, possui ferramentas que fazem dele quase uma extensão do corpo. Na verdade, ele é um minicomputador de mão, com inúmeras funções, de uso pessoal e comercial. Se a TV e o computador roubaram a atenção das pessoas, quando foram lançados, o *smartphone* foi muito além deles.

Fig. 88 - A evolução do celular

Desbravamento do espaço sideral, próximo e distante, e contatos com extraterrestres

Depois da descoberta das galáxias e dos conglomerados de galáxias além da Via Láctea, na década de 1920, nada mais óbvio do que admitir que não somos os únicos seres inteligentes do Universo. Mas faltavam mais evidências para isso como, por exemplo, a existência de planetas fora do nosso sistema solar, além, óbvio, do próprio contato oficial com um extraterrestre.

Pois bem, no caso de planetas fora do nosso sistema solar, o estudante de astronomia Didier Queloz fez a primeira descoberta nesse sentido, em 1995, observando a estrela 51 Pegasi. Depois dele, milhares de planetas foram descobertos em sistemas diferentes do nosso, obrigando-nos a repensar nossa pseudo supremacia intelectual no Universo.

Em 1982, o astrônomo e pesquisador Carl Sagan publicou na revista *Science* uma petição em defesa do projeto SETI (Search for Extraterrestrial Intelligence), assinada por sete ganhadores do prêmio Nobel. Em 1977, ele havia gravado um disco de ouro com imagens e áudios da Terra e seus habitantes. Esse disco foi levado ao espaço a bordo da nave Voyager 1 no mesmo ano. O objetivo é que um dia ele seja descoberto por habitantes de outros mundos.

Disse o médium Chico Xavier, ainda no programa *Pinga Fogo* (1971), que, "*se, nos próximos 50 anos, o homem não entrar numa guerra de extermínio*", presumidamente de natureza nuclear, a possibilidade de contatar inteligências extraterrestres, num futuro incerto, é plenamente viável.

No mesmo ano da Voyager 1, foi lançado também o primeiro filme da série *Star Wars*, do cineasta George Lucas, trazendo-nos pelo menos a ideia de uma convivência normal com inteligências extraterrestres. No ano seguinte, Steven Spielberg lançou *Contatos Imediatos de Terceiro Grau.*

Apesar do lado ficcional e de entretenimento desses filmes, a possibilidade de um contato dessa natureza vir a acontecer pode não ser mera fantasia, como não foi a antevisão do escritor Júlio Verne a respeito da ida do homem à Lua, na segunda metade do século 19. No momento, vivemos uma transição do "homem velho", com resquícios de ancestralidade animal, para o "homem novo", dotado de uma mentalidade aberta e universal, que respeita e protege a todos os seres e formas de vida, não importando sua origem, natureza e forma.

No momento atual, início do século 21, as grandes potências se lançam ao desbravamento do espaço sideral, com naves não pilotadas e potentes telescópios a bordo, em busca de informações sobre a vida universal.

Fig. 89 - O espaço sideral ilimitado

O mundo das subpartículas atômicas

O início da física atômica moderna deu-se no começo da década de 1920. Utilizando o mesmo princípio do acelerador de partículas, Rutherford comprovou a existência dos elétrons, dos prótons e dos nêutrons, lançando partículas alfa de fonte radioativa contra átomos de ouro. O tubo de TV também é um acelerador de partículas.

Mas foi a partir de 1976, com a construção dos aceleradores de partículas como o SPS (para colisão de prótons e antiprótons), o LEP (para colisão de elétrons e antielétrons, os pósitrons), em 1989, e, mais recentemente, o LHC (acelerador de hádrons ou partículas de interação forte – prótons e nêutrons), de 2008, que uma infinidade de subpartículas atômicas foram descobertas como os bósons, os quarks, os neutrinos etc.

Hoje, essas subpartículas são às dezenas e proporcionam melhor compreensão da vida atômica e, consequentemente, da própria vida universal, podendo, inclusive, vir a explicar a existência de mundos paralelos.

O conhecimento do mundo atômico permitiu e permite o desenvolvimento de tecnologias eletrônicas sofisticadas, para os mais variados fins, e a utilização da energia atômica como importante fonte de energia.

Prótons e nêutrons, por exemplo, são formados pelos quarks; os bósons são partículas associadas à força, originários da coalização entre prótons e antiprótons. Acredita-se que o chamado bóson de Higgs seja o responsável por aglutinar a massa das partículas. Os neutrinos são partículas destituídas de carga elétrica e massa quase zero, que aparecem e desaparecem quase que instantaneamente durante decaimentos radiotivos, quando prótons se transformam em nêutron, e vice-versa.

Vista aérea da localização do LHC, na fronteira entre França e Suiça

Vista do interior do túnel do LHC

Fig. 90 - O LHC - Grande acelerador de hádrons

Transformação, desenvolvimento social e empresarial e novas tecnologias com vistas ao futuro

As mudanças e os avanços que a TV, o computador, os *smartphones*, a internet e as redes sociais trouxeram à vida humana não têm precedentes. Eles foram e continuarão sendo os verdadeiros aceleradores do progresso e da rápida transformação que acontece na sociedade. Graças a eles a mente das pessoas é hoje cada vez mais aberta, ágil e participativa.

Na área empresarial, essas ferramentas de comunicação facilitaram as relações de mercado, ampliando também, por conseguinte, a possibilidade de negócios das empresas. Paralelamente a isso, o empregador passou a valorizar o empregado não mais como um mero empregado, mas como um colaborador, inclusive com direito a participação nos lucros da empresa. Isso tudo aconteceu a partir da década de 1990, quando se deu a valorização do QE (quociente emocional) mais o surgimento de gestores verdadeiramente comprometidos com a promoção da pessoa e responsabilidades sociais. Também, a classe empresarial, desde então e aos poucos, se distanciou do chamado capitalismo selvagem, mentor da concorrência desleal e do individualismo nos negócios, praticando cada vez mais o capitalismo consciente, que visa benefícios à sociedade como um todo e indistintamente.

O resultado disso tudo foi e continuará sendo o avanço intelectual e moral do homem, constante, em todos os ramos e atividades do saber, sempre dispondo de mais recursos e acesso a produtos com tecnologias inovadoras, facilitando a vida de todos. Ressalte-se ainda que esses avanços pedem constantes mudanças curriculares e cursos de aperfeiçoamento, abrindo espaço ao aparecimento de novas profissões como foi o caso do web designer e do tecnólogo da informação (TI), que surgiram devido aos avanços da informática e o advento da internet e das rede sociais.

Exemplo de novas tecnologias com vistas ao futuro são as pesquisas em genética e nanotecnologia (nanopartículas e nanomotores), possibilitando devassar o universo celular humano, visando todo tipo de cura; a utilização do pensamento humano no controle de aparelhos eletrônicos e virtuais; a tecnologia da holografia, aplicada à fotografia e à cinematografia. Entre outras coisas, esperam-se também grandes avanços na engenharia espacial do futuro, principalmente no que diz respeito à propulsão e ao deslocamento e pouso das aeronaves, utilizando recursos magnéticos e gravitacionais etc.

Assim, como ninguém poderia imaginar no passado que chegaríamos à realidade atual, é possível se acreditar nas muitas possibilidades que se abrem ao futuro.

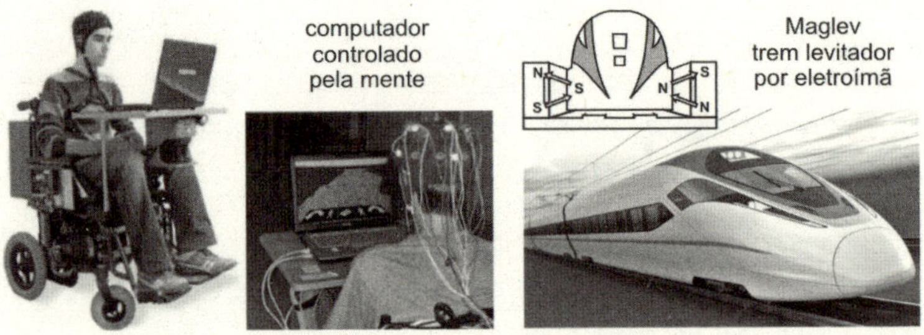

Fig. 91 - Tecnologias com vistas ao futuro

Terrorismo, o inconformismo dos radicais e governos ditatoriais

Em 2001, um atentado terrorista, mostrado ao vivo na TV, destruiu o maior edifício de Nova York (EUA), o Word Trade Center. Esse atentado foi arquitetado pelo grupo terrorista Al Qaeda, sob o comando de Bin Laden. Suspeitas de ligação entre Bin Laden e o ditador iraquiano Sadam Hussein, levaram os EUA a capturar e destituir este último – depois julgado e morto pelos próprios iraquianos, em 2006 –, além da caça ao próprio Bin Laden, morto em 2011.

Fig. 92
Ataque ao
Word Trade Center

Mas antes do atentado ao Word Trade Center, desde 1999, os russos já sofriam ataques terroristas, movidos pelos jihadistas, sob o comando do jordaniano Abu Musab al-Zarqawi, morto em 2006.

O terrorismo levou o mundo a um clima de insegurança com "atentados surpresas". Questionava-se se a fé muçulmana, defendida pelos terroristas, seria o motor desses atentados. A verdade, porém, é que o problema do extremismo e do radicalismo tem razões psiquiátricas, atreladas também ao inconformismo das intervenções militares estrangeiras nos países de origem muçulmana – americanos, russos e potências europeias, cada qual defendendo seus interesses, todos relacionados com a produção e distribuição do petróleo no mundo. É o que dizem os analistas políticos a esse respeito. A fé religiosa seria apenas um mecanismo de defesa dos terroristas na proteção de seus territórios contra o imperialismo estrangeiro.

Com a morte de Bin Laden e o enfraquecimento da Al Qaeda, em 2015 surgiu o grupo terrorista Estado Islâmico (EI), provocando atentados ainda mais sangrentos, muitos deles suicidas, especialmente em países europeus. Utilizando-se da internet e redes sociais o EI conquistou adeptos estrangeiros radicais para unirem-se a seus ideais, armando-os e treinando-os.

Contra os avanços do EI e visando o seu fim, forças de coalizão, lideradas pelos americanos, no governo Barack Obama, atacaram bases do EI no norte da Síria e do Iraque. Os russos também fizeram o mesmo em relação ao EI, no governo de Vladimir Putin, porém, em apoio ao ditador sírio, Bashar al-Assad, com denúncias de mortandade a opositores desse governo. Paralelamente a isso, uma política internacional se estabeleceu para a educação e a prevenção de ataques terroristas.

Além do EI, outros grupos radicais islâmicos mantiveram atuação paralela, especialmente o grupo Boko Haram, de origem nigeriana, que promoveu terror e apreensão no país e em países vizinhos. Essa "guerra religiosa", provocada por radicais islâmicos, além da mortandade em massa, forçou o êxodo de populações inocentes, em busca de paz para viver.

Esse êxodo, entretanto, levou problemas à comunidade europeia, que se viu na obrigação de receber esses estrangeiros, especialmente refugiados sírios e nigerianos, por ação humanitária. O sul da Itália foi a porta de entrada desses refugiados na Europa.

Mesmo na eventualidade de novos atentados-surpresas e eventuais guerras, o objetivo da população mundial é acabar de vez com isso, para o próprio bem e preservação da humanidade. Na verdade, o terrorismo no início do século 21 é apenas mais um ponto de retrocesso na evolução das espécies.

O mesmo pode se dizer de governos ditatoriais espalhados pelo mundo, especialmente na América do Sul, África e Ásia, ainda com ameaças de conflito nuclear. As medidas da comunidade internacional contra tais desmandos têm sido a não comercialização de armas, embargos financeiros e outras ações, em benefícios dos países afetados. A paz mundial e a felicidade das nações, entretanto, são um sonho futuro que aguarda o amadurecimento do homem nas questões morais e com decisões compatíveis em todos os setores da vida, o que pode ir muito além da era em que estamos, a chamada era cristã ou de Peixes.

Escândalos na igreja católica e o papa Francisco

Em meio a escândalos de pedofilia, envolvendo autoridades da igreja católica, em diversos países, e com problemas de saúde, o papa Bento XVI renunciou, em 2013, em favor do papa Francisco (o cardeal argentino Jorge Mario Bergoglio). Pela primeira vez na história da igreja católica foi eleito um papa jesuíta, não europeu e ligado à Companhia de Jesus.

As atitudes reformistas e ações sociais deste papa, agindo em defesa dos excluídos, dos menos favorecidos e dos perseguidos, propiciaram importantes reflexões no seio da igreja. Se essa instituição, que viveu séculos de poder político e econômico junto a governos totalitários, permanecer com essa consciência, afastando-se do luxo e do dogmatismo, é possível que num futuro qualquer a Igreja Católica retome alguma coisa da pureza original dos Evangelhos.

As religiões e o futuro da humanidade

A religião tem papel importante na formação moral do homem, seja ela qual for: cristã, islamita, budista, hinduísta etc. A diferença entre as religiões está mais na origem das crenças e dos costumes, ambas de origem humana. Quanto ao seu objetivo, que é se melhorar, melhorar as relações interpessoais e fazer o bem, as diferenças são bem poucas.

O problema maior é quando representantes de religiões no mundo se desvirtuam ou se mascaram de uma falsa religiosidade, induzindo no mesmo caminho ou conduta a massa de crentes. Quando isso acontece, é natural que esses representantes comprometam a religião que professa, fazendo com que ela perca força ou fique desacreditada. Também, em tempos futuros, qualquer que seja a religião, ela não poderá contrariar as evidências da ciência nem das leis naturais (incluindo as realidades espirituais), sob pena de acontecer com ela o mesmo: perder força e ficar desacreditada.

O momento em que vivemos e o futuro

Diferentemente de tudo que se conheceu no passado, dificuldades, lentidão e a ignorância de conhecimentos, o mundo atual é ultradinâmico, cada vez mais esclarecido e cheio de tecnologias inovadoras, que vieram para tornar a vida mais fácil e acessível.

A respeito disso, não temos muito com que nos preocupar em relação ao futuro. É só seguir o curso do desenvolvimento e fazer valer as nossas escolhas. Mas no que concerne às questões de ordem moral, entretanto, o homem tem muito ainda que aprender e melhorar: os desníveis sociais e econômicos, a educação e a saúde, o meio ambiente, os direitos humanos, a extinção das guerras etc. Com certeza, isso tudo levará ainda um bom tempo para se efetivar, mas é bom que comecemos a pensar nisso agora como uma meta a ser atingida.

As transformações rápidas e extraordinárias que vivemos hoje em dia, na vida material, na organização social e no conhecimento da vida planetária, estão plenamente de acordo com que foi explanado nos capítulos "Ritmo da evolução humana" e "Buscando a comprovação do ritmo da evolução humana na história". Vivemos, dessa forma, um momento de progresso intelectual rumo ao humanismo, para mais tarde atingirmos um nível adequado da moral relativa à era atual, também conhecida como era cristã.

Acreditamos que, finda esta era, a era seguinte deverá voltar-se ao conhecimento do Espírito. Muitos denominam a nova era que virá de era de Aquário, mas nós a chamaremos aqui simplesmente era do Espírito. Por quê? Porque da mesma forma que a evolução das espécies é hoje aceita pela ciência, tendo já sido motivo de celeumas no passado, não temos dúvida de que o mesmo ocorrerá com respeito à evolução do Espírito, depois de resolvidas as dúvidas referentes à sobrevivência do Espírito e à reencarnação.

As questões ambientais e o humanismo

Em 1988, o Programa das Nações Unidas Para o Meio Ambiente criou o IPCC (Painel Intergovernamental sobre Mudanças Climáticas), com o objetivo de divulgar pesquisas sobre mudanças climáticas que ocorrem no mundo todo, as consequências disso, em termos globais, e medidas a serem tomadas para a preservação do meio ambiente.

O alerta principal do IPCC é o "efeito estufa", causado pela emissão de gases tóxicos na atmosfera, que tem elevado gradualmente a temperatura e levado o planeta ao aquecimento global. As consequências dessa elevação de temperatura são hoje bastante evidentes como as mudanças climáticas generalizadas e o desprendimento das massas polares, que provocam a elevação do nível do mar – de 1901 a 2010 somaram-se 19 centímetros de elevação.

Segundo datações científicas, esse aquecimento começou em 1900, ou seja, junto com a industrialização e o uso indiscriminado de energias poluentes. Desde então, não mais cessou e, nos últimos tempos, esse processo só tem se acelerado.

O problema é que, indiferentemente ao desconhecimento e desprezo de algumas pessoas a esses alertas, as mudanças climáticas têm afetado a produção agrícola e mexido com a economia global, com resultados nada agradáveis para o futuro da vida no planeta. Muitos não dão atenção a isso, acreditando que é tudo balela, mas já é uma realidade, e pode ainda piorar, caso não haja conscientização das populações e se tomem medidas efetivas em defesa do meio ambiente.

Em outras palavras, as questões ambientais tem a ver com a preservação da vida no planeta, que tem a ver com as nossas vidas. E tudo isso nos remete ao humanismo, que já deveria pulsar no homem civilizado.

Poluição por $C0^2$ | Queimada criminosa | Geleira McCarty, Alaska

Fig. 93 - Causas e consequências do aquecimento global

CIÊNCIAS DE APOIO À SAÚDE MENTAL E O EQUILÍBRIO DAS EMOÇÕES

Por diversas razões, não há como falar em transformação moral, mudança de hábitos etc. sem ter alguns conhecimentos, ao menos genérico, de psicologia e psiquiatria.

Algumas pessoas se sentem receosas de expor seus problemas ou dificuldades pessoais aos profissionais dessas áreas por puro preconceito, o que reforça a tese de conhecê-las melhor. Além disso, os psicólogos, psiquiatras e psicanalistas são os especialistas que diagnosticam, previnem e tratam dos distúrbios relacionados à saúde mental do indivíduo, com origem em conflitos pessoais, conjugais ou familiares.

Psicologia

Antes de se tornar uma ciência, a psicologia estava relacionada aos estudos da alma – ou psique humana –, sendo a mesma apenas uma matéria da filosofia. Willian James foi o primeiro a dar-lhe base científica em *Princípios de Psicologia* (1890), seguido de outros. Depois, surgiram diversas escolas, dando-lhe a estruturara que se conhece hoje:

O estruturalismo – No final do século 19, Wilhlem Wuldt (1832-1920) montou o primeiro laboratório de psicologia experimental, para analisar sensações, emoções e sentimentos humanos como reação aos estímulos sócio-ambientais.

O comportamentalismo – John Watson (1878-1958) interessou-se pelo estudo do comportamento humano e animal, passíveis de observação. Ex.: o estímulo-resposta, reflexo condicionado ou aprendizagem de resposta, inspirados nas experiências do fisiologista russo Ivan P. Pavlov (1849-1936); o condicionamento experimental ou operante (de tentativa e erro), testado por B. F. Skinner (1904-1990).

A gestalt – Max Wertheimer (1880-1943), Wolfgang Köhler (1887-1967) e Kurt Koffka (1886-1941) identificaram que as reações humanas refletem padrões organizados e não apenas respostas isoladas para estímulos de qualquer natureza. Um conjunto de fatores, portanto, é o que leva à compreensão de determinado dilema, e não apenas análises isoladas deste.

A psicologia humanística – Na década de 1960, Maslow e Carl Rogers apresentaram uma visão mais humanística da psicologia, voltada para a compreensão e reconstrução do ser (*self*). Disse Carl Rogers, em *Tornar-se Pessoa*: "*o indivíduo tem dentro de si a capacidade, ao menos latente, de compreender os fatores de sua vida que lhe causam infelicidade e dor, e de reorganizar-se de forma a superar tais problemas*". Acrescentou ainda que, para viver bem, é necessário ser autêntico, ter aceitação, utilizar da empatia e saber relacionar-se com os outros, superando os próprios problemas.

A psicologia transpessoal – O médico psiquiatra Stanislav Grof passou 20 anos estudando os efeitos de medicamentos considerados alucinógenos, "*com a ideia* de *provar que a psicose e a esquizofrenia não eram doenças mentais, mas uma alteração química*" no cérebro; e, mais de 20 anos estudando um tipo de respiração que ele chamou de holotrópica, que aumenta a oxigenação no cérebro, com o intuito de compreender os chamados estados alterados de consciência (*IstoÉ*, 12/6/96). Depois, concluiu que todo ser humano possui uma consciência mística e universal, que pode também contribuir para a cura ou alívio dos distúrbios psicológicos e mentais.

A psicologia espírita – Em 1994, um grupo de psicólogos espíritas fundou a Associação Brasileira de Psicólogos Espíritas, a Abrape, associando estudos psicológicos convencionais com as teorias espíritas. A reencarnação naturalmente é um conhecimento elementar desta escola, quando não há explicações causais para situações na vida presente.

Além dos conceitos tradicionais fruedianos, como *neuroses* e *psicoses*, e de outras escolas psicológicas, a psicologia espírita utiliza conceitos humanísticos e religiosos, sem nenhum sectarismo, com o objetivo de equilibrar mental e espiritualmente o indivíduo, além de buscar sua promoção social. Conceitos básicos: "Todas as pessoas são iguais; Todo ser humano é um espírito em evolução; Todos têm direito ao equilíbrio físico e espiritual; A dimensão espiritual estimula a fraternidade e a solidariedade, eliminando a competição entre os homens".

Atualmente, essas e outras escolas tradicionais (lacaniana, reichiniana...) dividem a responsabilidade de atender e dar apoio psicoterapêutico ao paciente.

Psicanálise

Com a frustração da perda de um colega médico, por overdose do analgésico e antidepressivo muito utilizado na época, a cocaína, Sigmund Freud (1856-1939) decidiu abandonar o uso deste e de outros medicamentos, dispensando também a hipnose. Desde então, dedicou-se exclusivamente à cura pela conversação.

Acreditava que os distúrbios emocionais e psíquicos (neuroses e psicoses) deviam-se a traumas enclausurados no inconsciente. Uma vez liberado o paciente desses traumas, por meio de um processo chamado catarse (pôr para fora as perturbações interiores do inconsciente), a cura se daria.

Este método obteve sucesso na época, e Freud seguiu aperfeiçoando suas teorias até o final da vida, depois continuadas por outros. Muitas delas se universalizaram e são até hoje utilizadas na psicologia e na psiquiatria, como as *neuroses* e as *psicoses*.

As *neuroses* normalmente se originam de *mecanismos de defesa* que se transformam em doenças. Os mecanismos de defesa mais conhecidos são:

- a repressão: quando conflitos ou frustrações muito dolorosos ficam reprimidos no inconsciente, para não serem lembrados.

- a formação reativa: quando se ostenta uma coisa para esconder sentimentos opostos e indesejados.

- a projeção: quando se atribui ideias e comportamentos aos outros, que, na verdade, são próprios de si.

- a regressão: quando o indivíduo retorna a um comportamento imaturo pelo qual já passou.

- a fixação: quando um congelamento ou regressão das ideias e do comportamento impedem o sujeito de seguir adiante ou se melhorar.

- a sublimação: quando um impulso considerado inaceitável (tipo agressividade) é transformado em um comportamento socialmente aceito (tipo prática esportiva ou artística).

- a identificação: quando o indivíduo se identifica ou se satisfaz com as ideias e ações do outro.

- o deslocamento: quando impulsos indesejáveis ou agressivos, não podendo ser direcionados à pessoa que se desejaria, são direcionados a terceiros.

O TOC (transtorno obsessivo compulsivo) é um tipo de neurose que pode evoluir para a psicose, caso não seja tratado em tempo.

As psicoses são doenças mentais que fazem a pessoa perder contato com a realidade. Manifestações típicas: a esquizofrenia, o transtorno bipolar, a psicose induzida por drogas etc.

Psicologia Analítica

O médico e psicólogo Carl G. Jung (1875-1961) concordou apenas em parte com as teorias de Frued, a respeito do inconsciente, os traumas infantis e a sexualidade. Para Jung, o social influencia no psiquismo humano, cujos arquétipos (conjunto de imagens, crenças e valores adquiridos) ele chamou de *inconsciente coletivo*. Acreditava ainda na possibilidade do indivíduo superar os próprios traumas pela valorização do eu (*self*), sem ser tão somente uma vítima deles.

Resumiu os tipos psicológicos em *extrovertido* (que têm suas atenções voltadas mais para o mundo exterior) e *introvertido* (que têm suas atenções voltadas mais para o mundo interior).

A variação entre esses dois tipos psicológicos é que formam a personalidade do indivíduo, uma mescla de funções psíquicas e psicológicas, divididas em sensações, pensamentos, sentimentos, intuição etc. O equilíbrio entre extroversão e introversão proporcionaria um melhor julgamento e percepção das coisas.

Com a dinâmica da vida, cada criatura desenvolve uma personalidade considerada *dominante*, pela qual se torna conhecida. Todavia, existem outros tipos de personalidades, *secundárias* e *terciárias*, que requerem mais estudos.

Psiquiatria

É na verdade uma especialidade médica. Tanto utiliza exames clínicos, neurológicos e laboratoriais, prescrevendo medicamentos, como teorias psicológicas e psicanalíticas para avaliar e tratar de doenças mentais (neuroses e psicoses). Trata ainda de distúrbios do caráter (quando a pessoa age de uma forma considerada errada pela sociedade), de psicopatias (doenças em que se perde o senso do certo e do errado, do proibido e do permitido, podendo matar e roubar, sem qualquer constrangimento) e distúrbios psicofisiológicos (quando alterações do comportamento, emocionais e psíquicos provocam enfermidades físicas e disfunções hormonais).

O médico psiquiatra primeiramente faz uma entrevista com o paciente, para avaliar o seu estado mental. Depois, em posse de exames clínicos e laboratoriais, define o diagnóstico e indica o tratamento que julgue mais adequado – normalmente psicoterapias com uso de medicamentos ou internação.

Outros conhecimentos, associados às ciências psicológicas, de interesse nos estudos desta obra

Processos de aprendizagem – Existem diferentes tipos de aprendizagem. Compreendê-los e utilizá-los de forma adequada é também uma forma de promoção do indivíduo. Ei-las:

- *estímulo-resposta* (reflexo condicionado ou de tentativa e erro) – Processo pedagógico rudimentar e mecânico, porém útil, desde que utilizado de forma construtiva. Ex.: A mãe que dá um docinho para fazer a criança parar de fazer birra.

- *condicionamento operante* – Um reforço ao estímulo-resposta mediante "instrução programada" ou "ensino melhorado". Pode ser positivo, quando se obtém êxito na obtenção da recompensa, ou negativo, quando a "instrução" ou o "ensino" causam decepção ou desprazer. Ex: A mãe que prepara cardápios saudáveis para o filho, dentro de casa, até que ele venha praticá-los fora de casa; o uso de treinamentos e promessas de premiações para melhorar o desempenho em vendas. Alegria para os que atingem as metas e decepção para os que não a atingem.

- *respostas ou inteligências múltiplas* – Este processo exige que a mente trabalhe com diferentes dados, fazendo associações inteligentes para se chegar uma resposta final – processo cognitivo. Utilização de métodos que desenvolvem e melhoram o raciocínio. Ex.: uma prova de múltiplas escolhas exige que o candidato raciocine e faça associações para chegar à resposta certa.

- *motivação* – Motivação vem de motivo. Saber o motivo ou ter um motivo para fazer ou aprender as coisas é estimulante e dá prazer; além disso, impulsiona os potenciais inatos do indivíduo. Métodos punitivos são contrários à motivação e podem prejudicar a aprendizagem.

- *insigth* – Compreensão instantânea de um fato qualquer ou "inspiração". Essa compreensão ou resulta de uma associação de ideias (acumuladas no inconsciente), que surge espontaneamente ou vem à tona (no consciente), ou resulta da percepção extrassensorial de ideias concebidas por uma inteligência espiritual.

Atenção, concentração e memória – São processos mentais que afetam a aprendizagem, em decorrência de vários fatores, podendo melhorá-la ou piorá-la. São também fundamentais em tomadas de decisão.

A atenção é *multidirecional*, *espacial* e *temporal*. ⇨

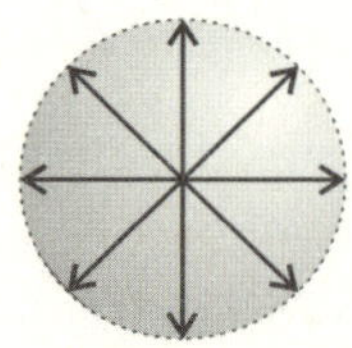

Fig. 94

A concentração é *unidirecional*. ⇨

Fig. 95

A memória é *multifatorial*
Concentra os cinco sentidos
e é espacial e temporal. ⇨

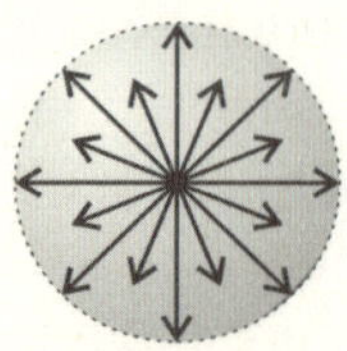

Fig. 96

A memória divide-se ainda em "memória de curta duração" ou "memória presente" e "memória de longa duração" ou "memória passada".

Comunicação verbal e não-verbal – Em 1969, o psicólogo americano dr. Albert Mehrabian fez uma estimativa da comunicação verbal-não verbal entre as pessoas e concluiu que 55% delas se expressam por meio da linguagem corporal (gestos, sinais), 38% pela voz e 7% pela palavra escrita. A comunicação verbal é tudo que diz respeito à palavra escrita ou falada e a comunicação não-verbal corresponde aos gestos, imagens e sinais.

Saber interpretar essas linguagens é muito útil na comunicação humana. Há indivíduos que são mais visuais (estimulados por gestos, linguagem escrita, imagens e sinais) e outros mais auditivos (estimulados pela fala, tom de voz, sons e música), conforme o desenvolvimento desses sentidos em cada um. Claro que a resposta a esses estímulos depende também de um bom desenvolvimento da memória, presente e passada.

Programação neurolingüística (PNL) – O estudo das experiências subjetivas e objetivas da mente, processadas neurologicamente pelo cérebro, levou, no ano de 1973, em Santa Cruz da Califórnia (EUA), o estudante de matemática e computação (depois psicólogo) Richard Bandler e o professor de linguistica John Grinder a criarem a "programação neurolinguística" (PNL).

A PNL estuda o mecanismo dos sentidos e a lógica do cérebro humano com o objetivo de melhorar a linguagem comportamental do indivíduo, a exemplo do que faz um analista de sistemas com o computador – estuda sistemas lógicos e desenvolve programas que melhoram o acesso do usuário ao computador.

O objetivo da PNL também é o mesmo: desenvolve programas que positivam e otimizam a mente, a partir de sistemas lógicos, fazendo com que o indivíduo aprenda a se organizar e agir melhor (consigo próprio e com os outros), executando tarefas com eficiência e sem carregar o sistema com lixo mental.

Inteligência emocional (QE x QI) – O psicólogo francês Alfred Binet (1859-1911) foi um dos precursores do estudo da inteligência humana. E, para medir a inteligência, criou o teste de QI (quociente intelectual). Seu objetivo era melhorar o desempenho escolar das crianças.

A partir da década de 1960, o teste de QI passou a ser utilizado em escolas, universidades e também em exames admissionais de empresas. Mas, uma década depois, diversos pesquisadores notaram falhas e lacunas nesses testes, como a não avaliação de valores éticos e morais, capacidade criativa e estados emocionais. Uma pessoa considerada muito inteligente, por exemplo, pode não ser emocionalmente equilibrada e de fácil relacionamento, enquanto outras, de QI apenas mediano, podem ser disciplinadas, amigáveis e muito dedicadas ao trabalho.

Em 1995, o psicólogo norte-americano Daniel Goleman publicou o livro *Inteligência Emocional*, que mostra a importância do QE (quociente emocional) nas relações humanas. Sim, pois o homem não é apenas dotado de inteligência, mas também de sentimentos e emoções, que são elementos essenciais nessas relações.

Em suma, Goleman afirma, entre outras coisas, que experiências de vida com ótima motivação ficam mais bem preservadas na memória do indivíduo, proporcionando-lhe satisfação, do que rotinas elaboradas com o objetivo apenas de executar habilidades mecânicas, com o apoio do intelecto. Conversa sincera, carinho, atenção e amizade, por exemplo, funcionam muito melhor do que quadros de avisos com metas a serem cumpridas. Um QE elevado, portanto, melhora as relações, proporciona qualidade de vida e ativa satisfatoriamente a execução de tarefas.

Segunda Parte

A Transformação Moral do Homem pela Renovação Interior

PENSAMENTOS, SENTIMENTOS E IDEIAS: CAMPO DE INFLUÊNCIAS

Universo de ondas e quanta de energia do pensamento, sentimento e ideias

Ninguém ignora hoje que estamos todos mergulhados num universo de ondas: ondas sonoras, luminosas, eletromagnéticas e gravitacionais. Todavia, existe outro tipo de onda, comumente ignorada pelos físicos, que são as ondas mentoemocionais ou ondas do pensamento, sentimento e ideias, de fundamental importância para nós seres humanos. Essas ondas causam interferências constantes na atividade mental humana, venha de encarnados ou de desencarnados.

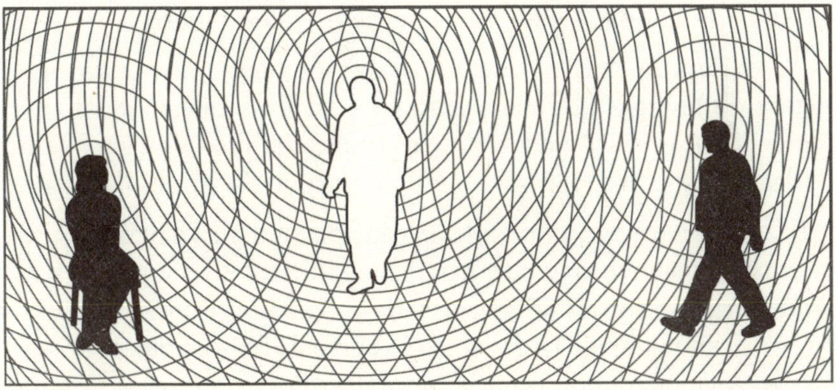

Fig. 97 - Encarnados e desencarnados se influenciando mutuamente por atividade mental (ondas mentoemocionais)

Os cientistas, entretanto, ainda não descobriram fisicamente esse universo de ondas mentais, o que não quer dizer que elas não existam.

As ondas gravitacionais, e, consequentemente, também os *grávitons* (quanta de energia das ondas gravitacionais), até setembro de 2015, ainda não tinham sido descobertos, quando pesquisadores do LIGO (Laser Interferometer Gravitational-Waves Observatory) as detectaram. Em razão disso, o Nobel de Física de 2017 foi para os físicos ligados a essa instituição, Rainer Weiss, Barry Barish e Kip Thorne. No entanto, os estudos relacionados aos *grávitons*, como subpartículas portadoras de massa, ainda é um enigma a ser desvendado.

Tudo começou quando, em 1905, pesquisando o efeito fotoelétrico, Einstein descobriu os *fótons*, o quanta de energia da luz (vide pág. 104). Depois, em sua teoria da relatividade geral, de 1915, ele previu a existência dos *grávitons*.

Com base nessas evidências, dos *fótons*, dos *grávitons* e de tantas outras subpartículas do espectro eletromagnético conhecidas, não há, portanto, como duvidar da existência das ondas mentais (pensamentos, sentimentos e ideias) e suas subpartículas com massa.

Seguindo, portanto, a terminologia dada pelos físicos a essas subpartículas do espectro eletromagnético e os *grávitons*, chamaremos então ao futuro quanta de energia do pensamento, a ser descoberto, de *méntons* e o quanta de energia dos sentimentos de *séntions*. Quanto às ideias, deixaremos aqui de nomeá-las, por entender que elas são, muito provavelmente, uma modalidade mais estruturada do pensamento.

Acreditamos, porém, que, antes da descoberta das ondas mentais e do quanta de energia que elas carregam, há uma questão crítica, porém fundamental, a ser resolvida: teriam as ondas mentais a mesma velocidade das ondas do espectro eletromagnético, ou seja, da velocidade da luz?

Fazemos essa pergunta porque os espiritualistas acreditam que a velocidade do pensamento (e também dos sentimentos) é superior à da luz, o que implicaria em um estudo novo para a física do futuro. Isso explicaria também a dificuldade de os físicos não conseguirem comprovar, até o momento, a existência de universos paralelos, como o mundo dos Espíritos e a vida inteligente em outros planetas.

Diz Allan Kardec em *O Livros dos Espíritos* (Escala Espírita, item 100, 1857) que, para os Espíritos, "*o pensamento é tudo*". Afirma ainda o Espírito André Luiz, no livro *Ação e Reação* (cap. 5, 1957, psicografado por Chico Xavier), que a "*mente é dínamo gerador de força criativa produzindo o pensamento que atua à feição de onda, projetada com velocidade muito superior* à da luz".

Essa afirmação de André Luiz poderá causar espanto e rejeição a alguns físicos mais ortodoxos, mas a verdade é que somente uma explicação dessa para entender a coexistência de vida inteligente no mundo espiritual e também em outros planetas, ou seja, em sistemas físicos diferentes ao nosso.

No momento, essa diferença é uma barreira de intercomunicação tecnológica, mas, certamente, no futuro, a ciência resolverá essa questão. O problema é que a teoria da relatividade geral conceituou que a velocidade da luz é de 300.000 quilômetros por segundo, sendo ela o limite para todos os eventos físicos do nosso sistema – o mundo material.

Força de atração entre dois corpos e seu campo de influências

Na física clássica, a gravitação universal, descoberta por Newton no século 17, explica que a massa de um corpo (m1) multiplicada pela massa de outro corpo (m2) e pela constante gravitacional (G, descoberta por Henry Cavendish), divididas ainda pelo quadrado da distância (d^2) entre esses dois corpos (m1 e m2), determina a força de atração entre eles.

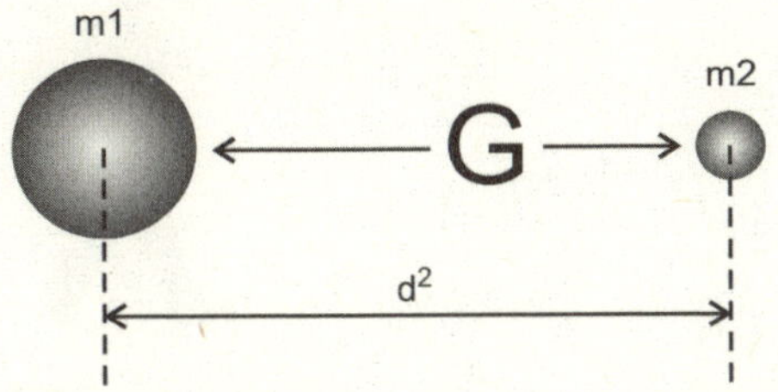

Fig. 98
Atração gravitacional entre os corpos

Em outras palavras, a força de atração depende da massa e da distância entre os corpos. As descobertas de Netuno e Plutão deveram-se à aplicação desta fórmula, na primeira metade dos séculos 19 e 20, respectivamente. Netuno perturbava a órbita de Urano, apesar dos 1,77 bilhão de quilômetros de distância que separam os dois planetas. Plutão também perturbava a órbita de Netuno, apesar dos 1,4 bilhão de quilômetros entre os dois.

Campo de influências na orla das irradiações mentais e da aura humana

Juntando esse conhecimento todo da física, clássica e moderna, e o que ainda está por vir, não é difícil de compreender que pensamentos, sentimentos e ideias afetem fisicamente as pessoas e provoquem também variadas influências como acontece com os corpos materiais.

Na gravitação universal, um corpo atrai o outro, de acordo com a massa e a distância que os separam. Entre os seres pensantes, não há dúvida de que o fenômeno é o mesmo, acontecendo na orla das irradiações mentais e da aura humana.

Em física relativística, massa é energia condensada. Uma vez desintegrada ou dissipada essa massa, ela se propaga em ondas e carrega consigo o quanta de energia que lhe diz respeito (quantidade de energia liberada pela massa original). Assim, as pessoas liberam quanta de energia pela atividade mentoemocional (vide fig. 96) e também pela metabolização da atividade corpórea, ou seja, por irradiações da aura, conforme mostra a figura seguinte.

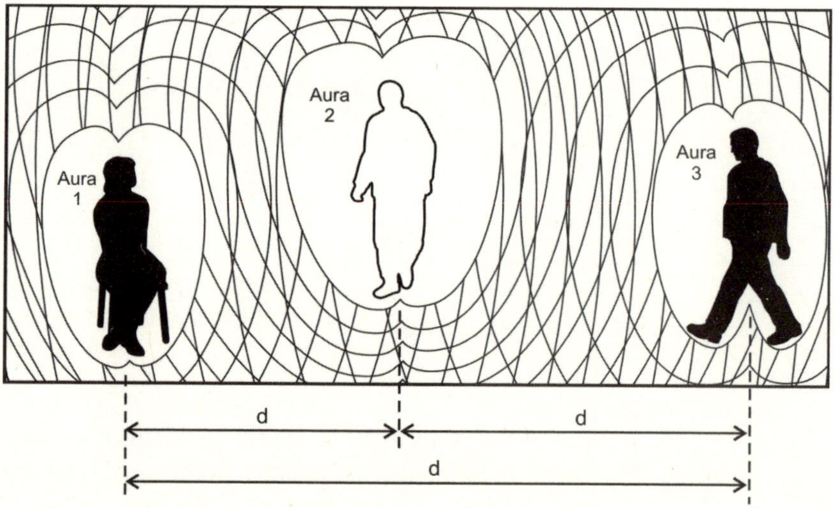

Fig. 99 - Campo de influência áurica entre os seres pensantes

A influência de pensamentos, sentimentos e ideias é uma ciência de vastas proporções que governa todas as ações humanas. Mas uma coisa é o conhecimento dessa ciência e outra coisa é saber lidar com os próprios pensamentos, sentimentos e ideias.

Essa questão se torna ainda mais complexa quando compreende-se que pensamentos e ideias geram imagens, tipo holográficas (estáticas, de movimento e sonorizadas), também conhecidas por ideoplastia, iguais a cenas de filmes, transportando *méntons*; e que sentimentos (de amor, ódio, carinho e desprezo, afeto e ciúme, alegria e tristeza etc,) geram nuvens aleatórias, de tonalidades variadas, e formações fluídicas com figuras geométricas na aura do indivíduo, transportando *séntions* (vide também o item "Aura", no Glossário).

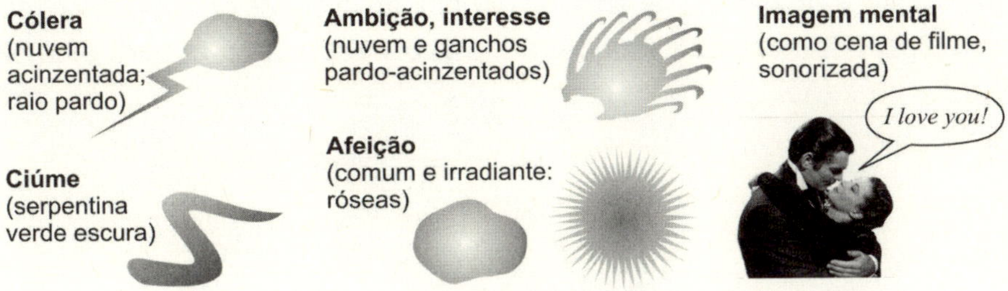

Fig. 100 - Figuras formadas por sentimentos e pensamentos na aura, conforme A. Besant e C. W. Leadbeater

Transmissão mental e reflexos nos corpos sutis ou espirituais

Quando um pensamento, sentimento ou ideia são direcionados a uma pessoa ou Espírito-alvo, sua transmissão é instantânea, em conformidade com as leis da mecânica quântica e da ondulatória. Essa instantaneidade está relacionada com o fato de as ondas mentais terem velocidade "muito superior à da luz". Ou seja, não sofrem barreiras geográficas e de tempo como as ondas de rádio e de TV, incluindo as transmissões via satélite.

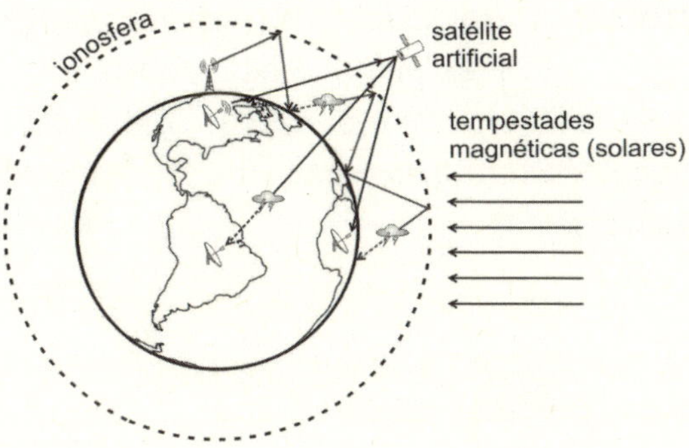

Fig. 101 - Interferências nas ondas eletromagnéticas na Terra

Além disso, retomando-se o conceito de atração entre dois corpos em função da distância para os seres pensantes, temos que, quanto mais próxima uma pessoa está de outra, mais intensa será a sua influência. Influência essa que atua com forças de atração e repulsão e atinge os corpos sutis – etérico, emocional e mental –, com reflexos posteriores no metabolismo do corpo material (vide também itens "Corpos sutis" e "Chacras", no Glossário). Os limites físicos do campo de atração e repulsão entre os envolvidos é menor para o corpo material e etérico e maior, respectivamente, para os demais corpos.

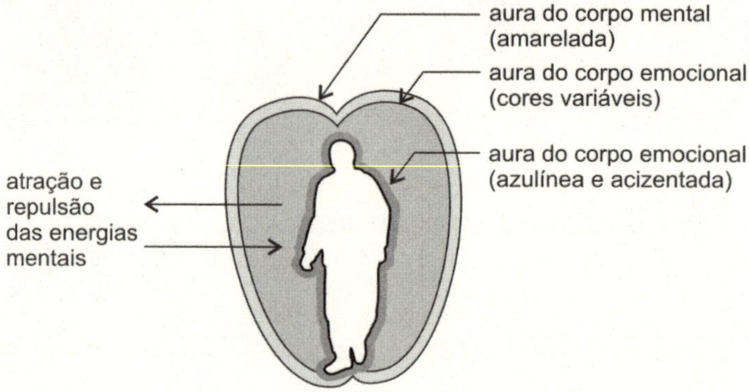

Fig. 102 - Limites físicos da atração e repulsão das energias mentais nos corpos sutis

Emanações do pensamento, sentimento e ideias, não liberadas na forma de ondas, ficam aprisionadas na aura dos corpos sutis na forma de fluidos ou energias densificadas, até que novas ações mentais venham dissipá-los. Conforme André Luiz, no livro *Evolução em Dois Mundos* (cap. 17), as imagens geradas pelos pensamentos e ideias se posicionam na região da cabeça, evidentemente, devido à atividade mental ser maior nessa região do que no restante da aura (vide também itens "Aura" e "Ideoplastia", no Glossário).

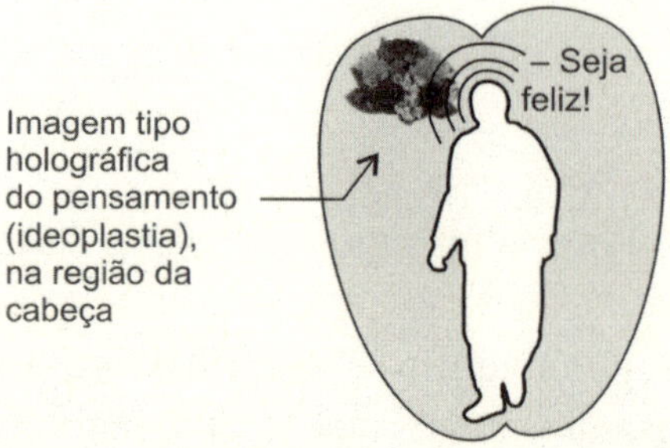

Fig. 103
Projeção de
pensamentos e ideias
na aura do corpo mental

Somente com a renovação das ideias é possível a desintegração ou dissipação total das energias densas aprisionadas na aura. Sentimentos de raiva, ódio e ciúme, por exemplo, emitem fluidos densos, nocivos à saúde mental e física. Para o indivíduo se livrar delas, é necessário utilizar medidas protetoras e também assertivas (vide o capítulo "Atitudes assertivas).

As medidas protetoras são de natureza *interior*, como a mentalização positiva e a prece, e *exterior*, quando se recebe o auxílio de pessoas influentes, positivas e equilibradas (conselheiros, facilitadores, terapeutas), e o auxílio do passe magnético (ou reiki). Qualquer uma dessas medidas empreendidas, isoladamente ou em conjunto, possibilita a eliminação de cargas mentais densas.

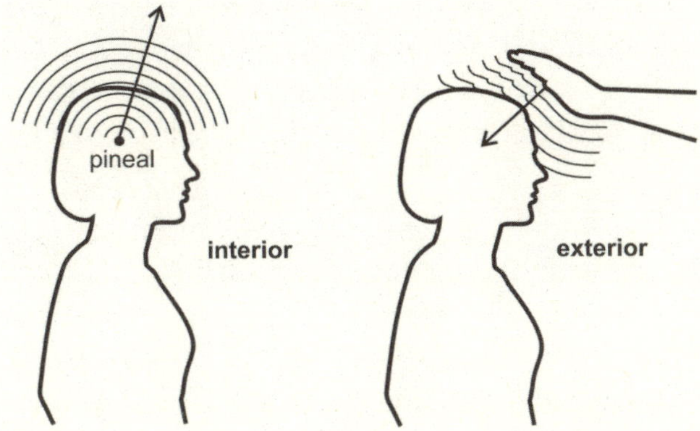

Fig. 104
Medidas de proteção, interior e exterior

Ação física dos pensamentos, sentimentos e ideias

Pensamentos, sentimentos e ideias direcionados a uma pessoa qualquer ou Espírito, por sua vez, são percebidos fisicamente pelos chacras correspondentes do sujeito atingido. Esses chacras identificam a frequência vibratória das cargas mentais, transformando-as em impulsos nervosos.

O estado mental e as defesas orgânicas do sujeito atingido respondem também pelo direcionamento dos impulsos nervosos no organismo: pessoas com boas defesas e menos sensíveis, ao serem atingidas por fluidos densos, no máximo, sentirão um leve mal-estar, ou nada sentirão; enquanto pessoas de maior sensibilidade e com menos defesas poderão ter reações diversas, conforme a área ou o órgão afetado: uma tontura, uma dor de cabeça, uma dor estomacal...

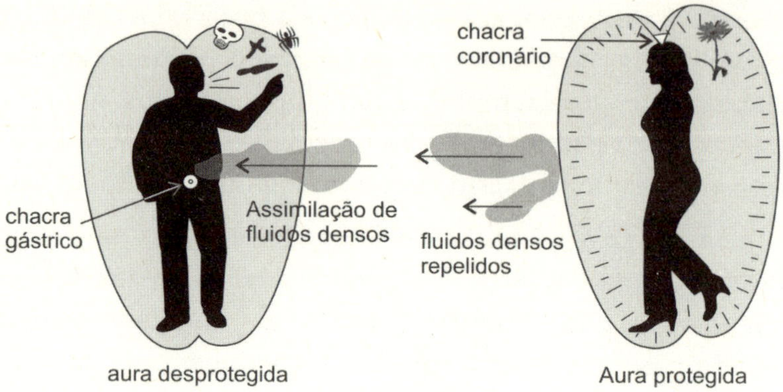

Fig. 105 - Fluidos densos e suas reações na aura

Esses mesmos fluidos densos, se persistirem por longo tempo na aura da pessoa, comprometerá a sua saúde, sujeitando-a a perturbações físicas e emocionais mais intensas. Pior ainda, se o sujeito estiver sem defesas e compartilhar de pensamentos, sentimentos e ideias negativas, grosseiras ou violentas.

Escreveu o autor espiritual André Luiz em *Missionários da Luz* (cap. 5, 1945): "O *pensamento elevado santifica a atmosfera em torno e possui propriedades elétricas que o homem comum está longe de imaginar"; que "preocupações descabidas, angústia desnecessária, criações mentais que se transformam em verdadeiras torturas, geram desequilíbrio interior intenso, podendo resultar em graves avarias cerebrais para os que já possuem perturbações circulatórias*".

Há muito tempo, uma pessoa me beijou o rosto, nitidamente movida pelo sentimento de ciúme. No instante do beijo, senti formar-se no céu da minha boca uma espécie de nuvem algodoada, mas de gosto amargo. Fiquei admirando o fenômeno enquanto ele durou – pouco mais de um minuto; depois, devagarzinho, essa nuvem se dissolveu como acontece com o "algodão doce".

Próximo ou distante, os fenômenos mentais acontecem, especialmente entre pessoas afins: pressentimentos, adivinhações do pensamento etc. Mas isso depende, é claro, de haver uma sintonia entre as partes, entre sujeito e emissor. Se o sujeito permite aberturas nesse sentido, é natural que o fenômeno seja mais evidente. Caso contrário, é provável que as irradiações mentais nem sejam percebidas ou sejam rejeitadas, por incompatibilidade de pensamentos, sentimentos e ideias.

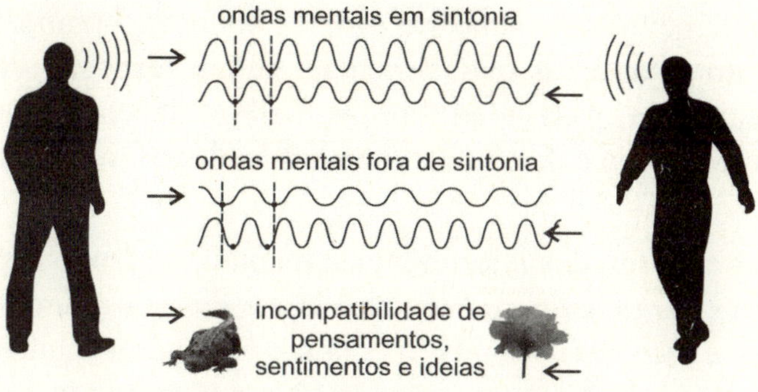

Fig. 106 - Sintonia, falta de sintonia e incompatibilidade de pensamentos, sentimentos e ideias

Sintonias e interferências mentais

No que diz respeito à sintonia mental, para que ela aconteça de fato deve haver entre as partes uma faixa de gostos, interesses e tendências vibrando em frequências comuns. E essa faixa de gostos, interesses e tendências corresponde a uma faixa de frequências-padrão onde transitam os pensamentos, sentimentos e ideias do indivíduo, que representam o seu estado mental.

Segundo conceitos básicos de ondulatória, o encontro de duas ondas, inclusive a onda mental, gera interferências construtivas, se estão em fase, ou destrutivas, se estão fora de fase.

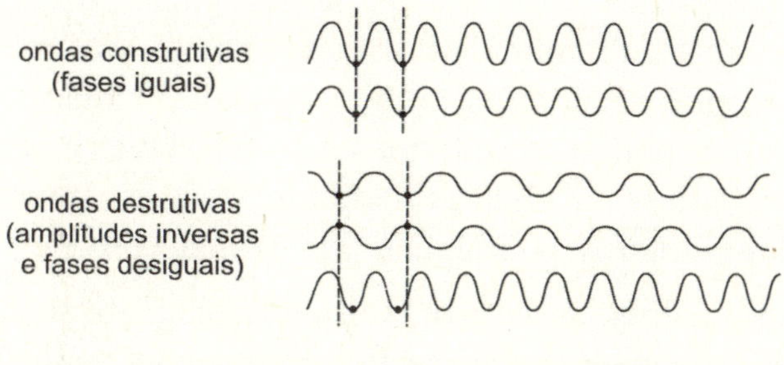

Fig. 107 - Ondas construtivas e destrutivas

Do ponto de vista das ondas mentais, as interferências construtivas representam uma sintonia forte entre os seres pensantes – caso em que as imagens, sons e ideias não sofrem distorções –, e uma sintonia fraca ou nula, representada pelas interferências destrutivas – caso em que as imagens, sons e ideias sofrem distorções ou nulificação da onda.

Diferentemente das ondas de fluidos, sonoras, luminosas e eletromagnéticas, no entanto, as ondas mentais geram respostas com padrões éticos e morais, que, para interpretá-las melhor, depende evidentemente da experiência de vida e do conhecimento psicológico e espiritual de cada pessoa.

Ainda a respeito das interferências mentais, segundo revelou André Luiz, no livro *Missionários da Luz* (cap. 2), a epífise ou glândula pineal é o órgão emissor e receptor das ondas mentais, chamando-a também de "*glândula da vida mental*". Nela está contida toda a memória instintiva do ser, inclusive a memória de encarnações passadas, e todo tipo de interação com as memórias temporais do hipocampo, resultando no raciocínio intuitivo, nos estados alterados de consciência e na mediunidade. Nas observações atuais da neurociência, entretanto, a epífise é apenas uma glândula que regula as funções sexuais e a melatonina (hormônio do sono).

O estudo das ondas mentais, da glândula pineal e das funções cerebrais em associação com as influências espirituais (vide capítulo "Influências espirituais: causas, efeitos e meios de controlá-las) traz também explicações para inúmeras situações que ocorrem com frequência nos *sonhos reais* e *fictícios*, sobretudo nos sonhos fictícios, devido às interferências das *projeções mentais* e das *distorções cognitivas* processadas pelo cérebro.

Interação de forças no magnetismo de materiais

Outro ponto a ser lembrado diz respeito ao conhecimento do eletromagnetismo, próprio de todos os corpos materiais, inclusive os seres vivos e pensantes. Antes, porém, de falarmos em seres vivos e pensantes, é importante saber como se dá a interação de forças entre campos magnéticos, indutores e não-indutores, no magnetismo de materiais.

Um exemplo desse assunto diz respeito à magnetização de uma barra de ferro, material chamado de magneticamente mole, por influência de um campo indutor.

Normalmente, as partículas magnetizantes numa barra de ferro se comportam e se distribuem de forma desorganizada, como mostra a figura seguinte. À simples aproximação de um campo indutor, as partículas da barra de ferro se alinham todas em sua direção. Uma vez retirado esse campo indutor, essas partículas voltam a se desalinharem.

Fig. 108
Indução magnética

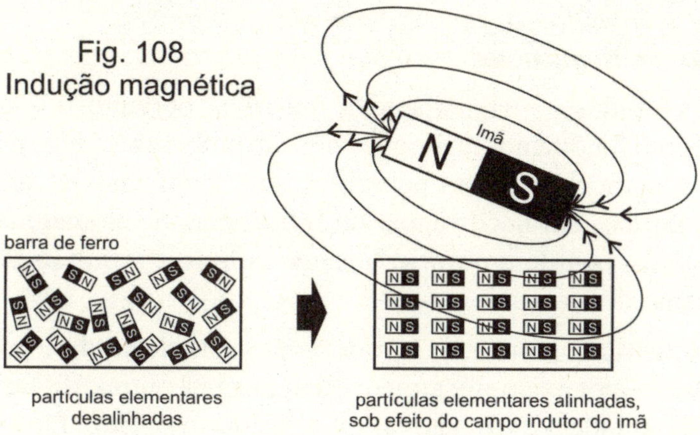

Já um campo indutor muito forte aplicado em materiais chamados de magneticamente duro, como o ferrite duro, é capaz de fazer com que as partículas deste material se tornem permanentemente imantadas, ou seja, elas se voltam na mesma direção do campo indutor. Assim são fabricados os imãs.

Existem ainda materiais e substâncias que sofrem influência fraca diante de uma indução magnética, chamados de paramagnéticos, como o alumínio, o magnésio, o cromo etc.; e também aqueles que repelem a indução, chamados de diamagnéticos, como o chumbo, o cobre, o ouro, a prata, a água, o mercúrio, entre outros.

Também é possível blindar completamente um instrumento por meio do "princípio da relutância mínima", que é quando o fluxo magnético escolhe o material de maior permeabilidade magnética, protegendo o instrumento contra interferências.

Fig. 109
Blindagem magnética

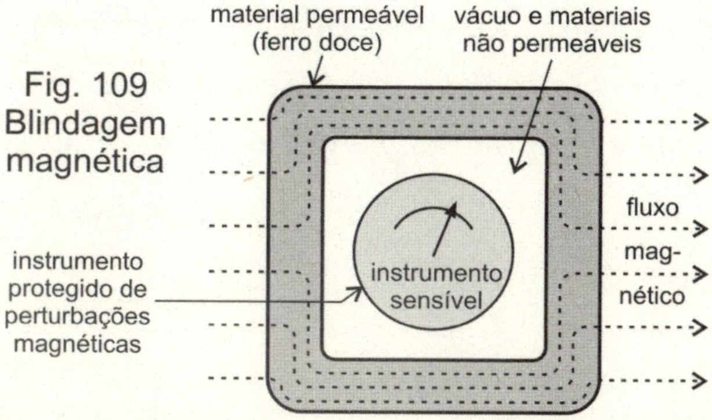

Interação de forças no campo áurico das pessoas e suas consequências

Esses estudos do magnetismo de materiais, portanto, nos fazem compreender como fenômenos análogos ocorrem entre seres vivos e pensantes. No caso específico dos seres pensantes, tais fenômenos se dão também no campo áurico, em decorrência de influências mentomagnéticas, que, como já vimos, possuem propriedades de atração e repulsão assim como o magnetismo de materiais.

Pessoas de campo áurico forte – pessoas decididas, positivas ou dominadoras –, por exemplo, atraem ou induzem a outras, de campo áurico fraco – pessoas indecisas, negativas ou de psiquismo fraco. É o caso de pessoas influentes, de homens considerados santos, de pessoas e empresários de sucesso, dos estadistas, dos líderes de qualquer natureza e também os demagogos.

Influências físicas, todavia, de qualquer natureza, são forças neutras. Ou seja, independem de questões morais e de valores éticos. O mentomagnetismo e as irradiações mentoemocionais, portanto, são forças neutras.

Entretanto, se buscamos uma razão de viver, como a renovação interior proposta neste livro, nada mais razoável do que refletir no efeito de nossas ações mentais e, também, na ação mental dos outros junto a nós. O pensamento seguinte, atribuído ao Mahatma Gandhi, explica bem o intuito desta proposição:

"*Tenha sempre bons pensamentos* (e também sentimentos e ideias), *porque eles se transformam em palavras.*

Tenha sempre boas palavras, porque elas se transformam em ações.

Tenha sempre boas ações, porque elas se transformam em hábitos.

Tenha sempre bons hábitos, porque eles se transformam em valores.

Tenha sempre bons valores, porque eles farão o seu destino."

CARMA, LIVRE-ARBÍTRIO E PROGRESSO

Por mais literatura que exista a respeito de carma e livre-arbítrio, muita gente ainda se pergunta em determinados momentos: — Por que isso aconteceu comigo? Ou se lamenta: — Se isso não tivesse acontecido comigo...

Mas são justamente esses acontecimentos que muitas vezes fazem lembrar a existência do carma, do livre-arbítrio e da ação incessante do progresso em todas as coisas.

No caso do carma, a formulação de algumas perguntas incita maiores reflexões a respeito desse tema:

— Qual o sentido de uma criança morrer em tenra idade e de pessoas, supostamente com um futuro brilhante pela frente, ter a vida interrompida em acidentes naturais?

— Qual o sentido de pessoas nascerem com deficiência ou doenças limitadoras, durante parte da vida ou a vida toda?

— Por que pessoas de igual capacidade enfrentam situações opostas na vida? Isto é, para uns, a vida parece sorrir e, para outros, as dificuldades parecem não ter fim?

Dizer que é porque Deus assim o quis é uma maneira muito simplista de não explicar nada. Se a resposta fosse essa, então Deus teria suas preferências, favorecendo a uns e prejudicando a outros, deliberadamente, o que seria uma coisa absurda. Aliás, a questão sobre Deus está bem explicada no capítulo "Sobre as Leis Naturais e o Conceito de Deus". Aqui interessa-nos apenas identificar como o carma atua em nossas vidas e quais as razões disso.

Carma é palavra originária do sânscrito que quer dizer "ação", no sentido de que toda ação tem causa e efeito. Newton entendeu esse fenômeno como lei física, fazendo o seguinte enunciado:

Fig. 110

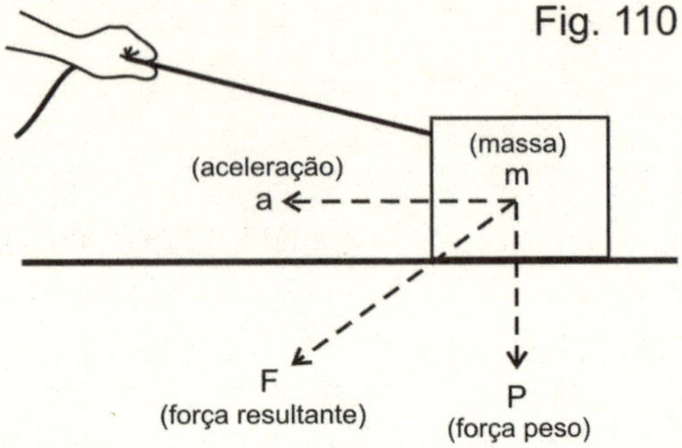

2ª Lei de Newton:

"*A mudança de movimento é proporcional à força motora aplicada...*".

Fig. 111

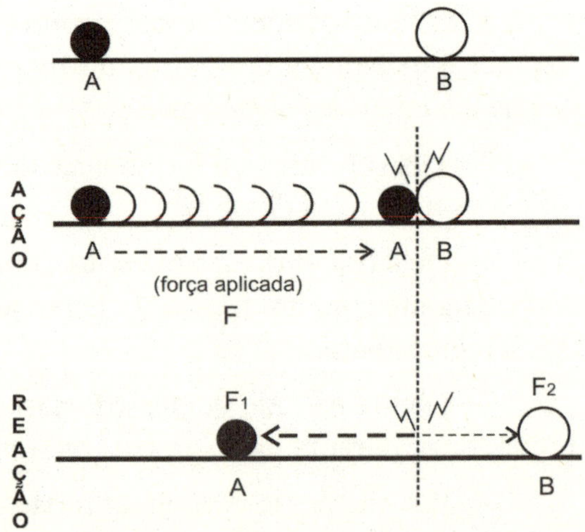

3ª Lei de Newton:

"*a toda ação há sempre uma reação oposta e de igual intensidade*".

Em outras palavras, para toda ação existe uma reação, e vice-versa, na mesma intensidade da força aplicada. Isto também é válido, como vimos no capítulo anterior, para os pensamentos, sentimentos e ideias, que geram ações, hábitos e valores, planeando o destino futuro.

Por fim, um carma será bom ou ruim dependendo da ação praticada. Mas, no caso das ações humanas, obter uma resultante física para elas não é algo tão simples quanto fazer o cálculo de forças aplicadas aos sólidos. Isto porque, por detrás das ações humanas, existem questões morais e de valores, que dificultam a análise precisa dos resultados.

Um simples pensamento ou ato humano podem influenciar, para o bem ou para o mal, um número indefinido de pessoas ou milhares delas, como acontece corriqueiramente na internet e nas redes sociais por meio do efeito multiplicador.

Fig. 112
Efeito redes sociais

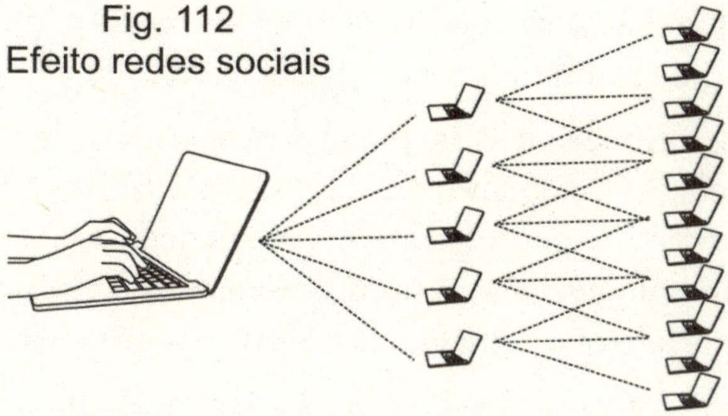

E quando não existe ainda justificativa para determinadas situações que ocorrem na vida presente, tipo doenças congênitas e injustiças sociais sem causa aparente? Neste caso, o indicativo maior é de que as causas estejam relacionadas com vidas anteriores, especialmente a vida anterior.

Quanto a reencarnação em si, cada um renasce no seio da família e da classe social mais adequadas às suas necessidades cármicas e a seu aprimoramento espiritual. As pessoas com as quais se relaciona e a época em que determinados acontecimentos decisivos acontecem na vida têm a ver com situações correlatas da vida passada, e decorrente de planejamento pré-reencarnatório. Esse planejamento, portanto, acontece antes de o Espírito reencarnar, no mundo espiritual, com a escolha das provas mais adequadas à sua promoção e crescimento pessoal.

Entretanto, embora tal planejamento aconteça antes da reencarnação, isso não quer dizer que o destino da pessoa esteja inteiramente traçado. Não. Trata-se apenas, no rigor da palavra, de um planejamento, em que são traçados as diretrizes e os acontecimentos-chaves para a vida, com o apoio da espiritualidade amiga. O que acontece depois desse planejamento é de pura responsabilidade do reencarnante, que, de posse do seu livre-arbítrio, pode até não dar cumprimento ou mudar o que foi traçado, parcialmente ou totalmente.

Além disso, a reencarnação promove uma série de benefícios ao reencarnante, como o esquecimento temporário das ações realizadas em existências passadas, imprescindível para o recomeço da vida (vide capítulo "Sobre as leis morais").

Do ponto de vista evolutivo, renascer com muitas dificuldades e restrições materiais, inclusive experimentando a prova da pobreza, não é necessariamente um mal, tanto quanto renascer na opulência ou com muitas facilidades materiais não é necessariamente um bem. Tudo depende da vida que se irá levar, de acordo com a consciência de cada um.

Não raro, a riqueza e as facilidades materiais são provas que levam à concupiscência, às vaidades e à avareza, conduzindo o indivíduo a um carma ruim. Somente experimentando essa condição de vida para o Espírito entender a temporalidade das coisas materiais, uma vez que desta vida não se leva nada, apenas o que se plantou em termos de ações e relacionamentos.

Da mesma forma, a revolta e a não aceitação diante de uma prova marcada por dificuldades e restrições materiais, conduzirão o espírito a um carma ruim de futuro. No entanto, se bem conduzidas e administradas essas provas, da riqueza e facilidades materiais e das dificuldades e restrições materiais, podemos esperar um bom carma futuro.

Há quem acredite, no entanto, que é possível "queimar" carmas negativos numa boa sessão de terapia de vidas passadas, a TVP. Ledo engano. Na verdade, esse tipo de terapia só é aconselhável em casos traumáticos, quando o efeito catarse é capaz de produzir alguns benefícios. Nesse caso, se bem conduzida, a TVP poderá auxiliar sim na compreensão de alguns dilemas com traumas psicológicos, mas jamais anulará o carma pessoal. O mesmo pode se dizer das orientações espirituais, que também consolam, mas não "queimam" carma nenhum.

Na tentativa então de querer anular o carma, algumas pessoas até citam o refrão de que o passado jamais volta, que a realidade é só o presente e que o futuro ainda não chegou. Sim, mas não podemos esquecer de que as lembranças e o inconsciente existem em função do passado e que o futuro será melhor vivido se houver planejamento para o mesmo. Na verdade, é preciso ter sabedoria em tudo, buscando a solução adequada para cada situação.

Resumindo, o carma é uma lei física, cujo conhecimento faculta uma melhor compreensão da vida e, certamente, isso é muito útil na travessia de quaisquer provas.

E o livre-arbítrio? Que ele tem a ver com isso?

O livre-arbítrio é a condição natural para todas as coisas e todos os seres, em qualquer tempo e situação. Somos livres para decidir o que fazer, e livres também para suportar as consequências dos nossos atos.

Todavia, mesmo dotados de livre-arbítrio, ninguém nem coisa alguma na vida é totalmente livre. Os elementos químicos, por exemplo, são livres para se associarem a outros elementos químicos, mas fazem isso obedecendo a leis físicas. Dependendo das ligações feitas, se transformam em ácidos, bases, sais, óxidos, e, na química orgânica, em hidrocarbonetos, álcoois, fenóis, amidas etc.

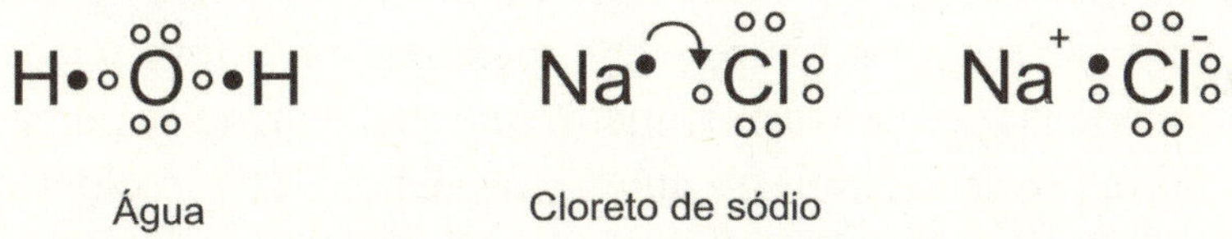

Fig. 113 - Ligações eletrônicas entre elementos químicos, formando substâncias

No caso dos seres humanos não é diferente. Somos livres para pensar, agir e fazer o que bem entendemos em nossas vidas. Mas temos limitações; ou seja, nossa liberdade é relativa. O livre-arbítrio está sujeito ou se limita ao complexo das leis naturais, físicas e também morais. Uma vez vivendo em sociedade, nossos direitos e nossa liberdade vão até onde esbarram o direito e a liberdade do outro. Nesse contexto, o estudo das relações humanas torna-se um pouco mais complexo, com desdobramentos no campo da psicologia e da sociologia.

Para vivermos bem em sociedade depende de estarmos em harmonia com as leis naturais e com o outro. Em outras palavras, é preciso entender e respeitar as pessoas, independentemente da raça, da classe social, da crença ou do gênero.

Quanto ao progresso, sabemos que ele é consequência natural da evolução. Mesmo quando tudo parece estático e sem mudanças, a evolução está acontecendo, e, consequentemente, também o progresso. Veja como exemplo o progresso social. No dia a dia, não percebemos direito o que está acontecendo, em termos de mudanças sociais, mas o registro iconográfico das cidades é prova de que elas acontecem sim.

1891 1905 1952 2010

Fig. 114 - Registro iconográfico da av. Paulista, São Paulo, Brasil

Da mesma maneira, o progresso moral que se processa em nós só será percebido ao longo do tempo e das encarnações. Numa única existência ocorrem apenas pequenas mudanças, que mal dá para se perceber. Por isso mesmo, é preciso refletir no antes e no depois, com o objetivo de se melhorar, tendo por base a transformação moral pela renovação interior.

O CONHECIMENTO DO OUTRO

Um dos maiores empecilhos na vida de uma pessoa são as dificuldades de relacionar-se com o outro (relações pessoais, familiares, conjugais, profissionais e informais), motivo pelo qual é importantíssimo estudar esse assunto para o bem das relações humanas.

A verdade é que ninguém é completamente independente na vida. Todos dependem um do outro para viver. Disso resulta a necessidade de sabermos lidar com as diferenças existentes entre nós e os outros, para que haja o mínimo de diálogo e entendimento. É claro, nem sempre isso é possível, no que se tornam ainda mais importantes as observações finais deste capítulo.

No princípio, nas fases primitivas e históricas do individualismo humano, de interesses materiais, possessividade e intelectualismo, sabia-se que esse tipo de percepção, do conhecimento do outro, era ínfimo, justamente porque havia a insuficiência da moral em detrimento da supervalorização do Eu.

Ainda hoje subsiste no homem moderno o instinto animal, provocador e agressivo, resquício desses tempos primitivos e a ser eliminado pela transformação moral. E se não existe um remédio imediato para ele, porque isso depende de mais evolução no tempo, pelo menos, individualmente falando, é possível melhorar a nós mesmos, começando pelo conhecimento do outro.

Em resumo, esse conhecimento implica no seguinte:

1º – Entender que todo ser humano é um indivíduo, com maneiras próprias de ser e de agir, com histórico de vida único e qualidades e defeitos que lhe são próprios.

Estudar e tentar entender a natureza de cada pessoa (caráter, personalidade e temperamento; gostos, tendências etc.), se possível focando em suas qualidades, incentivando a desenvolvê-las ainda mais.

2º – Aceitar o outro como ele é, sem tentar modificá-lo a seu modo.

O maior erro que se comete é tentar mudar o outro, forçando-o a pensar, agir e comportar-se como você.

3º – Usar da empatia, que é colocar-se no lugar do outro, saber o que ela está pensando e sentindo, antes de lançar-se a críticas ou acusações.

Muitas dificuldades de relacionamento começam na falta de empatia. Importante, pois, saber antes a motivação de determinadas atitudes, para maior harmonia dos diálogos.

4º – Não entrar em embates com o outro.

Compreender as razões dos possíveis erros cometidos pelo outro, sem promover acusações e incidir em novos agravantes. Primeiro, buscar a conversa. Caso isso não seja possível, aguardar as oportunidades do tempo e o encaminhamento natural da vida.

A RAIZ DOS PROBLEMAS HUMANOS

A ignorância

A ignorância diz respeito à falta de conhecimentos, que leva as pessoas a se equivocarem ou tomarem decisões erradas a respeito de praticamente tudo.

Da ignorância nasce o dogmatismo, que trava o progresso, e a multiplicidade de sentimentos primitivos e bárbaros, que prejudicam frontalmente o equilíbrio das relações humanas, individuais e coletivas. Sem o menor constrangimento, o ignorante rejeita o óbvio, o que é real e verdadeiro para alimentar paixões pessoais e interesses egoísticos.

Uma coisa é certa, passamos longo tempo na ignorância, enquanto nosso Espírito se demorava na construção de recursos cognitivos, intelectuais e morais que nos dariam, após incontáveis eras, a condição da autocrítica e da revisão de atos impróprios.

Vencer a ignorância é, portanto, uma questão evolutiva e de tempo. Mas não existe um momento certo para que isso aconteça, a sua derrocada final, em razão da naturalidade dos processos evolutivos e do livre-arbítrio. A única certeza é que, enquanto ela existir, o dogmatismo dominará e também as brigas, as separações e as guerras.

Mas chegará um tempo em que as pessoas e as instituições terão de resgatar o mal e os erros cometidos. Momento esse de renovação e de alívio para a própria consciência. Somente depois disso, e com o advento da verdade, será possível a verdadeira transformação moral.

O orgulho, o egoísmo e a vaidade

Além da ignorância, poderíamos centrar a raiz dos problemas humanos em três sentimentos primários e primitivos: o orgulho, o egoísmo e a vaidade e suas múltiplas variáveis – demais sentimentos primitivos, secundários e terciários, que são a causa de uma infinidade de desgraças humanas.

O orgulho, o egoísmo e a vaidade geram, por exemplo, o preconceito, que alimenta a intolerância, que aciona o ódio e que leva à violência.

Orgulho é o pensar somente em si mesmo.

Egoísmo é o querer somente para si mesmo.

Vaidade é a ostentação de si mesmo, visando provocar admiração e o aplauso do outro.

Em resumo, orgulho, egoísmo e vaidade são o culto de si mesmo, o que não pode dar certo em situação alguma, porque uma relação para ser harmoniosa – pessoal, interpessoal, familiar, conjugal, profissional –, precisa estar pautada na divisão equitativa dos direitos e dos deveres e fundamentada no respeito mútuo. Quando uma das partes pensa e deseja somente em si ou faz as coisas almejando somente a admiração do outro é natural que, num determinado momento, a relação se complique, havendo o desgaste e até mesmo o rompimento.

Juntos, orgulho, egoísmo e vaidade representam o que há de mais primitivo e animal no sentimento humano, herança instintiva do homem individualista, materialista e excessivamente intelectual.

E por serem manifestações tão primitivas, é evidente que elas ameacem a paz que já se conquistou nos caminhos da evolução, causando momentos reversos e contrapontos na história. Mas como contê-los? Do ponto de vista da coletividade não há muito que fazer, a não ser esperar que as leis civis e os direitos humanos contenham suas ações perniciosas. Do ponto de vista individual, o caminho é eliminá-los pela renovação interior. Mas fica aí uma questão: e quando a pessoa está ciente dos problemas que causa, porém, nega-se a combatê-los ou realizar as mudanças necessárias em si? Quando isso acontece, os problemas seguem sem solução.

O ódio, a ira e o nervosismo

O ódio, a ira e o nervosismo são forças primitivas derivadas do orgulho, do egoísmo e da vaidade e, como tais, evidenciam o lado animal do ser humano.

Sem dúvida, é a herança, na evolução das espécies, do tempo em que os animais atacavam para se defender, mantendo o domínio sobre suas presas, territórios e posses conquistadas. De certa forma, isso ainda acontece instintivamente com o ser humano.

No estágio atual da evolução, entretanto, as forças instintivas do ódio, da ira e do nervosismo estão decaindo, gradualmente, como acontece com elementos radioativos na natureza.

De qualquer forma, é preciso ter muita atenção a elas, atuando com determinação no sentido de eliminá-las por meio do exercício do amor e do respeito ao próximo. É preciso insistir nesse controle, praticando condutas éticas e de contenção à impulsividade. Não importa quanto tempo isso leve para acontecer. Aos poucos, o equilíbrio virá, trazendo serenidade ao espírito.

A agressividade e a provocação

O ódio, a ira e o nervosismo, alimentados pelo orgulho e pelo instinto animal, podem levar à provocação, que é o fato gerador de discussões e de atitudes agressivas.

A agressividade em si é desequilíbrio nervoso, com raízes no desequilíbrio psíquico. Se nada se fizer para contê-la, em algum momento poderá ocorrer a contenção legal e a necessidade de terapia medicamentosa.

O ideal é que tudo se resolva por meio da transformação moral pela renovação interior, através do exercício do amor e do respeito ao próximo e com o apoio de terapias espirituais. Entretanto, sabe-se que estas são medidas que levam tempo e exigem esforço próprio.

Quanto à provocação, o problema maior talvez nem seja o ato em si, mas o fato de a pessoa sentir-se incomodada com ele, partindo para o revide. Se isso acontecer, de certa forma o agredido se iguala ao agressor, praticando violência de mesmo teor. O correto é não revidar. Mas para isso o agredido deve ter o domínio de si e agir com tranquilidade, mesmo que isso lhe custe muito esforço. Do contrário, tudo irá piorar, com resultados nada bom para ambas as partes.

A impaciência, a intolerância e a impulsividade

A impaciência e a intolerância são igualmente forças primitivas derivadas do orgulho, do egoísmo e da vaidade, que causam inumeras dificuldades aos relacionamentos, além de muitas rupturas. A impaciência é a mãe da irritabilidade assim como a intolerância o é do ódio.

No caso da impaciência (e também da irritabilidade), há o descontrole vicioso de impulsos nervosos, provavelmente associado a desequilíbrios químicos em área relacionada no cérebro. Outras formas de desequilíbrios também levam a isso, como os desequilíbrios hormonais, carecendo de terapias medicamentosas.

Mas o melhor remédio mesmo é atacar diretamente a raiz do problema, exercitando a paciência e a serenidade, atitudes opostas a essas forças, além do exercício do amor e o respeito ao próximo, citados anteriormente. Importa ainda detectar as causas reais da impaciência e da irritabilidade, a fim de identificar qual a melhor terapia para o caso.

Qualquer que seja a terapia escolhida, o apoio do passe magnético (ou reiki) é sempre bem-vindo, pelos benefícios que ele traz ao corpo energético da pessoa, reduzindo a carga de fluidos densos impregnados na aura.

No caso da intolerância, o assunto é um pouco mais complexo, uma vez que a raiz do problema envolve valores: o preconceito. Não gostar, não querer ou rejeitar terminantemente determinadas coisas, atitudes ou pessoas são reações instintivas que apontam para vivências radicalmente diferentes das não toleradas pelo sujeito, além de prováveis experiências traumáticas em relação a elas. As causas podem ser desta vida ou de vidas passadas, por meio de manifestações conscientes e inconscientes.

Discriminar e separar pessoas pelo fato de serem dessa ou daquela nacionalidade, dessa ou daquela cor ou ter essa ou aquela opção sexual, são atitudes incompatíveis com a racionalidade. Pelas leis naturais, somos todos iguais e todos nascem com os mesmos direitos. Ninguém é melhor do que ninguém em parte alguma do Universo. Quem não enxerga isso está cego pelo orgulho.

As únicas diferenças, possíveis e imagináveis, entre os Espíritos são as de natureza evolutiva, enquanto o conhecimento das leis naturais ainda não é equivalente. Quando esse conhecimento se iguala, o entendimento da vida é o mesmo e desaparecem as diferenças conceituais. No mais, cada um segue o seu caminho como indivíduo, aprendendo uns com os outros.

Entretanto, se o sujeito resiste ou tem dificuldades de vencer a intolerância, evidentemente ficará à mercê da lei de causa e efeito, seja nesta encarnação ou em outras. Com respeito ao ódio, filho também da intolerância, não vemos outra maneira senão trabalhar, persistentemente, ao longo da vida, o amor e a compaixão.

Quanto à impulsividade, claramente trata-se de um desequilíbrio nervoso, geralmente associado a estados de impaciência ou intolerância. Mas é preciso identificar a sua causa, pois nem sempre ela está associada ao psiquismo da pessoa, mas também a causas físicas, como um desequilíbrio hormonal, o uso de medicamentos e drogas, no que a terapêutica passa a ser outra, não a da renovação interior.

A crítica, a reclamação e a irritação sistemáticas

A crítica, a reclamação e a irritação sistemáticas são manifestações que indicam falta de aceitação da realidade, acompanhadas de desequilíbrio nervoso.

É preciso, dessa forma, treinar o espírito para uma maior aceitação dos acontecimentos como eles são e como se dão. É preciso treinar também a mente para que ela entenda o lado bom e positivo das pessoas, uma vez que a crítica, a reclamação e a irritação sistemáticas normalmente só percebem o lado negativo.

Quando jovem, recordo-me de ter um senso crítico bastante apurado, que me incomodava bastante. Certo feita, resolvi combater isso de uma forma um tanto insólita: amarrei uma fita no meu antebraço, escondendo-a debaixo da manga da camisa. E escrevi a seguinte frase: “Não criticar”, para que toda vez que fizesse isso, lembrasse antes da frase e bloqueasse a atitude em tempo.

Hoje relembro tal atitude com humor, apesar de ela ter dado certo na época. Entrava e saia do banho com a fita e acabei tomando consciência dessa minha falha, apesar de ter obtido controle dela somente mais tarde.

É um exemplo pessoal e distante, mas que reforça a ideia de que, qualquer que seja a mudança interior almejada, existe uma maneira pessoal de praticá-la. Importante é que dê certo.

A inveja e a cobiça (ambição, concupiscência)

Inveja e cobiça são igualmente sentimentos primitivos, do tempo ainda em que o homem começava a se organizar em sociedade. Daí o interesse pelas coisas, pelo jeito de ser e pelo estilo de vida do outro, por bens e propriedades, pelo dinheiro e também por cargos e colocações sociais.

São sentimentos imediatistas, de não querer ser inferior ao outro, de não querer ter menos do que o outro e de estar sempre no mesmo nível do outro. Sentimentos que se mantêm ativos enquanto o desenvolvimento da moral não é capaz de eliminá-los – isso é válido também para qualquer sentimento que afete as relações humanas. Neste caso, a aceitação e a humildade são os sentimentos contrários capazes de contê-los.

Com respeito à aceitação, o ideal é que ela seja conduzida pela fé raciocinada, fundamentada na mais pura compreensão da realidade. Compreensão essa que a visão evolutiva da reencarnação e a lei de causa e efeito deixam claro que as diferenças e limitações sociais são situações temporárias e engendradas pelo próprio homem, ambas com função educativa e não punitiva. No sentido reencarnacionista, a aceitação é o mesmo que seguir em frente de forma operosa e produtiva, sem revoltas nem desgostos.

Sobre a humildade, sabe-se que esta é uma atitude que não se fabrica nem se adquire de um instante para o outro. Na verdade, ela é o resultado do desprendimento das posses materiais, acrescidas do amor ao próximo e da prática da generosidade. Em vez de ganância, possessividade e interesses pessoais, desprendimento e aceitação da realidade.

O melindre, a possessividade e o ciúme

São sentimentos que dizem respeito ao âmago dos relacionamentos, complicando-se ainda mais quando eles se são doentios. E quando se chega a esse ponto, necessita-se do apoio de psicoterapias ou terapias espirituais com auxílio do passe magnético (ou reiki).

O melindre é um mecanismo de defesa motivado pelo orgulho no qual a pessoa tem dificuldade de aceitar qualquer tipo de observação, sugestão ou crítica que lhe são endereçadas, contrárias ao que pensa ou acredita que seja a verdade. Nesse caso, é preciso trabalhar muito o sentimento de aceitação, desenvolvendo ao mesmo tempo a afetividade sincera pelo outro.

A possessividade como se sabe é um sentimento imediatista e de apego, focado no "eu". É necessário nesse caso trabalhar dentro de si o respeito ao outro, aprendendo a renunciar e desprender-se das coisas que não lhe pertencem.

O ciúme é um sentimento de contrariedade e desconfiança, por algo ou alguém, em razão da possessividade. O sujeito imagina que esse algo ou alguém, alvo do seu ciúme, não deva compartilhar experiências com o outro. Daí a necessidade de praticar insistentemente o desapego e aprender a amar o outro sem interesses, sem achar que o mesmo lhe pertença ou que possa fazer somente o que pensa.

Na verdade, ninguém é de ninguém e todos compartilhamos experiências na vida em favor de nosso crescimento. Nada nos pertence pela eternidade afora e tudo é perecível, inclusive o próprio corpo material. Mas se a pessoa insiste em contrariar tal realidade, não resistindo ao objeto do seu desejo, os prejuízos serão inevitáveis, começando pela perda ou afastamento do próprio objeto em questão.

A mentira, a calúnia, a difamação e a injúria

A mentira implica em uma adulteração ou negação da realidade. Como tal, é necessária uma ação reversa: aceitar a realidade tal qual ela é, sem receio de comprometimentos. Naturalmente, isso depende de reflexões profundas, especialmente no que diz respeito às consequências negativas e aflições que a mentira pode causar na vida alheia.

Há situações realmente muito perturbadoras nesse sentido, como mentiras inocentes, que na verdade são crimes, tipo publicações falsas pela internet. Quando a mentira atinge a honra de uma pessoa, trata-se de calúnia.

A mentira pode refletir também um mecanismo de defesa, especialmente em situações aflitivas ou comprometedoras. De certa maneira, a dissimulação é também um comportamento alimentado pela mentira, porque busca ocultar a verdade. Noutras circunstâncias, normalmente ela é utilizada para proteger algo ou alguém, mascarando situações inconvenientes.

O maior problema, entretanto, é quando ela se incorpora ao caráter ou à personalidade da pessoa, tornando-se uma patologia. Em tal situação, o melhor é um tratamento psicológico ou espiritual.

A difamação ocorre quando, na tentativa de atingir a reputação de uma pessoa, o agressor articula o descrédito desta perante a opinião pública. Já a injúria ocorre quando o agressor ofende a pessoa como no caso da ofensa racial. Injúria tem origem na palavra injustiça.

Se por algum motivo uma pessoa mente, calunia, difama ou pratica injúria contra alguém, o correto será retratar-se perante esse alguém, se deseja redimir-se moralmente. Entretanto, do ponto de vista jurídico, poderá haver imputação de crime. De qualquer forma, se deseja progredir moralmente é necessário desenvolver respeito ao próximo e aprender a amar o outro como criatura humana, sem distinção de raça, classe social, crença, costume ou gênero.

Pensamentos, sentimentos, ideias e ações grosseiras e violentas

No capítulo "Pensamentos, sentimentos e ideias: campo de influências", deixamos claro que os mesmos irradiam quanta de energia e, portanto, afetam fisicamente as pessoas. Mas o que causa realmente dano e perturbação, para si e para o outro, são os fluidos densos. Principalmente a raiva e o ódio, que, associados a desvios de caráter e de personalidade, além de viciações físicas e morais, levam o indivíduo a cometer ações grosseiras e violentas.

Se o comportamento chega a esse ponto, de irradiar energia densa sem controle algum, é imprescindível policiar a mente, para controlar os instintos inferiores e buscar soluções através da renovação interior. Mais que tudo, é imprescindível praticar pensamentos, sentimentos e ideias de amor, de altruísmo e de humildade, constantemente, além de se envolver com ações solidárias e humanitárias, para que cresça espiritualmente e obtenha a renovação da energia densa por uma energia harmoniosa e leve.

Conhecer, admirar e, se possível, também imitar a vida e os feitos de homens sábios e humildes, que trouxeram grandes benefícios e aperfeiçoamento moral à humanidade, é outro caminho a ser empreendido.

O medo, a insegurança e a timidez

Medo é a insegurança ou incapacidade de a pessoa enfrentar situações peculiares, receando que elas sejam muito difíceis ou que estejam acima de sua capacidade, e, também, de enfrentar situações inusitadas, onde se sente confusa, perdendo o sentido de decisão ou direção, sem saber o que fazer nem para onde ir.

A timidez também pode ser um fator de insegurança, impelida por múltiplas causas, interiores e exteriores, como traumas pessoais, que levam ao isolamento e a situações em que a pessoa se sente retraída ou deslocada em ambientes que não são do seu agrado ou do mesmo nível social.

Medo, insegurança e timidez são portas abertas à dominação do outro, o que pode gerar muitos problemas. O pior é quando esse tipo de dominação chega à agressividade. Assim, para vencer o medo, a insegurança e a timidez são necessárias atitudes assertivas (vide o capítulo "Atitudes assertivas"), independentemente do auxílio de psicoterapias e terapias espirituais.

Consequências das atitudes e das ações promovidas pela raiz dos problemas humanos

São muitas as consequências, físicas e morais, que a raiz dos problemas humanos ocasiona, conforme apresentadas neste capítulo: desilusões, separações, dor, sofrimento, doenças... E tanto sofre o agredido quanto o agressor. Evidentemente, a responsabilidade maior é sempre do agressor, que terá ainda de prestar contas perante a lei de causa e efeito.

De qualquer maneira, se a dor nos atinge, não reclamemos dela, uma vez que ela é fator importante na regeneração do Espírito. Somente sofrendo na pele o que provocamos ao outro, em forma de aflições ou agressões, teremos a oportunidade de reconquistar a paz interior.

Formação do Caráter e da Personalidade

Como se sabe, o caráter se refere às tendências inatas do indivíduo, sejam elas boas ou ruins. Ou seja, o Espírito já nasce com essas tendências, sendo elas o reflexo ou a resultante de vivências do passado reencarnatório.

Cada encarnação proporciona experiências distintas, muitas vezes opostas à que vivemos hoje, como viver na opulência e na pobreza, sendo que todas levam ao aperfeiçoamento do Espírito. Esse aperfeiçoamento evidentemente depende do aproveitamento dessas experiências em termos de renovação interior.

Já a personalidade é moldada pelas influências que recebemos do meio ambiente: família, escola, amizades, relações no trabalho, sociedades culturais e esportivas etc. De acordo com o caráter de cada um, temos uma reação ao jogo de aparências sociais. A personalidade é produto desse jogo, tanto assim que o indivíduo costuma agir de forma diferente nos ambientes diferentes. Mas, mesmo que a pessoa seja uma dentro de casa e outra fora, haverá sempre uma referência de comportamento que a tipifica. Essa referência é a personalidade.

Alguns ambientes favorecem a boa formação da personalidade, outros não. Alguns têm influências poderosas e decisivas sobre nós, outros não. Mas, conforme já foi explicado no capítulo "Carma, livre-arbítrio e progresso", isso faz parte do nosso planejamento de vida, antes mesmo de reencarnarmos. O objetivo é que superemos esses desafios, dominando as situações-conflitos que, invariavelmente, nos acompanham, em favor de nosso crescimento interior.

Transtornos psicoemocionais

Mesmo que eles não sejam percebidos e até mesmo admitidos, transtornos psicoemocionais como depressão, ansiedade, transtorno bipolar, complexos em geral etc., têm causas específicas. E suas causas serão sempre as mesmas, em qualquer tempo: conflitos pessoais e interpessoais, familiares, dificuldades financeiras, problemas de saúde, acidentes etc. Entretanto, se nenhuma causa aparente é identificada na encarnação presente, certamente os conflitos e o trauma se encontra em existência anterior.

O importante é que, uma vez percebido os sinais e a tipificação de um transtorno psicoemocional, é preciso buscar ajuda médica, psicológica e espiritual, para que o mesmo não evolua. Tratamentos psicoterápicos e espirituais nesses casos são muito importantes, mas se não forem acompanhados de renovação interior, com o mínimo de aceitação e compreensão do problema, existe risco do transtorno voltar ou seguir em frente. Em razão disso, as atitudes assertivas propostas mais adiante, no capítulo “Atitudes Assertivas”, são também antídotos eficazes para conter esses transtornos.

Transtornos mentais e espirituais

Transtornos mentais e espirituais não acontecem do nada na vida de uma pessoa. Na verdade, há situações conflituosas que conduzem, paulatinamente, o Espírito a esses tipos de transtornos. E a maioria deles tem raízes em encarnação anterior.

O sujeito, portanto, já nasce com essa predisposição, trazendo alterações químicas em áreas específicas do cérebro. É o caso da esquizofrenia, sendo que os primeiros surtos acontecem em condições correlatas aos acontecimentos causais da vida anterior.

Nos casos estritamente psiquiátricos, o tratamento é médico, com tratamento medicamentoso e psicoterapias. Mas nos casos da fascinação e da subjugação, que são transtornos espirituais, o tratamento evidentemente é espiritual, ainda que possa ser acompanhado de tratamento médico.

Do ponto de vista reencarnacionista, a duração maior ou menor dos transtornos mentais e espirituais está relacionada com a intensidade e consequências do conflito original, podendo ser temporária, recorrente ou para a vida toda.

Desvios de Caráter e de Conduta

Desvios de caráter são indicativos de formação moral deficiente desde vidas anteriores, sendo sempre mais demorada a adaptação do sujeito ao bom convívio social. Indubitavelmente, o espírito com esses desvios é candidato sério a restrições legais, até que o "efeito da dor" o obrigue rever seus conceitos equivocados.

Já os desvios de conduta estão relacionados com as influências do meio em que se vive, havendo maiores possibilidades de recuperação e aceitação social se afastadas as influências perniciosas. Nesse caso, poderá até haver uma retomada de consciência, passando o sujeito a respeitar o próximo. Consciência essa que representa uma transformação moral do indivíduo pela renovação interior.

Influências espirituais: causas, efeitos e meios de controlá-las

Apesar de os meios acadêmicos ainda ignorarem a influência sutil dos Espíritos nas relações humanas, isso não quer dizer que ela não exista. Pelo contrário, esse é, com certeza, um dos conhecimentos mais ancestrais na história da humanidade, estudado desde o século 19 por grandes nomes da ciência como o químico Willian Crookes; Willian James, considerado o pai da psicologia; o famoso médico e escritor Arthur Conan Doyle e o pedagogo Hippolyte Leon Denizard Rivail (Allan Kardec), entre muitos outros.

Como bem assinalou Allan Kardec sobre essas influências: "*todo efeito inteligente tem uma causa inteligente*", que se diferencia dos fenômenos anímicos por independer da vontade do sujeito.

Afirma ainda o autor espiritual Emmanuel, no livro *Roteiro* (cap. 9, 1952), que a população de desencarnados é muito superior à de encarnados, o que reforça essa questão da influência espiritual, seja ela boa ou seja má.

Espíritos que causam boas influências são naturalmente Espíritos bons ou de boa moral. Normalmente, eles se ligam ao encarnado por simpatia ou afinidade, quando não por uma designação superior, para protegerem ou intuir medidas inteligentes em nosso favor. São eles os parentes, amigos e pessoas conhecidas, que nos antecederam na presente encarnação.

Ao contrário, Espíritos que provocam más influências são dotados de moral deficiente e atuam dessa forma por alguma diferença ou insatisfação pessoal em relação a nós ou alguém próximo, podendo ou não ter compartilhado experiências encarnatórias em comum.

Como dito no capítulo "Pensamentos, sentimentos e ideias: campo de influências", a influência mentoemocional é física e sem fronteiras. Se dá entre os encarnados, os desencarnados e entre ambos, tudo dependendo da sintonia mental.

Naturalmente, existem pessoas mais sensíveis e outras menos sensíveis a esse tipo de influência. Ambas, porém, são afetadas por ela, ainda que disso não percebam ou tenham consciência. No caso de as influências serem perniciosas, o melhor é buscar tratamento espiritual adequado. Atitudes assertivas, porém, são sempre o melhor remédio. Uma influência espiritual perniciosa se inicia pela obsessão simples, e, se não tratada em tempo, pode evoluir para a fascinação e a subjugação, tornando-se mais complicada e demorada a recuperação.

VÍCIOS E VICIAÇÕES, FÍSICOS E MORAIS

Os vícios e viciações, físicos e morais, sofrem invariavelmente influências do meio em que se vive, principalmente de pessoas próximas e apelos publicitários. Os vícios morais derivam de fatores interiores ou biopsicoemocionais, como, por exemplo, a ansiedade, a rebeldia e a timidez. Mas, independentemente de suas causas, todo vício é prejudicial à saúde e às relações em geral.

Tudo começa pelo hábito, que depois se transforma em vício (hábito contumaz), seguido de relaxamento moral e dependência química. Uma vez identificado o hábito (de fumar, de beber, de usar drogas, de falar mal dos outros, de ser negativo etc.) e tomando consciência dele, será possível demovê-lo, utilizando a força de vontade. Porém, transformado o hábito em vício, será necessário uma força ainda maior para superá-lo, mas nada que seja impossível. Com determinação, muitos conseguem esse intento.

Quando o vício chega ao estado de relaxamento moral e à dependência química, entretanto, é hora de buscar ajuda e tratamento médico, psicológico e espiritual. Resposta positiva no combate ao vício é a entrega e o envolvimento do sujeito ao tratamento, juntamente com aqueles que o apoiam na sua recuperação.

Vícios físicos

Causam graves problemas à saúde da pessoa, além de gerar perturbações nos relacionamentos.

Dependência química – As substâncias químicas do cigarro, do álcool e outras drogas causam dependência química porque o organismo se acostuma a elas, passando a requisitá-las com regularidade – isso independentemente do esforço e da vontade contrária do usuário. O uso das drogas, num primeiro momento, relaxa e provoca euforia, mas, passado um tempo, seus efeitos deletérios causam alterações do sentido, falta de atenção, de concentração e de memória, além de irritação e delírios, especialmente as drogas ilícitas. Por causa disso, o usuário que tenta abandonar o vício, sofre os efeitos da síndrome da abstinência, que o instiga a retornar às drogas.

Dependência sexual – A libido forte, associada a fatores psicológicos e até transtornos da personalidade, leva o indivíduo se tornar dependente de sexo. A energia sexual é uma das forças mais intensas da natureza, sobretudo na fase da adolescência. Está associada ao chacra genésico, que se localiza na região genital. Este, por sua vez, é a porta de entrada das energias telúricas – oriundas do interior do magnetismo terrestre. Segundo Leadbeater, em *Os Chacras*, essa energia é uma força que ascende lentamente "pelo interior da coluna vertebral", partindo do chacra básico até o coronário. Quando, pela evolução anímica, essa energia chega ao chacra frontal, ela ativa ainda mais as funções cerebrais, sendo melhor educada por meio dos valores morais.

Dependência digital ou eletrônica – O advento do computador e dos smartphones fez surgir uma nova modalidade de dependência chamada dependência digital ou eletrônica, que nada mais é do que o vício por aparelhos eletrônicos, pelo uso compulsivo de jogos eletrônicos, navegação e relacionamentos contumazes na internet e redes sociais. Essa dependência, contudo, só é considerada uma patologia quando o sujeito não consegue mais abandonar a "telinha", causando insocialização, conflitos familiares e transtornos mentais, deixando, inclusive, de realizar necessidades básicas. Segundo o dr. Manfred Spitzer, neurocientista alemão, este tipo de transtorno se iniciou no final da década de 1990, tendo ele publicado, em 2012, o livro *Dependência Digital*: o perigo das novas tecnologias.

Provavelmente, as cargas e energias emitidas pela "telinha", num primeiro momento, impressionem a vista do dependente digital e, devido à persistência do ato, cria-se uma corrente viciada focada nos assuntos de seu interesse. Como bem afirma a programação neurolinguística (PNL), nessas situações é necessário uma reprogramação cerebral, bem como o afastamento temporário dos aparelhos causadores da dependência. Além disso, é fundamental também a reprogramação socioafetiva, de maneira que o usuário volte a conviver normalmente com esses aparelhos e com as pessoas, sabendo, porém, quais os seus limites.

Vícios Morais

Causam, sobretudo, dificuldades e perturbações aos relacionamentos.

O negativismo – Esse tipo de viciação decorre de uma corrente mental fechada, que se processa em *looping* ou repetitivamente. O negativismo é uma situação típica do sujeito que se comporta com alheamento à realidade, acreditando piamente que não há luz no fim do túnel.

Esse estado mental instiga e alimenta ainda uma série de sentimentos afins como o complexo de culpa, o medo e o derrotismo. Ao contrário do positivismo, que acredita e luta por melhorias, estando sempre aberto a tudo com a maior compreensão.

Evidentemente, para conter ou eliminar o negativismo é necessário desfazer essa corrente mental em *looping*, com portas abertas à realidade à verdade e ao positivismo. Um caminho para isso seria a convivência com pessoas assertivas e ter boas leituras. O passe magnético e o reiki também ajudam na dissipação de cargas mentais negativas e fluidos densos que ficam aprisionados na aura.

A teimosia – Quando utilizada em sentido de atingir objetivos específicos e construtivos, levando o indivíduo ao aperfeiçoamento de algo ou alguma coisa, a teimosia é uma virtude comparável à persistência. Mas, em sentido patológico, a teimosia é uma resistência causada pelo orgulho, que provoca muitos transtornos nos relacionamentos. E quem possui esse sentimento muito enraizado, precisa trabalhar bastante a humildade. Especialmente no caso da teimosia, é preciso trabalhar também, e muito, a aceitação dos fatos, a fim de que o sujeito vença a resistência que esse tipo de atitude causa internamente.

A indisciplina – A indisciplina, quando não ocasionada por doenças que desorganizam o cérebro, é indicativo de desinteresse, desprezo ou desrespeito à ordem, às regras, à organização e também aos valores morais. No íntimo, é uma questão de orgulho e egoísmo, não admitindo viver dentro das regras sociais com o outro.

É o caso, por exemplo, do desinteresse, desprezo ou desrespeito à ordem, às regras, à organização e aos valores morais praticados com consciência. Já a indisciplina praticada por desinteresse ou desatenção requer observação clínica e aplicação de terapêuticas que levem à melhora desses comportamentos como exercícios de atenção, de autocontrole e de respeito ao próximo.

O ócio – Definição: pausa, relaxamento e também desconforto emocional, caracterizado pela falta de ação, com desprezo ou desrespeito à vida. O problema do ócio é quando ele deixa de ser uma descontração ou ócio produtivo para cair no desânimo, no desalento, na preguiça e na falta de coragem, demorando-se nessa situação. Nessas condições, o indivíduo carece do apoio de pessoas assertivas, que a estimulem na volta ao trabalho, na retomada das atividades de interesse e outros recursos de promoção da pessoa.

O destempero da voz – O destempero da voz tem como causa naturalmente o descontrole nervoso, que passa a não mais ser percebido por quem sofre desse problema. Sem percepção auditiva e com o cérebro bloqueado pelo descontrole nervoso, o destempero da voz pode ocasionar gritarias, que leva às discussões e pode chegar a atos de violência. Além disso, uma parcela dos fluidos densos não dissipados por ocasião desses destemperos fica incorporada à aura do indivíduo, como nuvens carregadas eletronegativamente, o que pode levar a novos destemperos e discussões em momento oportuno. É fundamental, portanto, que o sujeito aprenda a se controlar e educar a sua voz, a fim de obter harmonia nas relações.

O mau-humor ou azedume – Mau-humor ou azedume é um conjunto de expressões faciais e verbais que indicam que algo não está bem com a pessoa, física e espiritualmente. Problemas de saúde como depressão, insônia, dores e mau funcionamento dos órgãos (coração, fígado, rins, estômago), por exemplo, também causam mau-humor ou azedume.

A questão, porém, é saber quanto esses incômodos são realmente físicos, e quanto são característicos da pessoa. No caso de serem característicos da pessoa, as causas normalmente são a não aceitação da realidade, incompreensões e revoltas interiores. Necessário nesses casos a prática de atitudes assertivas, especialmente o otimismo, a alegria e o sorriso, para a renovação da estética facial.

Rispidez e rigidez moral – A rispidez e a rigidez moral, assim como a inflexibilidade, são heranças de valores não fundamentados na realidade e calcados no orgulho e na falsa superioridade de hierarquias sociais que não têm sustentação no tempo e também do ponto de vista reencarnatório. Daí o Espírito já nascer de caráter duro e desprovido de sensibilidade humana, mesmo não desfrutando mais antigas posições de destaque que teria tido no passado reencarnatório. Nesses casos, o Espírito dotado de rigidez moral e rispidez precisa de renovação de valores e, certamente, só encontrará isso depois de passar, primeiramente e com aceitação, pelas experiências encarnatórias de resgate e com a devida transformação moral. Transformação moral essa que pode começar pelo exercício do amor ao próximo.

Palavrões – Palavrões são termos ou expressões vulgares (não faladas na língua culta), que podem ou não ofender o outro, dependendo da maneira como é dita. Quando se torna um vício e são pronunciados com a intenção de ofender, carrega consigo energia densa e pode até ocasionar discussões, gritarias e brigas. Melhor, então, não dizê-los.

A corrupção – Corrupção é o ato ou a prática de ilícitos com o objetivo de obter vantagens pessoais. Quem pratica a corrupção normalmente o faz de forma compulsiva e obsessiva, tanto que acaba ficando cego a essa realidade, não percebendo mais os males que pratica nem as consequências danosas deles.

Muitos são os casos de corrupção em âmbito legal, entre os quais destacamos: a corrupção ativa e a corrupção passiva, o tráfico de influência, a condescendência criminosa, a facilitação, o contrabando e tantos outros crimes de natureza administrativa como a concussão, o peculato, a prevaricação, a improbidade administrativa etc.

Informalmente, porém, a corrupção é uma doença da alma, necessitando também renovação de valores morais. Evidentemente que qualquer ilícito praticado terá as suas sanções na forma da lei. E mesmo que isso não aconteça, as leis naturais se encarregarão do devido reajuste, e no tempo adequado, pela lei de causa e feito.

Delitos e práticas criminosas – Delitos e práticas criminosas têm normalmente como causa os desvios de caráter. Possuem características subjetivas (como a calúnia e a difamação) e objetivas (como o furto, o homicídio e o estelionato).

Quem infringe a lei e pratica crimes, conscientemente ou não (sob o efeito de drogas, fascinação ou subjugação), necessita de recursos reeducativos e/ou corretivos para se melhorar. Os casos psicopáticos, considerados incorrigíveis no âmbito da existência em curso, terão, no entanto, a devida oportunidade de recuperação em existências futuras, por meio de resgates cármicos.

ATITUDES ASSERTIVAS

A assertividade é uma força interior, de natureza positiva e autoafirmativa, que fortalece a vontade e capacita o indivíduo a superar obstáculos, quaisquer que sejam eles, materiais, mentais ou espirituais. Além disso, quanto mais essa força é adotada, mais forte, benigna e segura se torna a pessoa.

Alguns programas motivacionais e de neurolinguística focam mais a questão de o sujeito obter sucesso material e vantagens pessoais por meio da assertividade. No caso da transformação moral pela renovação interior, no entanto, o objetivo é tornar o indivíduo melhor, para o seu próprio bem e para o bem de todos.

A seguir, destacamos algumas atitudes assertivas essenciais com foco na transformação moral do indivíduo.

O otimismo

O otimismo é uma das forças mais poderosas que vibram no campo mentoemocional humano, produto de sua evolução espiritual e do raciocínio lógico, capaz de enfrentar qualquer ação negativa, sem receios. Com ele não existe infelicidade nem desfalecimento diante da maior tragédia. Além disso, sua energia é expansiva e envolvente, expulsando toda descrença e azedume pelo caminho.

Em geral, pessoas dotadas de fé e de capacidade diretiva possuem naturalmente esse sentimento. Todavia, qualquer pessoa deficitária dele pode adotar medidas de crescimento e domínio interior, de forma que, aos poucos, o otimismo se incorpore ao seu campo mentoemocional. E isso deve começar com a prática habitual de gerar pensamentos positivos assim como a negação de expressões pesarosas e derrotistas.

A alegria e o sorriso

Da mesma forma que o otimismo, a alegria e o sorriso são uma energia expansiva e envolvente, que torna o ambiente mais agradável e acolhedor. Isso pelo bem-estar e simpatia que causam.

Mesmo enfrentando situações difíceis e pesarosas na vida, é possível sorrir e mostrar alegria, sem o receio de ser falso. Pelo contrário, tais atitudes denotam superioridade emocional e confiança, necessárias à superação de quaisquer problemas.

Desfrutar também de momentos de lazer e formas de entretenimento como válvulas de escape é fundamental na manutenção da alegria e do bom humor.

A gratidão

A gratidão é um sentimento de reconhecimento e humildade pelo que se recebeu e carrega consigo energias calmantes e de profundo bem-estar. Essas energias também favorecem, de forma igualitária, tanto o beneficiado quanto o beneficiário, não importando quem sejam, na mesma intensidade do envolvimento das onda mentais.

A gratidão também não é apenas de pessoa para pessoa, mas de pessoa para animais, plantas e outros agentes da natureza como o sol, o céu, o ar, o mar etc. Esse tipo de relação, aliás, em relação a tudo, é extremamente saudável e mantém o respeito à natureza, trazendo benefícios à saúde física e mental.

A gratidão – tanto quanto o amor e o perdão – é o antídoto natural da revolta. O espírito revoltoso normalmente não aceita e não entende que o outro tem o direito natural de viver situações melhores do que a sua e por isso se rebela, chamando para si doenças e inimizades. A gratidão, pelo contrário, como o amor e o perdão, só traz paz, felicidade e proteção.

A prática do amor e do perdão

Amar e perdoar são sentimentos que denotam elevada compreensão humana e da vida. Sem eles todas as relações humanas estariam fadadas à desarmonia e padeceriam de incompreensões, revoltas e intemperanças intermináveis. O amor e o perdão é resultado da evolução moral do homem e suas energias beneficiam todas as espécies e seres viventes.

O amor é benigno, vital e acolhedor como o sol, tanto quanto o perdão desfaz os resíduos da mágoa e da desarmonia. Portanto, eles são fundamentais para as relações em geral. Mas não são sentimentos que se incorporem facilmente à pessoa; antes de tudo, eles são o resultado da evolução do ser no tempo. Entretanto, no atual estágio da humanidade, é plenamente possível tê-los acelerados em si por meio de ações solidárias e humanitárias.

O benefício da prece

A prece é a ligação mental do ser humano com as forças superiores, conforme as crenças que se pratiquem. Justamente por ser uma ligação com as forças superiores, ela requer pensamentos e sentimentos elevados e precisa ser conduzida com a mais absoluta sinceridade. Do contrário, o direcionamento das ondas mentoemocionais envolvidas podem não alcançar o objetivo. Não bastam petitórios e vãs repetições de palavras, quando não há sinceridade no sentimento. Nesse sentido, a prece espontânea é preponderante sobre a prece repetitiva.

Comprovadamente, a prece produz benefícios notáveis, físicos, mentais e espirituais. Quem a pratica sabe disso. Quem não a pratica não tem como avaliar o seu efeito. Ela não apenas tranquiliza como fortalece o espírito, sempre que acionada. Na maioria das vezes, seus praticantes obtêm também respostas surpreendentes e transcendentais relacionadas com as necessidades pessoais.

No Brasil, o médico neurologista dr. Alexandre Serafim desenvolve pesquisa que comprova os efeitos da prece na fisiologia e no psiquismo humano, provocando, entre outras coisas, e por meio da estimulação ou atenuação dos neurotransmissores, o relaxamento muscular, a redução da dor, a diminuição do estresse etc (https://www.youtube.com/watch?feature=youtu.be&v=28wYGO8tJYk&app=desktop).

A confiança na proteção divina

A confiança na proteção divina implica necessariamente no reconhecimento da realidade espiritual, sendo que o intercâmbio com as forças espirituias representa a vontade de Deus na Terra, por meio de leis físicas e morais, em especial as lei de amor, de justiça e misericórdia.

Na relação do crente com as forças espirituais se obtêm respostas positivas e transcedentais, da mesma forma que a prece. Daí a importância de desenvolver a confiança na proteção divina. Além disso, esse tipo de relação fortalece o espírito, dotando-o de mais coragem no enfrentamento dos desafios da vida.

Conforme explicado em "Influências espirituais: causas, efeitos e meios de controlá-las", a proteção espiritual é promovida pelos Espíritos protetores, sendo que eles fazem parte também da família espiritual do indivíduo, ainda que não se perceba nem se acredite nisso.

Os fenômenos espirituais existem e são tão físicos quanto qualquer outro fenômeno da natureza – a chuva, o frio, o terremoto, entre outros. No futuro, quando as ondas mentais forem descobertas e estudadas (não as ondas cerebrais, detectadas pelo encefalograma), esse conhecimento será mais bem apreciado no campo científico.

A admiração e o elogio das qualidades alheias

Uma das principais ações de motivação e de promoção do espírito é saber admirar e elogiar suas qualidades ou qualificações. Fazer o contrário, ou seja, desprezar ou criticar o esforço de quem busca se melhorar é falta grave, podendo ser incluída no rol da "raiz dos problemas humanos". Da mesma forma que elogiar com interesses pessoais ou políticos não é elogio, é bajulação.

Mas é preciso escolher o momento certo para expressar admiração e fazer elogios, bem como realizá-los na medida certa. Admiração e elogios fora de propósito ou em excesso podem ser interpretados como adulação ou favorecimento e provocar constrangimento ou rejeição. É preciso, pois, ter um motivo justo para eles, sendo que devemos também ser pontuais e espontâneos na sua aplicação.

A prática do bem

Muitos fazem o bem por questões religiosas, mas na verdade essa prática independe de religião. Antes de tudo, revela o espírito fraterno e misericordioso que existe em todo ser humano. É possível também desenvolver esse espírito através de programas solidários, de caráter humanitário, como ser voluntário em hospitais, em instituições beneficentes, fazendo visitas fraternas a doentes, idosos, presidiários etc.

Essa prática tanto é benéfica para quem é auxiliado, recebendo ânimo e estímulo, quanto para quem a executa, porque se sente feliz e recompensado pelo bem que faz. Aliás, essa troca de energias entre o dar e receber, entre abençoar e ser abençoado, são fenômenos perfeitamente explicáveis nas leis do mentomagnetismo humano (vide capítulo "Pensamentos, sentimentos e ideias: campo de influências"). Ou seja, ações fraternas e amorosas irradiam energias harmoniosas e leves que causam bem-estar e relaxamento físico e mental a beneficiários e beneficiados.

REGRAS DE CONDUTA

Como vimos no capítulo "A Evolução das Ideias do Homem. Uma Viagem no Tempo", as regras de conduta nasceram da necessidade de se ter valores éticos na organização das sociedades antigas, tendo seus líderes religiosos, filósofos e legisladores se utilizado delas para melhor difundir suas ideias. Muitas dessas regras, séculos e milênios depois, tiveram seus conceitos incorporados a estatutos e leis civis, visando naturalmente ao aperfeiçoamento das relações humanas.

Com o advento da psicologia, no final do século 19 e início do 20, e o avanço das ciências sociais e médicas, muitas dessas regras, de natureza ética e religiosa, ganharam validação científica.

As regras áureas do cristianismo, por exemplo, "*Ama o próximo como a ti mesmo* (Mc 12:31)", "*Se teu irmão pecar contra ti, repreende-o e, se ele se arrepender, perdoa-lhe* (Lc 17:3)", "*Seja, porém, o teu falar: sim, sim; não, não* (Mt 5:37)", entre outras, são pensamentos que qualquer psicólogo ou psiquiatra transmitiriam hoje a seus pacientes, com palavras próprias, na orientação de conflitos interiores. O mesmo pode-se dizer das instruções de Patânjali, no *Ioga Sutras*, e de inúmeros outros filósofos e religiosos.

Regras de conduta advêm de valores éticos e não devem ser confundidas com fórmulas preconceituosas e orientações personalísticas de espíritos dominadores. Aliás, muitas vezes elas são mesmo necessárias, a fim de que a pessoa adquira disciplina moral, que só bem lhe fará.

TÉCNICAS DE BEM VIVER

Muitos são os conflitos e complicadores na vida: de natureza pessoal, familiar, conjugal, profissional, orgânico, entre outros. Alguns são controláveis, outros não; alguns pedem a nossa participação e responsabilidade, outros não. Além disso, por mais independente que a pessoa seja, dizendo que não precisa de ninguém, sabemos que isso não é verdade, porque vivemos em sociedade. Todos necessitam uns dos outros em relação a quase tudo: alimentação, vestuário, trabalho, dinheiro...

Enfim, administrar tudo isso, de forma consciente e com equilíbrio no dia a dia, requer técnicas de bem viver, que, a rigor, variam de acordo com a experiência, a visão e o estilo de vida de cada um. É o caso, por exemplo, do esportista, do empresário e da dona de casa, que vivem realidades diferentes e possuem, naturalmente, necessidades e obrigações diferentes. Sem se esquecer que a vida também tem fases distintas (infância, juventude, maturidade e velhice), passando pelos mesmos diferenciais.

Com respeito à visão pessoal de vida e à compreensão sobre a natureza divina, o filósofo indiano Swami Vivekananda fez as seguintes distinções: o da pessoa prática, que encara a vida por meio de causas e efeitos; o da pessoa intelectualizada, que vê tudo pelo lado do conhecimento e da ciência; e o da pessoa emocional, que é movida pela fé ou devoção religiosa, assim também como aqueles que se devotam à arte e à cultura. Além desses, certamente haverá outros perfis, mesclados e em diferentes graus.

Contudo, se as técnicas do bem viver sofrem variações, pela visão particular, pela experiência e pelo estilo de vida de cada um, a base de sustentação delas é sempre a mesma: praticar atitudes assertivas e adotar de regras de conduta que remetem a momentos felizes e a objetivos superiores de vida.

O DOMÍNIO DE SI

Quando o ser humano atinge o pensamento estruturado e já superou a raiz dos problemas humanos, tendo adquirido segurança em relação aos vícios e complexos de inferioridade e superioridade, pode-se dizer que ele está em posse do domínio de si.

Entretanto, isso não quer dizer que ele já atingiu o ápice da evolução e não tem mais nada para aprender, estando igualmente isento de erros. De forma alguma. Até porque o dinamismo da vida nos impele e impelirá sempre a viver situações inesperadas, invariavelmente, algumas francamente desequilibrantes ou agressivas, de forma que é preciso sempre estarmos reeducando e renovando nosso estado de espírito.

O importante é que aquele que tem, seguramente, o pensamento estruturado, jamais falte com o respeito ao outro, a todos os seres viventes e às leis que governam a vida universal (leis físicas, químicas, morais, ambientais...).

Conduta ética e domínio mental

De acordo com o filósofo indiano Patânjali, antes de obter o domínio mental é preciso adotar uma conduta ética. A pessoa com força mental, mas desprovida de ética é um risco para si mesmo e para a sociedade. Aliás, conforme as leis da natureza, tudo acontece no tempo e na medida certa. Isto é, o domínio mental é também consequência da evolução natural, sem a necessidade de ter de forçar nada.

Práticas respiratórias

"O levantador de peso estava prestes a levantar uma barra com mais de duzentos quilos. Concentrou-se, prendeu a respiração, contraiu o abdômen e fez o arranque, apoiando a barra acima do peito; depois fez o arremesso dela, mantendo-a levantada por dois segundos, até soltar de todo o ar, devolvendo-a ao solo".

O importante desse exercício feito pelo levantador de peso é apenas para identificar como a concentração mental e a retenção da respiração concedem força extraordinária ao atleta, mesmo que por instantes, permitindo que o mesmo seja capaz de levantar um peso muito acima da média.

Também, frases como "respirar fundo nos momentos de crise" e "prender a respiração para não `explodir´" são exemplos que enfatizam o valor da concentração mental e da retenção da respiração.

Na verdade, essa prática é de conhecimento da ioga há milênios. Dentre os vários os exercícios descritos por ela, com o objetivo de obter domínio mental e o domínio de si, destacamos um, descrito a seguir:

1º) Antes de começar o exercício, limpe a mente de preocupações e mantenha uma postura tranquila e a coluna ereta. Essa postura evitará possíveis distensões musculares na região do tronco e dos braços.

2º) Inspire o ar enchendo o abdômen. Leve-o depois à parte superior dos pulmões, contraindo o abdômen.

3º) Inspire o ar na proporção de um tempo, retenha-o na proporção de três tempos e solte-o na proporção de dois tempos. Pratique este exercício por alguns minutos, diariamente ou quando achar necessário. É possível também praticá-lo caminhando.

4º) Se sentir-se bem e fisicamente em condições, pode aumentar o tempo de retenção do ar, progressivamente, de três tempos para quatro, cinco tempos... Quanto achar que é possível.

Este simples exercício, de retenção do ar, aumenta sobremaneira a capacidade de concentração e o domínio mental, causando profundo bem-estar ao indivíduo. Com o tempo, haverá também o aumento de percepção extrassensorial.

Glossário

Alma: Conforme a resposta nº 134 de *O Livro dos Espíritos*, alma é a denominação que se dá às manifestações do Espírito encarnado quando em desdobramento (fora do corpo material, por efeito do sono ou de outros meios indutivos como a hipnose e a mediunidade) ou bilocação. Exclusivamente para o desencarnado utiliza-se apenas o termo Espírito. Portanto, a alma é o próprio perispírito, muitas vezes acompanhada do duplo etérico, ambos vinculados ao corpo material por meio do "cordão fluídico".

Aura: Campo ou halo magnético que envolve os chamados corpos sutis das pessoas e dos seres viventes (em conformidade com a sua evolução), similar ao campo magnético do corpo material. No homem, a aura tem a forma ovóide ou ovalada, com dimensão mais ampla em torno da cabeça, evidentemente por estarem aí instalados os centros inteligentes do Espírito (mente e cérebro). Conforme André Luiz (*Evolução em Dois Mundos*, cap. 17), "*Todos os seres vivos... dos mais rudimentares aos mais complexos, se revestem de um "halo energético" que lhes corresponde à natureza*".

O brilho e coloração da aura variam conforme a atividade mentoemocional e a evolução espiritual de cada pessoa (idem; vide também subtítulos "Transmissão mental e reflexos nos corpos sutis ou espirituais" e "Ação física dos pensamentos, sentimentos e ideias", no capítulo Pensamentos, sentimentos e ideias: campo de influências).

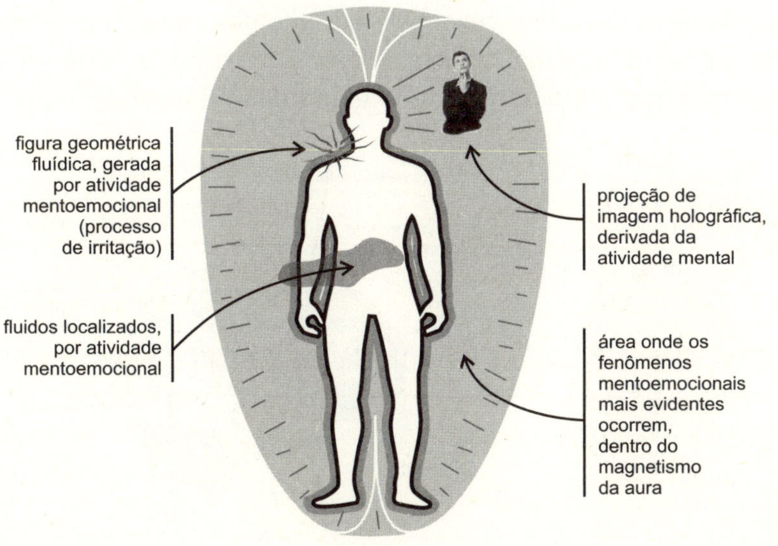

Fig. 115 - Aura humana

Animismo: Tudo o que diz respeito aos fenômenos mentais, impressões e experiências exclusivas da alma durante o desdobramento. Muitas vezes essas impressões pessoais, experiências e lembranças, depois de a alma retornar ao corpo material, são erroneamente confundidas por orientações dos Espíritos.

Caráter: tendências inatas do ser humano (próprias ou que já nasce com a pessoa).

Campo mentoemocional: área de influência mental do ser pensante, marcada por forte magnetismo.

Cérebro: localizado no interior do crânio, é o órgão que responde fisicamente pelo gerenciamento das funções inteligentes (raciocínio, atenção, concentração, memória, emoção) e demais funções, sensitivas e motoras, do corpo material (ou psicossoma).

O cérebro divide-se em dois hemisférios: direito e esquerdo. O lado direito do cérebro comanda as funções sensitivas e motoras do lado esquerdo do corpo material, assim como o lado esquerdo comanda as funções sensitivas e motoras do lado direito. Um acidente ou lesão grave em uma determinada área do cérebro podem levar à perda parcial ou total das funções correspondentes no lado oposto do corpo.

O cérebro é dividido também em áreas, que controlam e regulam todas as funções do corpo material (inteligentes, sensitivas e motoras). Comunica-se com as demais partes e órgãos do corpo por meio de extensa rede nervosa e por meio do comando glandular e hormonal.

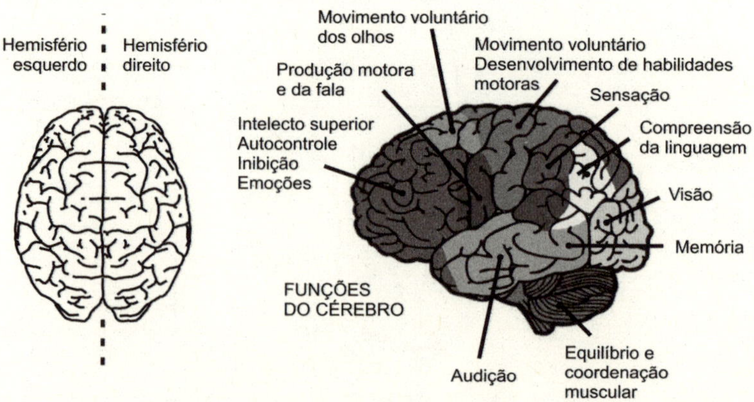

Fig. 116 - Cérebro humano

Chacra (Centro de Força ou Centro Vital): Palavra originária do sânscrito, que quer dizer "roda", em referência ao seu formato de roda, com diversos vórtices movimentando energias em sentido giratório. É uma espécie de órgão dos sentidos, localizado nos corpos sutis e percebido apenas por videntes e pelos Espíritos (vide *Evolução em Dois Mundos*, cap. 2, "Centros Vitais", de André Luiz).

Possui funções semelhantes à de uma antena parabólica ou radiotelescópio, porém, os vortices o fazem de si mais do que uma antena: são centros de força que captam uma infinidade de raios e ondas nas faixas do espectro eletromagnético do mundo espiritual, de toda natureza e vindos de todas as direções (vide os livros *Os Chacras* e *Mãos de Luz*, respectivamente de C. W. Leadbeater e Bárbara Ann Brennan).

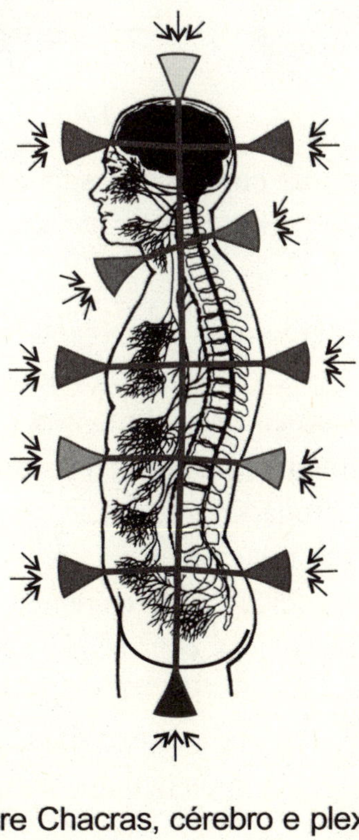

Fig. 117 - Conexão entre Chacras, cérebro e plexos nervosos (de perfil)

Muito provavelmente esses vórtices sejam os responsáveis pelo decaimento da velocidade dos raios até o espectro do mundo material, para logo em seguida serem transformados em impulsos nervosos e metabolizados no organismo humano por meio das glândulas endócrinas e dos plexos nervosos.

Tal qual os órgãos materiais, os chacras também são passíveis de adoecerem e de se regenerarem, apresentando diferentes constituições físicas:

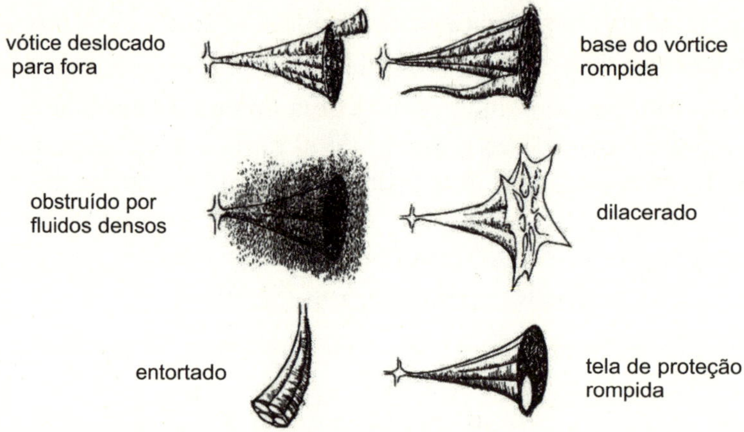

Fig. 118 - Diferentes constituições físicas dos chacras

(conforme Bárbara Ann Brennan)

Os chacras são em número de sete: o genésico (controla as funções sexuais e as forças criadoras. Órgãos relacionados: os genitais); o gástrico (controla a digestão e a absorção dos alimentos. Órgãos relacionados: estômago e intestinos); o esplênico (controla o sistema hemático e as defesas do organismo. Órgão relacionado: o baço); o cardíaco (controla todos os impulsos da emoção. Órgão relacionado: o coração); o laríngeo (controla a respiração, a fonação e a audição. Órgãos relacionados: pulmões, laringe e ouvidos); o frontal (controla os centros da inteligência, as glândulas endócrinas, o sistema nervoso e a visão. Órgão relacionado: o cérebro); o coronário (é a sede da consciência e da espiritualidade e controla todos os impulsos vitais, em conexão com os demais chacras. Órgão relacionado: a glândula pineal).

A percepção multifocal, de ver e perceber as coisas e os Espíritos em torno de si, e também multissensorial, de perceber as irradiações do pensamento, sentimento e ideias, além daquele clima bom ou ruim que fica no “ar”, são caracteristicas comum aos chacras.

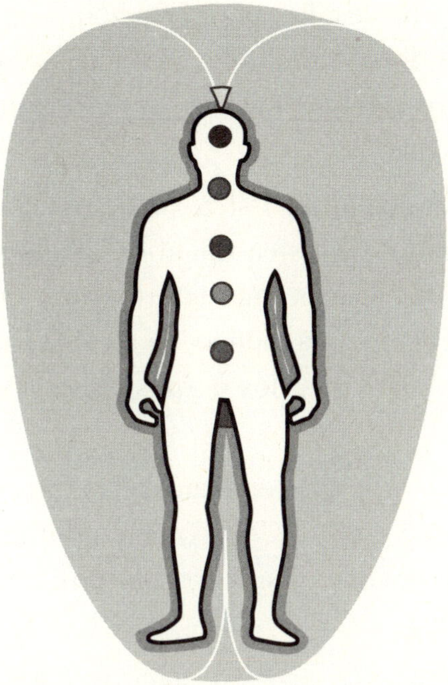

Fig. 119 - Os chacras (de frente)

Comportamento: conjunto de ações praticadas pelo indivíduo, observáveis objetivamente.

Cordão fluídico (Cordão de prata): Quando a alma ou o duplo etérico deixam temporariamente o corpo material, durante o sono ou em desdobramento, o fazem por meio de um cordão fluídico conhecido também como cordão de prata (devido a sua coloração). Esse cordão é também extensivo aos corpos sutis.

Esse cordão é uma ligação magnética entre o perispírito e o corpo material, centrado na região do cérebro. Com a morte do corpo material, o cordão fluídico se desfaz em até três dias, razão pela qual se aconselha a não cremação do corpo material antes desse tempo. Se isso ocorrer, antes do prazo citado, o Espírito sofrerá as dores físicas da cremação, devido ao vínculo magnético entre o perispírito e o corpo material. Mas, mesmo com a desencarnação, o cordão fluídico continuará existindo, entre o perispírito e os corpos sutis subsistentes, permitindo ao Espírito desdobramentos em outras esferas de vida.

Corpos sutis (corpos espirituais): Desde que os corpos sutis foram conceituados, no final do século 20 e a partir das observações e estudos da aura feitos por clarividentes, pensava-se neles como sendo corpos ou organismos independentes.

Entretanto, no conceito da física atual, especialmente dentro dos estudos do magnetismo e da física quântica, podemos compreendê-los hoje como organizações físicas que exteriorizam o mentomagnetismo humano dentro de um campo magnético, da mesma forma que as imagens em infravermelho e ultravioleta dos corpos materiais são expressões de radiações magnéticas.

- As irradiações ou energias emanadas das forças neuropsíquicas do corpo material formam o *corpo etérico* (não confundir com o "duplo etérico", formado pela energia mais densa deste corpo). Coloração: acinzentada clara e também azulínia.

O halo energético exteriorizado por este corpo é fácil de ser observado, a olho nu. Para isso, basta focar a visão, concentradamente, na superfície do corpo material durante alguns instantes. Logo se verá um fio luminoso de cerca de 3 milímetros e o halo, translúcido e opaco, de cerca de 3 centímetros ou mais, conforme o momento da observação.

- As irradiações ou energias emanadas pelos sentimentos e emoções formam o chamado *corpo emocional*. Coloração: multicolorida.

- As irradiações ou energias emanadas pelos pensamentos e ideias formam o chamado *corpo mental*. Coloração (de fundo): amarelada.

Alguns autores citam a existência de outros corpos energéticos sutis, porém mantivemos aqui apenas os que até agora foram motivo de observação e pesquisa. As denominações de corpo etérico, corpo emocional e corpo mental são comuns aos autores em geral, inclusive o autor espiritual André Luiz. O corpo emocional e o corpo mental estão associados ao perispírito.

Desdobramento: Estado em que a alma se encontra fora do corpo material, durante o intervalo do sono, por efeito de sonambulismo natural (relaxamento mental e muscular) ou por efeito do transe (indução espiritual).

O desdobramento pode ser parcial (quando a alma está próxima do corpo material) ou total (quando a alma deixa efetivamente o corpo material, excursionando pelo mundo espiritual), e de forma consciente, inconsciente ou semiconsciente.

Nos desdobramentos conscientes, dão-se as lembranças do mundo espiritual, exatamente como elas acontecem. Nos desdobramentos inconscientes, as lembranças normalmente sofrem interferências e podem até não acontecer (vide "Sonhos reais" e "Sonhos fictícios", neste mesmo capítulo).

O duplo etérico normalmente segue os impulsos da alma. Mas se ela ascende a uma esfera de vida superior, acima das regiões umbralinas, o duplo etérico não tem condições de acompanhá-la, mantendo-se junto ou próximo do corpo material, até o seu retorno. Isso acontece devido a diferenças constitucionais e vibratórias entre as regiões umbralinas e as esferas de vida superior.

Tirando essa situação, de a alma ascender à esfera de vida superior, o duplo etérico pode, sim, se deslocar junto com o perispírito, seguindo o comando do pensamento, sentimento e ideias, para locais em que estejam focados. Isso ocorre normalmente no intervalo do sono, mas se dá igualmente nos desdobramentos conscientes e na bilocação. A bilocação é justamente quando a alma arrasta consigo o duplo etérico, dando materialidade ao fenômeno da aparição.

Acreditamos também que a alma é formada de antiátomos, uma vez que a sua polaridade é inversa à do corpo material. A maior evidência disso é a ocorrência do fenômeno de afastamento (repulsão) e de ligação (atração) entre alma e o corpo material, ao adormecer e acordar, fenômeno esse que se dá por meio de forças magnéticas, diariamente.

O leitor, muito provavelmente, já deve ter experimentado esse fenômeno, de afastamento e ligação magnética entre a alma e o corpo material, ao dormir e acordar. A figura 119 ilustra como se dá esse fenômeno.

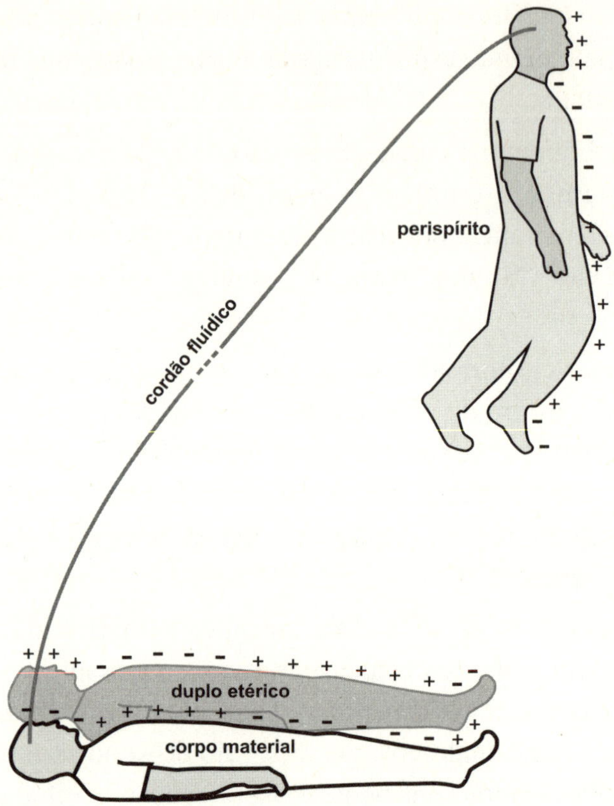

Fig. 120 - Desdobramento com liberação do perispírito

Desencarnação: Retorno do Espírito à vida espiritual ou mundo dos Espíritos, após a morte corpórea. Isso ocorre devido ao esgotamento das forças vitais (de forma natural ou por motivo de doenças) ou devido o rompimento do cordão fluídico (por motivo de acidentes, homicídio ou suicídio). Qualquer que seja a forma do desencarne, o recém-desencarnado normalmente é recepcionados no mundo espiritual por aqueles que o antecederam na vida material (parentes, amigos, cônjuge, filhos etc.). Entretanto, muitos recém-desencarnados, espiritualmente perturbados, são magneticamente atraídos a ambientes e companhias espirituais de padrão mental semelhante ou inferior, até que melhorem o seu estado mental e sejam recolhidos a instituições regenerativas ou de apoio. Os ambientes de padrão mental inferior são conhecidos como "umbral" ou "regiões umbralinas".

Distorções cognitivas: Maneiras erradas de o cérebro interpretar as informações dos pensamentos, sentimentos e ideias que chegam até ele, devido a fatores diversos, neuropsicobiofísicos, como cansaço, memória deficiente, depressão, entre outros.

Duplo etérico (ou etéreo): Corpo fluídico, originário das energias mais densas do corpo etérico, com o formato do corpo material. Tem a cor acinzentada clara e também azulínia.

Após a morte do corpo material, o duplo etérico também se desfaz como este, porém em tempos diferentes, que varia de indivíduo para indivíduo. Se o Espírito se demora nas regiões umbralinas, a sua desintegração é prolongada; se, ao contrário, o Espírito se eleva a esferas de vida superior, a sua desintegração é acelerada.

Os fenômenos de aparição ou fantasma de pessoa viva devem-se à exteriorização do duplo etérico.

Ectoplasma: Matéria vaporosa de cor acinzentada clara, da mesma natureza que o duplo etérico, utilizada na materialização de Espíritos e fenômenos de efeitos físicos. É também uma emanação das forças neuropsíquicas das células do corpo material do médium, geralmente controladas pela força mental do Espírito materializante e sua equipagem espiritual.

Emoção: estado de exaltação provocado pelos sentimentos.

Encarnação: Retorno do Espírito à vida material ou mundana. Este processo se dá por meio de leis físicas do mundo espiritual (não inteiramente conhecidas), com o auxílio de técnicos reencarnacionistas. Conforme já explicado no capítulo "Sobre as Leis Morais", três são os tipos de encarnação: a *reencarnação compulsória* ou necessária (que segue parâmetros obrigatórios da lei de causa e efeito), a *reencarnação livre* (quando o Espírito planeja o próprio reencarne) e a *reencarnação proposta* (quando o Espírito é auxiliado em seu planejamento de vida futura).

Energia (no conceito da teoria da relatividade e da mecânica quântica): Toda a matéria universal é formada de partículas atômicas e subatômicas, que liberam partículas ainda menores como os fótons, os quarks etc. Essas partículas subatômicas liberadas, por irradiação ou colisão atômica, constituem, por assim dizer, na energia dissipada pelo espaço-tempo, em conformidade com as leis da mecânica quântica e da mecânica ondulatória.

Energia astral: É a energia proveniente dos seres e populações inteligentes desencarnados (Espíritos), que habitam as esferas do mundo espiritual e que influenciam o ser encarnado, ainda que de forma despercebida.

Energia telúrica: A energia telúrica é oriunda do magnetismo no interior da Terra e tem por definição polaridade negativa (-). Conforme ilustra a figura 124, ela entra no corpo humano pelos pés, o mesmo ocorrendo nos corpos animais; nos vegetais é pelas raizes e nos minerais pela parte inferior do objeto, com sentido para o centro da Terra.

Embora pouco estudadas, as camadas interiores da Terra sofrem influência do magnetismo do Sol e da Lua, de forma mais intensa, e também da energia cósmica e demais corpos celestas.

Esferas espirituais (planos ou mundos espirituais): Esferas ou planos de vida além da vida material, habitados pelos Espíritos (desencarnados).

A constituição atômica do mundo espiritual muito provavelmente vibra numa velocidade superior à da luz visível (portanto, em outro sistema físico), razão pela qual não é possível enxergar os Espíritos, por meio da visão humana e dos aparelhos óticos convencionais.

Além disso, cada esfera de vida vibra evidentemente numa faixa específica do espectro espiritual, o que faz com que os Espíritos e toda a matéria dessas esferas não sejam percebidos pelos habitantes de esferas de vibração inferior. A frase de Jesus "Na casa de meu Pai há muitas moradas (João 14:2)" certamente se refere a isso.

espírito (com "e" minúsculo): Individualidade inteligente da Criação ou essência do ser inteligente. Evidentemente, trata-se de um corpo energético complexo, que armazena e disponibiliza permanentemente todo tipo de experiências vividas pelo Espírito ao longo das encarnações.

Espírito (com "E" maiscúsculo): Entidade visível no mundo dos desencarnados, por meio do perispírito. Os Espíritos também podem ser vistos em nosso mundo (dos encarnados), no caso de aparições, materializações e pela vidência dos médiuns videntes.

Obs.: O processo de individuação do Espírito começa com as reencarnações, no reino animal. Utiliza-se também o termo Espírito para designar todas as espécies animais de pensamento-fragmentado. Ou seja, animais domésticos e domesticáveis. Ex: o Espírito de um cachorro.

Para seres de outros reinos, monera, protista, fungi e plantae, e seres que não atingiram ainda o pensamento-fragmentado, caso dos insetos, répteis, aves não domesticáveis etc., utilizamos aqui apenas o termo "espécie astral". Em biologia, no entanto, utiliza-se o termo "indivíduo" para qualquer ser vivo.

Estado mental: É a somatória de pensamentos, sentimentos e ideias, com reflexos na aura do indivíduo.

Ética: A ciência da moral.

Faixa de frequências-padrão (da onda mental): Resultante física do estado mental do indivíduo, que oscila numa determinada faixa de vibrações do pensamento, sentimentos e ideias.

Força vital: Energia sutil do material genético (DNA) contido nos cromossomos. Essa energia tem um tempo-padrão para cada espécie, variando de indivíduo para indivíduo, em razão do seu histórico de vida, da memória psíquica e da memória celular. Esse tempo-padrão, todavia, pode ser encurtado ou estendido conforme os cuidados dados ao corpo material e ao espírito.

Glândulas: São órgãos que controlam a atividade metabólica do organismo humano e animal por meio de substâncias reguladoras, como os hormônios e as enzimas. Alguns desequilíbrios orgânicos que afetam o psiquismo se devem, na verdade, a disfunções glandulares.

Glândula pineal: Na medicina, a glândula pineal ou epífise está associada às funções sexuais e ao sono (controla o hormônio do sono, a melatonina). Segundo André Luiz, através da mediunidade de Chico Xavier, essas associações se estendem também às funções psíquicas, à mediunidade e às lembranças reencarnatórias. A pineal ainda é um órgão emissor-receptor das vibrações atinentes a essas funções.

Ideia: Provavelmente uma modalidade de pensamento estruturada em blocos lógicos.

Ideoplastia: Propagação do pensamento (em ondas e quanta) formando imagens tridimensionais como ocorre na holografia. Entretanto, na ideoplastia, as imagens não são apenas imagens estáticas, mas também de movimento e sonorizadas, como cenas de filmes cinematográficos (Luiz, André. *Evolução em Dois Mundos*, cap. 17; *Ação e Reação*, cap. 14).

Influência física de corpos celestes: A influência física do Sol e da Lua sobre a Terra é conhecida desde tempos imemoriais. A energia solar é responsável pela vida na Terra e sua inclinação de 23,5° diante do Sol é responsável pelas diferentes estações ao longo do ano.

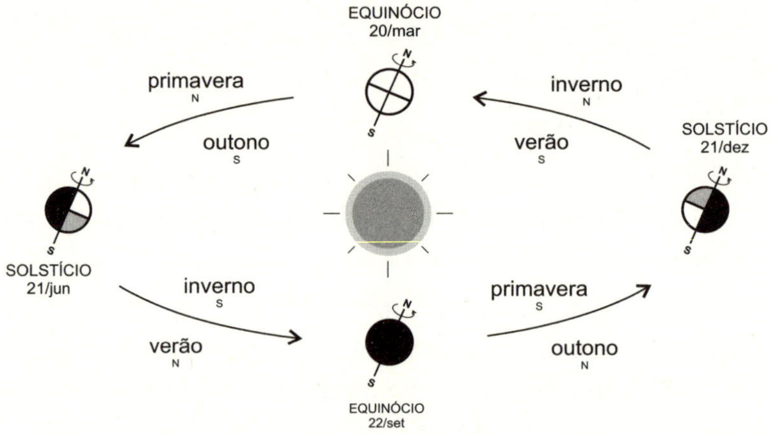

Fig. 121 - Fenômeno das estações
(sem escala)

Hoje conhecemos também o vento solar, que é emissão de elétrons, prótons e neutrinos pelo Sol afetando a magnetosfera da Terra e dos demais planetas do nosso sistema solar. Na Terra, esse fenômeno causa pane nas comunicações e o espetáculo da aurora boreal e austral.

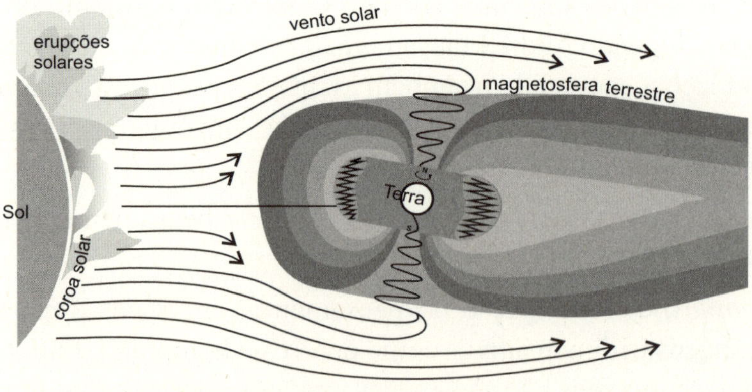

Fig. 122 - Vento solar
(sem escala)

A influência física da Lua deve-se à atração gravitacional que ela exerce sobre os fluidos na Terra. Ex.: fenômeno das marés, controle e crescimento de vegetais, dos cardumes etc. No caso do ser humano, somos constituídos de aproximadamente 70% de água, e isso torna evidente a sua ação na parte humoral de nossos corpos materiais.

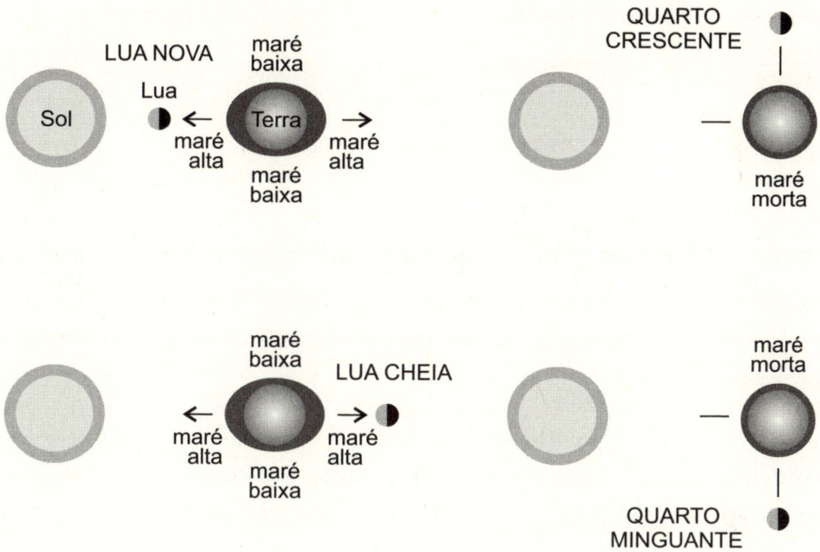

Fig. 123 - Fenômeno das marés
(sem escala)

Embora não haja ainda comprovação científica em torno da influência física dos demais planetas sobre a Terra, é impossível ignorar a semelhança que existe entre o sistema solar (macrocosmo) e o sistema atômico (microcosmo), conceituado por Niels Bohr.

A descoberta de Netuno e Plutão, por exemplo, deveu-se a perturbações físicas nas órbitas de Urano e Netuno, respectivamente, utilizando-se a lei da gravitação universal de Newton (vide subtítulo “Força de atração entre dois corpos e seu campo de influências”, no capítulo “Pensamentos, sentimentos e ideias: campo de influências”). Quanto aos átomos, os elétrons estão sujeitos a forças interiores (nucleares ou fortes) e exteriores (nas camadas eletrônicas ou fracas), que respondem pelas ligações químicas.

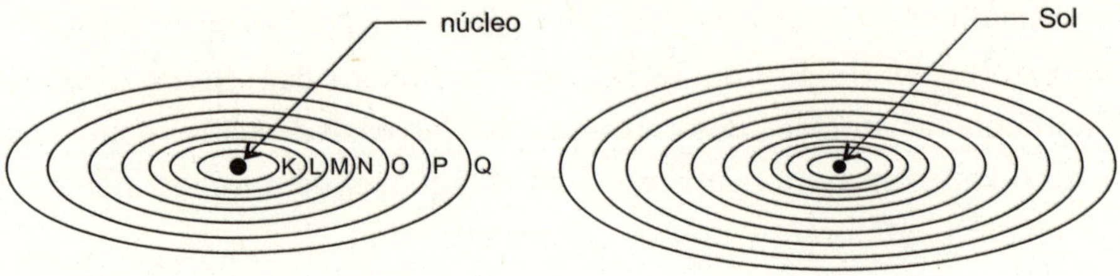

camadas eletrônicas do átomo
e respectivo nº máximo de elétrons:

K=2 L=8 M18 N=32 O=32 P=18 Q=2

Nosso sistema solar
e suas órbitas planetárias

Fig. 124 - (sem escala)

O fato de os astrofísicos não terem, até o momento, identificado influências físicas dos demais planetas, e também de outros corpos celestes, sobre a Terra isso, não quer dizer que elas não existam. O futuro falará melhor a esse respeito.

Instinto: Memória animal de todas as experiências acumuladas pelo princípio inteligente, preservadas na glândula pineal, e que reage como um mecanismo de defesa por meio dos impulsos nervosos (ver também "Temperamento").

Magnetismo animal: Irradiação de energias emanadas pelas células do corpo material e do corpo etérico, sujeita a forças de atração e de repulsão. Por razão que ainda ignoramos, a polaridade do magnetismo animal é direfente nas várias partes do corpo (cabeça, tronco e membros), tanto lateralmente quanto na frente e na parte traseira do corpo. Na verdade, todos os seres e coisas, inclusive o próprio ar, têm magnetismo próprio.

No caso dos seres viventes, esse magnetismo está em consonância com a evolução do princípio inteligente e cada espécie se alimenta e troca energias com os mesmos da sua espécie, para o bem de sua saúde física e espiritual.

A figura ao lado mostra o campo magnético humano e o mapa da polaridade do magnetismo animal em torno do corpo humano e nas suas laterais. Para identificar também a polaridade do magnetismo animal na parte frontal do corpo humano, consultar a figura 120.

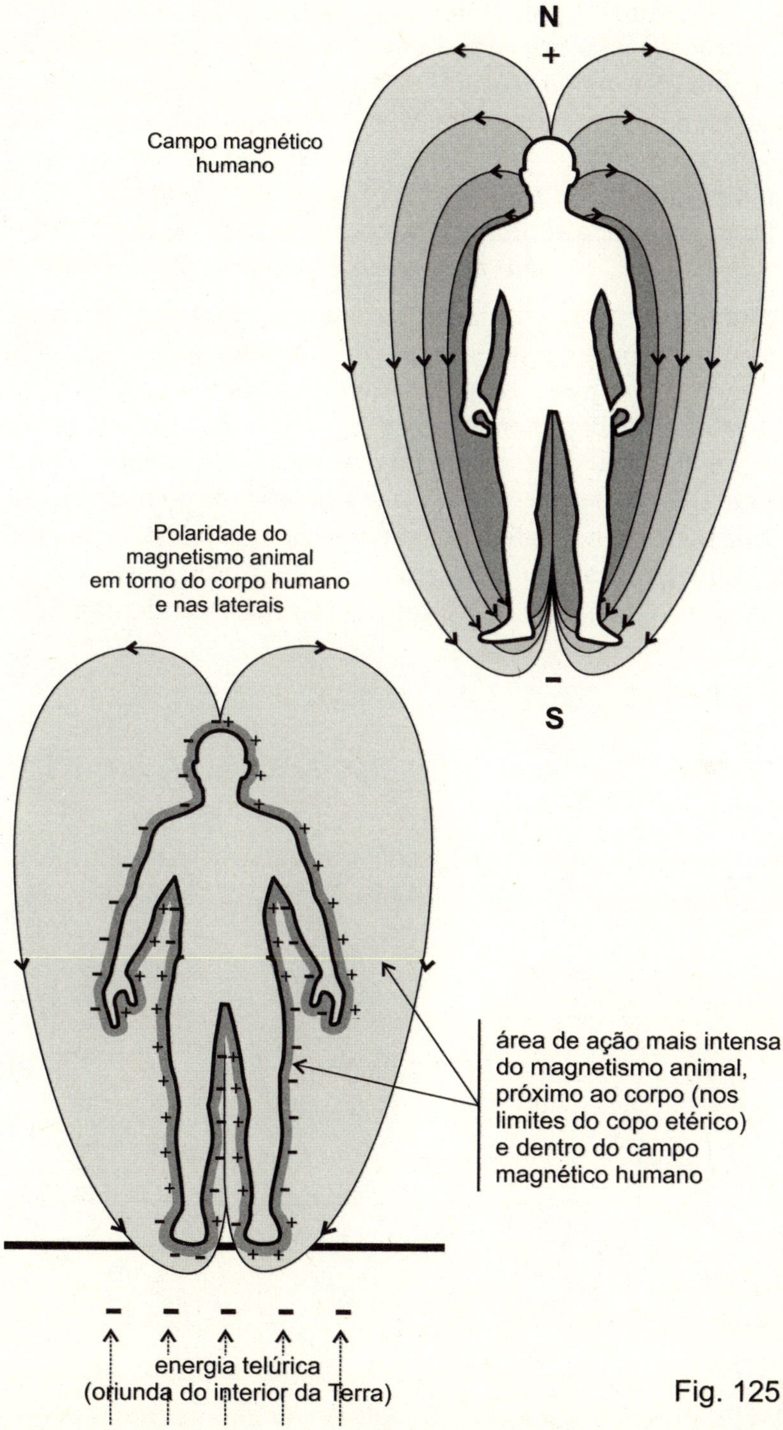
N
+
Campo magnético humano
Polaridade do magnetismo animal em torno do corpo humano e nas laterais
-
S
área de ação mais intensa do magnetismo animal, próximo ao corpo (nos limites do copo etérico) e dentro do campo magnético humano
energia telúrica (oriunda do interior da Terra)

Fig. 125

Para identificar a polaridade do magnetismo animal no corpo material humano, proceda da seguinte maneira: friccione as mãos por alguns instantes, para criar eletricidade dinâmica (até as mãos esquentarem levemente). Em seguida, deixe-as soltas e leves, próximas uma da outra. Logo sentirá o magnetismo existente entre elas. Na sequência, encha os pulmões de ar e sentirá uma força de atração entre as mesmas. Ao expirar o ar, verificará que a força é de repulsão, afastando-se uma mão da outra. Acreditamos que a polaridade do oxigênio (+) seja a explicação para este fenômeno.

Para identificar a polaridade do magnetismo animal em nosso corpo, faça um teste próprio com a palma de uma das mãos (no caso, a mão direita), seguindo os passos da figura seguinte. Inicialmente, inspire e expire o ar em profundidade, retendo-o por alguns instantes. Depois, esvazie os pulmões devagarzinho. Isso ajudará a acentuar o magnetismo das mãos e perceber melhor o fenômeno. Note que a polaridade do magnetismo animal é invertida nos dois hemisférios. Portanto, se fizer o teste com a mão invertida, evidentemente o resultado será invertido. Como dissemos, isso ocorre em todos reinos da natureza, e o teste poderá se estender também a eles.

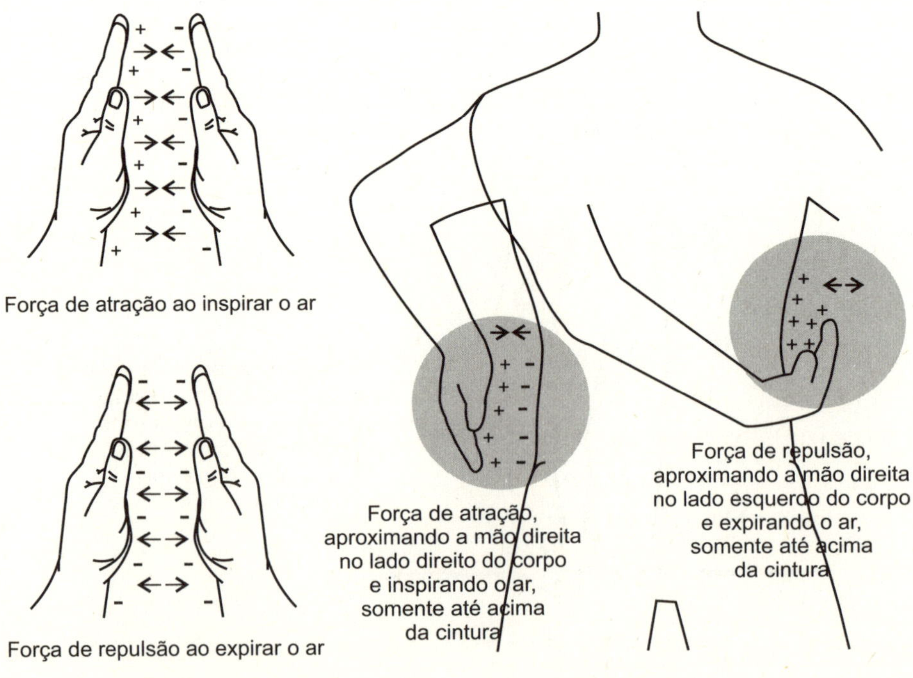

Fig. 126 - Identificação do magnetismo animal humano pelas mãos

Magnetismo espiritual: Irradiação de energias emanadas pelo corpo espiritual ou perispírito, com força de atração e repulsão e magnetismo próprio. Dependendo do grau de elevação moral do Espírito, esse magnetismo será sentido e absorvido pelos corpos sutis e, depois, pelo corpo material do encarnado, com maior ou menor intensidade.

Mediunidade: Capacidade extrassensorial humana de perceber, ver, ouvir ou contatar Espíritos de diversas maneiras: por via intuitiva, semimecânica ou mecânica (ex.: psicografia direta e incorporação total). A mediunidade também se dá de forma consciente ou inconsciente e com ou sem incorporação. Tudo depende das condições do aparelho, da equipagem mediúnica e das finalidades da ação.

Qualquer que seja a natureza do transe, os meios e os recursos utilizados para controlar o aparelho mediúnico parte dos próprios Espíritos e sua equipe. Invariavelmente, eles utilizam meios indutivos e hipnóticos, utilizando-se dos recursos magnéticos do passe. No transe profundo ocorre o sonambulismo.

Mente: faculdade diretora do espírito que recebe, armazena, processa e direciona todas as irradiações inteligentes (sentimentos, pensamentos e ideias), mediante a intervenção da vontade. Sem dúvida, a mente é o mais poderoso circuito inteligente que se conhece, tornando-se mais complexo à medida que o Espírito evolui.

Mentomagnetismo: Magnetismo e irradiação de energias, com força de atração e repulsão, derivado da somatória de pensamentos, sentimentos e ideias.

Miasma astral: Fluidos ou energias deletérias emanados dos pensamentos e sentimentos, seja de encarnados, seja de desencarnados.

Moral: Conjunto de preceitos e regras que orientam o comportamento humano em favor do bem comum. Parte da filosofia que trata dos costumes, deveres e modo de proceder. O desenvolvimento da moral é também consequência da evolução do princípio inteligente no homem. Ou seja, quanto maior a rede de informações com sentido ético, maior a moral do indivíduo.

Passe magnético (material e espiritual): Irradiações ou energias transmitidas pelas mãos e impulsionadas pela vontade, por meio dos pensamentos, sentimentos e ideias de auxílio e cura material ou espiritual. No caso do passista, que atua voluntariamente, sem o auxílio espiritual, o passe será material (transmissão de energias do magnetismo animal). Caso receba o auxílio de uma entidade desencarnada (Espírito), o passe será espiritual (transmissão de energias do magnetismo animal combinadas com as energias do magnetismo espiritual).

Note, na figura seguinte, que as mãos são polos "transmissores" de energias conduzidas pela vontade (+) ou pela mente, enquanto os pés são polos "receptores" de energias telúricas (-), oriundas do interior da Terra (vide figura 125). O passista e a pessoa que transmite o reiki (energia vital) devem sempre mentalizar bons pensamentos, sentimentos e ideias direcionadas ao bem-estar ou à cura do receptor das irradiações. Entretanto, no caso do passista, é preciso manter sintonia elevada com a espiritualidade.

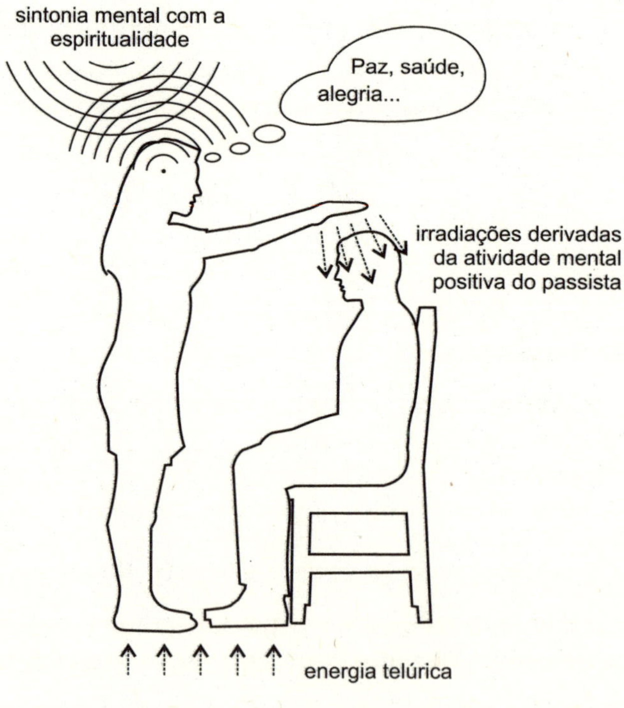

Fig. 127 - Passe magnético

Pensamento: Irradiação inteligente (mental), que vibra numa determinada faixa da "frequências-padrão do indivíduo", gerando imagens holográficas (estáticas ou de movimento) e sonorizadas (pensamento falado), iguais às cenas de filmes.

Pensamento estruturado: Pensamento no estágio evolutivo em que o homem atingiu o raciocínio lógico, sendo capaz de distinguir o certo do errado e de respeitar as leis naturais e todos os seres.

Perispírito (corpo espiritual ou psicossoma): Envoltório material do Espírito, dotado de certa plasticidade ou capacidade de mutação, especialmente no caso de Espíritos de elevada hierarquia e evolução moral. Normalmente, o perispírito reflete a modelagem do corpo material da última encarnação. Porém, desencarnando em idade madura ou em tenra idade, há a possibilidade de rejuvenescimento ou de crescimento. Em cada esfera ou plano de vida, o perispírito vibra em faixa vibratória diferente, sendo visível apenas aos seres de sua esfera.

Personalidade: Soma do caráter e das influências recebidos das pessoas e do meio ambiente, podendo sofrer variações conforme o ambiente que se frequenta.

Princípio pré-inteligente: No princípio da vida universal, a energia se condensou, formando o elemento químico hidrogênio, de número atômico 1 e massa pouco mais do que 1 (1,00794 u). Depois, veio o hélio. Provavelmente os elementos químicos mais pesados teriam se formado aleatoriamente na Terra ao longo de bilhões de anos, apesar de muitos deles já existirem antes de sua formação. As ligações químicas entre o hidrogênio, o oxigênio e os sais minerais deram origem às substâncias inorgânicas (água, gases e sais minerais). Tudo isso representa o chamado reino mineral, que corresponde ao princípio pré-inteligente."

Princípio inteligente: Conceitualmente, o princípio inteligente se originou no momento em que surgiram as primeiras substâncias orgânicas (proteína, carboidratos, lipídeos, ácido nucleico e vitaminas) e a vida orgânica na Terra. Tudo isso aconteceu há cerca de 3,5 bilhões de anos, quando os gases da atmosfera primitiva (metano, amônia, hidrogênio e vapor de água), estimulados por centelhas elétricas e raios ultravioletas originaram os aminoácidos. Os aminoácidos se transformaram em proteínas, nos mares primitivos, que, depois, fizeram surgir as células lipoproteicas e os primeiros organismos unicelulares.

Evolução do princípio inteligente na Terra (nas esferas espirituais e na esfera material):

Nos reinos monera, protista e fungi o princípio inteligente desenvolve a percepção química, reagindo com outros organismos.

No reino vegetal, ele desenvolve a percepção (ou sensibilidade) biofísica com outros organismos e também com o meio ambiente.

No reino animal, após milhões de anos estagiando como "espécie astral", dá-se o início da individuação do Espírito. Porém, essa individuação só se completa quando as espécies em evolução atingem o "pensamento fragmentado", no animal domesticado. A partir daí, o estudo da reencarnação passa a ser considerado um fator decisivo para a análise evolutiva do Espírito.

No reino hominal, o homem toma posse do pensamento contínuo e segue sua evolução como Espírito, progredindo até atingir o pensamento estruturado.

Projeção mental: Emissão de pensamentos, sentimentos e ideias com o objetivo de influenciar uma ação qualquer, boa ou má, e praticada por encarnado ou desencarnado.

Raios cósmicos: No conceito da física atual, são partículas dotadas de alta energia (normalmente, prótons e nêutrons), que se deslocam a velocidades próximas à da luz no espaço sideral (oriundas de fonte interestelar, galaxial e extragalaxial). Dividem-se em raios cósmicos primários e secundários. Os raios cósmicos primários atingem as camadas superiores da atmosfera, chocando-se com seus átomos. Os que conseguem furar esse bloqueio e chegam à superfície são chamados de raios cósmicos secundários. Eles afetam a nossa atmosfera, mas não prejudicam a vida na Terra.

A energia cósmica, no entanto, continua em estudo, sem dizer que as ondas mentoemocionais é um estudo futuro.

Reencarnação: É uma lei natural e universal que proporciona a evolução do Espírito em condições de igualdade.

Segundo André Luiz, grande parte dos Espíritos desencarnados se matriculam em instituições de apoio no mundo espiritual, até a sua reencarnação. Chegado o momento da reencarnação, o Espírito é submetido a um processo de sonoterapia e restringimento de sua forma perispiritual, até que se dê efetivamente o vínculo magnético com o óvulo fecundado da futura mãe, realizado por técnicos reencarnacionistas.

Daí em diante, esses mesmos técnicos cuidarão do desenvolvimento fetal, entregando-o também à responsabilidade de protetores individuais ou familiares. Caso todos esses procedimentos não aconteçam, por uma razão qualquer, ocorrerá o aborto natural, pela inexistência de vínculo com o Espírito reencarnante. Todavia, abortos naturais ocorrem em qualquer circunstância, com ou sem vínculo do Espírito reencarnante, também por diversas razões.

Mas mesmo aqueles que não se encontram matriculados em instituições de apoio no mundo espiritual, seguirão o caminho das leis naturais para a reencarnação, entrando "*em simbiose fluídica com as organizações femininas a que se agregam, experimentando o definhamento do corpo espiritual ou o fenômeno de "ovoidização", sendo inelutavelmente atraídos ao vaso uterino, em circunstâncias adequadas, para a reencarnação que lhes toca, em moldes inteiramente dependentes da hereditariedade, como acontece à semente, que, após desligar-se do fruto seco, germina no solo, segundo os princípios organogênicos a que obedece, tão logo encontre o favor ambiencial*" (*Evolução em Dois Mundos*, cap. 19, Particularidades da Reencarnação).

Técnicos reencarnacionistas têm funções semelhantes à dos obstetras em nosso mundo, em auxilio à gestante, antes, durante e após o parto.

Sonho real: Diz-se de encontros e situações reais vividos pela alma no mundo espiritual durante o sono. Ao retornar ao estado de vigília, no corpo material, a memória preserva com fidelidade a lembrança dos momentos vividos.

Sonho fictício: Ao contrário do sonho real, no sonho fictício ocorrem interferências mentais destrutivas e/ou projeções mentais que desfiguram as informações e os momentos vividos no mundo espiritual, provocando distorções cognitivas.

Apesar disso, de a lembrança e os momentos vividos durante o sono serem distorcidos e desfigurados no sonho fictício, se as projeções mentais forem boas ou positivas, é possível que o mesmo tenha ainda uma explicação simbólica. Mas se as projeções mentais forem ruins ou negativas, como no caso das obsessões espirituais e de a pessoa deixar o corpo material com muitas preocupações, por motivo de cansaço, destempero emocional etc., o ideal é ignorar o sonho por completo, tratando-o como lixo mental.

Sentimento: Irradiação inteligente (mental), que vibra numa determinada faixa de frequências-padrão do indivíduo, estimulando lembranças correntes e afetivas, boas ou ruins. Difere das irradiações do pensamento por causar formações enevoadas e geométricas livres na aura.

Temperamento: Reação instintiva do ser humano, que ocorre sem pensar, diante de um estímulo qualquer, interior ou exterior.

Para Hipócrates (460-360 a.C), o pai da medicina, quatro são os temperamentos, de acordo com a predominância dos humores (fluidos e secreções), que circulam no organismo humano: o sangue, a fleuma (ou muco), a bílis e a "bílis negra", respectivamente associados ao coração, aos pulmões, ao fígado e ao baço. A "bílis negra" inexiste nos estudos da medicina moderna, mas, talvez, Hipócrates se referisse à extensa rede de vasos linfáticos que existe no baço e sua coloração escura.

Ainda, de acordo com Hipócrates e Galeno (129-217), esses humores têm associação com os quatro elementos primitivos da antiga ciência grega (ar, água, fogo e terra), exteriorizando os seguintes comportamentos:

- *Sanguíneo* (Ar): Expansivo, sociável, comunicativo, volúvel.
- *Fleumático* (Água): Sonhador, pacífico, humanitário, apegado.
- *Bilioso* (Fogo): Dominador, ambicioso, impulsivo, confiante.
- *Melancólico* (Terra): Prático, metódico, nervoso, pessimista.

Essa distinção dos quatro temperamentos se aplica também ao caráter e à personalidade. Ou seja, quatro são igualmente os tipos de caráter e personalidade.

Umbral (regiões umbralinas): Regiões imediatas à crosta terrestre, que se assemelham, em suas feições físicas, geográficas, gostos e interesses com os da vida material. Daí muitos ao desencarnarem permanecem nessa esfera de vida por tempo indeterminado, curtindo os mesmos ambientes, pessoas e interesses que mantinham quando encarnado.

Dependendo da moral do sujeito, de sua maior ou menor gradação moral, o Espírito desencarnado pode: permanecer nas regiões umbralinas por pouco ou por muito tempo; ascender às esferas de vida superiores; ou, em casos de extrema rebeldia, ser atraídos a regiões inferiores da crosta terrestre.

Vontade: Força (centrífuga) de comando da mente, que determina o direcionamento das irradiações inteligentes do espírito (sentimentos, pensamentos e ideias).

BIBLIOGRAFIA BÁSICA

Alves, Elifas. *Chico, as origens*. São Paulo: Aliança.

Armond, Edgard. *Passes e Radiações*. São Paulo: Aliança.

Besant, Annie; Leadbeater. C. W. *Formas de Pensamento*. São Paulo: Pensamento.

Bozzano, Ernest. Obras completas. Brasília: Feb.

Brennan, Barbara Ann. *Mãos de Luz*. São Paulo: Pensamento.

Burns, Edward. *História da Civilização Ocidental*: O Drama da Raça Humana. Rio de Janeiro: Globo. Vols. I e II.

Cartier, J. P.; Groueff, S. *O Enigma do Cosmo*. Rio de Janeiro: Primor.

Crookes, Willian. *Fatos Espíritas*. Brasília: Feb.

Eisntein, Albert; Infeld, Leopold. *A Evolução da Física*. Rio de Janeiro: Zahar.

Gewandsznajder, Fernando; Linhares, Sérgio. *Biologia Hoje*. São Paulo: Ática. Vols. 1, 2 e 3.

Goleman, Daniel. *Inteligência Emocional*. São Paulo: Objetiva.

Kardec, Allan. Obras completas.

Koestler, Arthur. *Os Sonâmbulos*: História das Ideias do Homem Sobre o Universo. São Paulo: Ibrasa.

Labbate, Dante. *Materializações Luminosas*. Belo Horizonte: Dante Labbate.

Leadbeater. C. W. *O Homem Visível e Invisível*. São Paulo: Pensamento.

Leadbeater. C. W. *Os Chakras*. São Paulo: Pensamento.

Lievegoed, Bernard. *Fases da Vida*: Crise e Desenvolvimento da Individualidade. São Paulo: Antroposófica.

Lucie, Pierre. *A Gênese do Método Científico*. São Paulo: Campus.

Mussoi, Fernando Luiz Rosa. *Fundamentos de Eletromagnetismo* (v. 3.2). Florianópolis: Centro Federal de Educação Tecnológica de Santa Catarina - Gerência Educacional de Eletrônica.

Nobre, Marlene. *Chico Xavier*: meus pedaços de espelho. São Paulo: Fe.

Ramacharaka, Yogue. *Ciência Hindu-yogue da Respiração*. São Paulo: Pensamento

Rodrigues, Wallace Leal V. *Kate King*. Matão: O Clarim.

Thiesen, Francisco; Wantuil, Zeus. *Allan Kardec*: Meticulosa Pesquisa Bibliográfica. Brasília: Feb. Vols. I e II.

Xavier, F. C./Luiz, André. Coleção científica: obras completas. Brasília: Feb

Iogananda, Paramahansa. *Autobiografia de um Iogue*. São Paulo: Self Realization Fellowship.

Inúmeras consultas por tema em sites diversos, especialmente o https://www.wikipedia.org/

Conheça outras obras do mesmo autor:

A mais completa obra sobre um marco da espiritualidade na Nova Era:

Chico Xavier, as origens
448 págs.